El
Evangelio
de
Qumrán

Fernando Klein

Editorial ⊙ Creación

Si este libro le ha gustado y desea que le informemos
periódicamente de nuestras novedades, escríbanos y
atenderemos su petición gustosamente.

Humanidades, Ciencias Humanas, Religión

© Fernando Klein
© Editorial Creación
Jaime Marquet, 9
28200 - San Lorenzo de El Escorial
(Madrid)
Tel.: 91 890 47 33
E-mail: oficina@editorialcreacion.com
www.editorialcreacion.com

Diseño de portada: Mejiel
Primera edición: Septiembre de 2009

ISBN: 978-84-95919-40-3
Depósito Legal: SE-4500-2009

Índice

1. Introducción

En este libro se analizan los últimos e impactantes descubrimientos del Mar Muerto, especialmente la «Visión de las Revelaciones de Gabriel» y demás rollos en vínculo al surgimiento de la religión cristiana.

Las «Revelaciones de Gabriel» fueron inscriptas en piedra, y presenta una frase de importancia crítica: habla de un personaje que se rebeló contra Roma a finales del siglo I antes de Cristo y que fue resucitado al tercer día. Según este texto y una de las primeras aplicaciones que se han hecho sobre él, se alimenta la hipótesis de que a Jesús de Nazaret le aplicaron sus seguidores una antigua tradición judía: que el liberador del pueblo de Israel, el Mesías, tendría que morir y resucitar al tercer día. El hecho en sí, se relaciona directamente con el núcleo central de la fe cristiana («*Si Cristo no hubiera resucitado —afirmaría San Pablo—, vana es entonces nuestra fe*»), se habría producido antes del nacimiento de Cristo, en una época en la que los judíos participaban muy intensamente de las creencias y el fervor mesiánicos.

Pero este texto se inscribe en una colección mayor de manuscritos conocidos comúnmente como los «Rollos del Mar Muerto», descubiertos y analizados en Qumrán, Israel, desde el año 1947.

Mucho se puede decir de Qumrán, de los textos y de su Comunidad y lo que su estudio ha aportado al conocimiento. Qumrán ha sido uno de los más grandes tesoros descubiertos por el hombre y la arqueología. Un tesoro muy especial: no está formado por oro y plata sino por rollos de papiro y cuero.

Se trata de miles de fragmentos que escondidos en tinajas en las cuevas de Qumrán, próximas al Mar Muerto, han sido preservados y llegan hasta nosotros para nuestro asombro. Se calcula que toda la biblioteca de Qumrán podría haber estado formada por unos quinientos a mil rollos, escritos en hebreo y arameo, principalmente. Los fragmentos más numerosos corresponden a Salmos y a Deuteronomio, luego Génesis y Éxodo. De los textos no bíblicos, los más frecuentes son la Regla de la Comunidad, el Documento

de Damasco, el Rollo de la Guerra, Descripción de una Nueva Jerusalén, y comentarios a textos bíblicos, himnos, y alabanzas, todos
documentos propios de la secta.

Su legado ha sido de gran importancia: no es de extrañar que
muchas personas se pregunten por la fiabilidad del texto bíblico,
sobre la posibilidad de que los mismos hallan sido alterados con el
transcurrir del tiempo. Puede decirse sin temor a exagerar que los
hallazgos de Qumrán han significado un golpe mortal para este tipo
de especulaciones: aunque los documentos encontrados anteceden
en multitud de siglos al Antiguo Testamento hebreo-arameo del que
se disponía, lo cierto, sin embargo, es que el contenido es semejante.
El resultado era lógico, los fragmentos más antiguos de Qumrán son
algunos siglos posteriores al momento final en que quedó finalmente amalgamada la Biblia hebrea.

Por cierto, una de las contribuciones más importantes de los
Pergaminos del Mar Muerto son los numerosos manuscritos Bíblicos
que han sido descubiertos. Hasta los descubrimientos de Qumrán,
los manuscritos de Escrituras Hebreas más antiguos eran copias de
los siglos noveno y décimo d.C., de un grupo de escribas judíos llamado Masoretas. Qumrán nos aporta textos aproximadamente mil
años más antiguos que los manuscritos hebreos conocidos hasta el
presente. Los rollos del Mar Muerto también nos informan sobre
otras áreas, como el desarrollo de la lengua hebrea y aramea y el uso
del griego en Judea.

Por otra parte, Qumrán nos ha abierto una ventana al judaísmo del periodo conocido como del Segundo Templo, se muestra
muy distante de ser un bloque monolítico. Ciertamente contaba con
bases comunes —especialmente las referidas al monoteísmo y a la
Torá (Pentateuco) o Ley de Moisés— pero, a la vez, registraba una
fecunda riqueza de interpretaciones de la Biblia. Muchas cuestiones
que hoy día se consideran erróneamente cristianas, ya eran tratadas
por el judaísmo de esa época: la idea de un Mesías que habría de
morir o que con su muerte expiaría los pecados, a la noción de una
nueva Alianza entre Dios e Israel, etc.

Este libro busca analizar estos textos, para luego poder ver si existe un vínculo con el Ministerio de Jesús de Nazaret, tratar de responder las preguntas ¿Cuánto hay de Qumrán en Jesús? ¿Cuánto hay de Qumrán en el cristianismo primigenio?

Se observarán los puntos de semejanza así como aquellos puntos que son diferentes entre el pensamiento de Jesús y el Qumranita, y como se relacionan a la ideología judía de la época.

El estudio de los textos de Qumrán nos lleva al interior de una doctrina cambiante y cada vez más frenética respecto al final del mundo. En la Comunidad se creía que muy pronto, no en décadas, sino en años o meses, el final se aproximaba, de allí que habían desarrollado un complejo sistemas de creencias para llegada de la era mesiánica. Qumrán es un ejemplo de lo que puede pasar a un pueblo al soportar la pesada bota de un opresor, en este caso los romanos. Mientras que algunos, muy pocos en comparación, se dejaban seducir por éstos (las altas clases sociales, los allegados, etc.), otros esperaban con expectativa manteniendo sus ritos (como fue el caso del grupo de los fariseos) y otros se disponían a usar las armas (los celotes). Pero la gente de Qumrán optó por retirarse, y aunque se acercaba a las ciudades, su lugar fue la ribera del Mar Muerto.

Desde allí organizaron su ejército de hombres píos, realizaban continuos baños rituales y abluciones y esperaban el momento de enfrentar a los «Hijos de la Oscuridad», dirigidos por Belial (Satanás). El momento finalmente llegó hacia el año 68 d. C. Probablemente los miembros de la Comunidad hicieron frente a los romanos hasta morir, pero poco antes, y en forma precipitada, un puñado de hombres nos dejó como herencia los textos de la Comunidad para que vivieran hasta la posterioridad y nos llegarán a nosotros escondidos en cuevas dentro de recipientes cuidadosamente escondidos.

2. Ubicación de Qumrán

Qumrán se encuentra ubicada a unos veinticinco kilómetros al este de Jerusalén, y a unos 350 metros por debajo del nivel del mar Jordán. La proximidad del Mar Muerto, debido al gran nivel de este curso de agua, lleva a que esté presente una casi constante neblina y una gran humedad. No obstante, el entorno que consiste en zonas áridas lleva a que la conservación de materiales y pergaminos sea muy favorable.

Específicamente, Qumrán está emplazada sobre una terraza de arcilla y arena delimitada por quebradas producto de la erosión. Es precisamente en estas quebradas que se encuentran las diversas cuevas pero solo pocas de ellas tienen el espacio suficiente como para que ingrese una persona. Cercano a este espacio, y como veremos, se encuentra el cementerio de la Comunidad compuesto por poco más de mil sepulcros. A poca distancia, en dirección norte, se encuentra el kibbutz Kalia. Finalmente, el área circundante es frecuentada por rebaños de cabras, ovejas y camellos, pastoreados por algún que otro beduino.

3. Hallazgo y Antecedentes

Varios son los antecedentes de Qumrán y su comunidad que nos han quedado de distintas fuentes históricas. Eusebio, obispo de Cesarea, famoso historiador de la Iglesia hacia el año 321 d.C., menciona que Orígenes (años 185 a 254), otro importante escritor cristiano, usó en la columna séptima de su Hexapla (la Biblia en columnas) una traducción griega de los Salmos que habían sido encontrados en Hierichunte (Jericó), oculto en una tinaja, en los tiempos de Antonino Caracalla, hijo del emperador romano Severo.

A fines del siglo VIII, Timoteo I, patriarca de Seleucia, escribe al metropolitano de Elam comunicándole que unos catecúmenos judíos le habían informado que un cazador árabe, persiguiendo a su perro, se adentró en una cueva, en las cercanías de Jericó, descubriendo un conjunto de libros. Este cazador fue a Jerusalén a comunicárselo a los judíos quienes vieron que se trataba de «libros del Antiguo Testamento y otros libros en escritura hebrea». Timoteo informa que habrían más de 200 salmos de David, etc. Hacia el año 973 d. C. el historiador caraíta (secta antigua judía, supuesta descendiente de los esenios) al-Quirquisani, dentro de su trabajo sobre sectas judías menciona la «al-Magariya», es decir «los que viven en cuevas».

Ya en tiempos modernos, en el año 1873, el arqueólogo francés Clermont-Ganneau, estableció un vínculo entre las cuevas y ruinas de Qumrán; hizo una prospección en el cementerio aledaño, calculando una presencia de más de mil tumbas. En 1896, el arqueólogo Salomon Schekter, rastreando en El Cairo, encontró una multitud de manuscritos y fragmentos de la guenizá (lugar donde se conservan los restos de los libros israelitas, pues éstos no se pueden desechar), entre los manuscritos encontrados se halló el conocido Documento de Damasco.

En el año 1947, tres pastores de la tribu beduina Táamireh, llamados Jalil Musa, Jum'a Mohamed y Mohamed ed Dhib descubrieron, de manera fortuita, una serie de manuscritos ocultos en una cueva de Qumrán (luego llamada número uno). En sus visitas se apoderaron de siete rollos y un par de jarras donde había manuscritos. Estos documentos pasaron a manos de dos anticuarios árabes, Jalil Iskandar Shalim y Faidi Salahi, por su intermedio cuatro de los rollos fueron comprados por el archimandrita del convento de San Marcos, Jerusalén. Posteriormente, el profesor Sukenik, de la Universidad Hebrea de Jerusalén, adquiriría los tres manuscritos restantes; unos años más tarde, la Universidad Hebrea agregaría a su colección el resto de los documentos comprándolos al archimandrita. Los investigadores de la Escuela Americana de Investigación Oriental, examinaron los rollos viendo su gran antigüedad: John Trever las fotografió y el arqueólogo William F. Albright finalmente anunció que pertenecían al periodo 200 a. C. a 200 d. C.

Las investigaciones arqueológicas dan comienzo, y se inicia con la plena identificación de la Cueva 1 (P. R. de Vaux, director de la Escuela Bíblica y Arqueológica Francesa de Jerusalén, y G. L. Harding, director del Departamento de Antigüedades de Jordania). Las excavaciones continuaron entre 1951 y 1965, alcanzándose la idea de un complejo cultural que se llamaría «Comunidad de Qumrán». Mientras que los arqueólogos descubrían las cuevas 3 y 5, los beduinos hacían lo mismo con la 2 y la 4. En 1956, los beduinos hallaron la cueva 6 y los arqueólogos las cuevas 7, 8, 9 y 10. Los siete pergaminos originales fueron sólo el principio: a ellos se agregaron más de 600 pergaminos y miles de fragmentos encontrados en las cuevas.

4. Ubicación Histórica y Origen de la Comunidad de Qumrán

La zona de Israel, de gran importancia geopolítica por su comercio y por ser un lugar de paso obligado entre Egipto y el Asia menor, desde siempre fue codiciada por las grandes potencias de ese tiempo. Luego de la pérdida de la independencia política frente a Nabucodonosor los judíos son exiliados a Babilonia. Habrían de retornar a Israel, con la caída del imperio babilónica ante las fuerzas medos-persas: quedan libres mediante un decreto de Ciro el Grande en el año 539. A su vez, los persas son subyugados por Alejandro Magno en el año 331 a. C. En todo ese período se respeta una cierta independencia de los judíos así como la libertad para realizar sus ritos. Alejandro será sucedido por sus generales, que se dividen entre sí las tierras conquistadas: Ptolomeo, Egipto; Seleuco, Siria (menos Palestina), etc.

Sin embargo, en el año 198 a. C., el rey seleucida Antíoco III de Siria vence a los Tolomeo y se anexiona Judea, iniciándose un período de helenización forzada del judaísmo: prohibición de la circuncisión, adoración de ídolos, etc. En el año 168 a. C., Antíoco IV Epífanes declara ilegal el judaísmo; reemplaza en el Templo el culto a Yavé por un altar a Zeus. Se enciende la mecha entre los asmoneos, los cinco hermanos, también conocidos como macabeos: lentamente reconquistarán el territorio judío expulsando a los sirios.

A la muerte de los hermanos macabeos comienzan las disputas por la sucesión en el poder, lo cual lleva a revueltas y eventualmente a la guerra civil: se trataba de los hermanos Hircano y Aristóbulo ambos herederos del poder real. Las revueltas finalizaron con la intervención de Roma en el año 63 a. C., quien reemplaza la dinastía asmonea por Antípatro, un idumeo, sucedido luego por su hijo, Herodes, llamado el Grande (años 37 a 4 a. C.). El período herodiano significó una serie de gobernantes títeres de Roma hasta ser reemplazado por autoridades propiamente romanas que oprimieron y maltrataron la población judía. En el año 66 d. C. estallará la primera guerra judeo romana, que luego de cruentos años de lucha terminará con la derrota de los judíos. Varias veces se levantará este pueblo indómito ante la opresión para ser finalmente vencido en la rebelión de bar Kosiba en el año 135 d.C.

De acuerdo al Documento de Damasco, los fundadores fueron elegidos en la «era de la ira» (1 Macabeos 1:66; 2:49), 390 años después de la destrucción del Templo de Salomón por los babilonios. Ello llevaría entonces al año 175 a. C. Ésta es la época de Antíoco Epifanes, en la que surgieron los hasidim, o «piadosos», que se opusieron totalmente a la helenización que Jasón y Menelao querían introducir en Judea; siguiendo este proceso, Antíoco impuso la prohibición de practicar el judaísmo. Muchos de los hasidim huyeron al desierto (1 Mac. 2:29-30), uniéndose sólo a desgana con los Macabeos (1 Mac. 2:42). En el año 152 a. C. Jonatan Macabeo es designado sumo Sacerdote, pero no era de la descendencia de Aarón, ni de la casa de Sadoc. El «Maestro de Justicia» rechazó su sacerdocio (1QpHab col. VIII), nunca aceptaría el sacerdocio en manos de los asmoneos (macabeos): debía pertenecer a la descendencia de Aarón o Sadoc.

En el Documento de Damasco (CD), se establece claramente como fecha del nacimiento de la secta 390 años después de que el reino de Judá fuera destruido por Nabucodonosor:

«...a los trescientos noventa afijos [de haberlos entregado en manos de Nabucodonosor, rey de Babilonia], los visitó e hizo que creciera de Israel y de Aarón un retoño del plantío para poseer su tierra y para engordar con los bienes de su suelo» (4Q 266 13-15a).

El colectivo de Qumrán sólo puede ser identificado con los esenios, o mejor, con una escisión acontecida en el seno de este grupo hacia el año 135 a. C. Con el paso del tiempo y debido especialmente a la poderosa personalidad del Maestro de Justicia, este grupo iría radicalizando progresivamente sus puntos de vista hasta convertirse en un colectivo original y específico. El nacimiento del grupo debe fijarse, sin lugar a dudas, en la segunda mitad del siglo II a. de C., con el nombramiento de Jonatan, hermano y sucesor de Judas Macabeo como Sumo Sacerdote. Tales circunstancias llevaron a la retirada al desierto de los hasidim guiados por Moreh Sedq o Maestro Justo. La Comunidad se amplió con numerosos perseguidos por Juan Hircano (años 134 a 104 a. C.), al final de cuyo reinado murió el Maestro Justo.

5. Identificación de la Comunidad de Qumrán

Una fuente importante de información para el judaísmo del siglo I d. C. la constituye el historiador judío Flavio Josefo, quien vivió en esta época y fue participe de la guerra entre judíos y romanos. Josefo distinguía cuatro sectas mayores: fariseos, saduceos, esenios y zelotes:

a. **Los Fariseos**: constituían el grupo con mayor autoridad entre el pueblo a causa de su exacta interpretación de la Ley y de sus tradiciones, a las que se mantenían fieles. Su origen se encontraba entre los «hassidim» (del hebreo, «piadosos») que encabezados por Judas Macabeo habían resistido con valentía la dominación helenista que en el siglo II a. C.[1]. Consideraban al Templo como una institución clave para su vida y fe. Insistían en la oración ritual, en el ayuno y el pago del diezmo y en la pureza como caminos hacia la santidad. Creían en la resurrección, en la existencia de los ángeles y en la inmortalidad del alma, guardaban meticulosamente el sábado.

b. **Los Saduceos:** habrían surgido con los fariseos en el siglo II a. C. Eran miembros de familias pudientes y sacerdotales ya desde la época macabea, sin ser seguidos por el pueblo. Su nombre se deriva de Sadoc, del que descendían desde los tiempos de Salomón los sacerdotes de Jerusalén. Eran fieles a los reyes asmoneos y benévolos con el helenismo: ejercían su dominio mediante el Sanedrín y el Sumo Sacerdote. Afirmaban interpretar las Escrituras rigurosamente sin depender de la tradición oral; consideraban al Templo como una institución clave para su vida y fe. No creían en la resurrección, estaban convencidos de que las almas se desvanecían al mismo tiempo que los cuerpos. La retribución divina no era futura y ultraterrena sino inmediata y

---

[1] Flavio Josefo, «Antigüedades Judías»; pág. 15:10-4.

material: tenían riquezas, y eso sería una prueba de que Dios los bendecía porque eran justos [2].

c. **Los Esenios:** Josefo atestigua que ya existían a mediados del siglo II a. C., cifrando su número en unos 4000 individuos. Su nombre significa «los devotos», «los silenciosos»: la literatura producida por la comunidad revela una severa disciplina, interpretando la Ley de una manera aún más exigente que los fariseos. La vida era comunitaria, fuertemente estructurada, los bienes eran posesión común, se separaban del resto del pueblo, practicaban el celibato, la rectitud moral, la modestia, los baños rituales, las comidas en común y usaban hábitos blancos. La secta se consideraba como el verdadero Israel, esperaban un Mesías Davídico y sacerdotal. Josefo nos comenta sobre los esenios: «Habiendo oído hablar de un tal Bannus que vivía en el desierto, contentándose para vestir con lo que le proporcionaban los árboles y para comer con lo que la tierra produce espontáneamente, usando frecuentes abluciones de día y de noche por amor a la pureza, me convertí en émulo suyo»[3].

d. **Los Zelotes:** este movimiento nació al final del reinado de Herodes, generalmente de gente de condición social baja. Estaban en contra de los romanos, y fomentaban frecuentes rebeliones al punto de que se les consideró alborotadores. Su fundador había sido Judas de Gamala, llamado Judas Galileo: «unido al fariseo Sadoc había fundado el partido que se caracterizaba por el celo, por la defensa de la libertad y por el cumplimiento de la Ley: decía que era una vergüenza aceptar pagar tributo a Roma y soportar, después de Dios, a unos dueños mortales»[4].

---

[2] Id.; Id.; pág. 18:11-25.
[3] Flavio Josefo; «Autobiografía»; pág. 2:9-11.
[4] Id.; «Guerra de los Judíos»; pág. 2:118.

Un examen de la vida de los qumranitas en base a los escritos descubiertos muestra su identidad con los esenios. Por ejemplo, Plinio el Anciano afirma que los esenios tenían su centro en la costa occidental del mar Muerto, al norte de En-gadi (Hist. Nat. 5:17), lo que coincide con la situación de Qumrán. Se pueden mencionar los siguientes puntos comunes:

Los «esenios» eran una de las sectas del judaísmo a comienzos del siglo I d. C. Son mencionados por el historiador judío Flavio Josefo («La guerra de los Judíos», 2:125-166, y en «Antigüedades de los Judíos», 13:172, Plinio el Anciano («Historia Natural 5:14-15) y por otros como Filón de Alejandría («Hipotética») y por Dión Crisóstomo. Los datos sobre los esenios coinciden bastante con la comunidad de Qumrán. García Martínez elaboró la llamada «Hipótesis de Groningen» por la que los qumranitas serían producto de una escisión en el esenismo.

A manera de síntesis se presentan los puntos de concordancia entre qumranitas y esenios, lo cual tiene paralelismo con las descripciones de Flavio Josefo sobre los esenios adjuntas en el apéndice:

- Vida y posesiones en común (Regla de la Comunidad, 1QS, cols. i, v, vi).
- Comida en común de carácter sacrificial, el comedor sería un santuario (RC, 1QS vi).
- Oraciones en común (RC, 1QS vi).
- Baños rituales (RC, 1QS III).
- Norma de silencio (RC, 1QS v).
- Orden para hablar, pidiendo permiso (RC, 1QS vi)
- Obras de caridad (RC, 1QS iv, v; DD, 6QD vi, xiv).
- Reglas de admisión, con juramentos, bendiciones y maldiciones (RC, 1QS i, v, vi).
- Respeto riguroso por el Sábado (DD, 6QD xiSecreto acerca de sus doctrinas y de sus libros (RC 1QS ix, DD, 6QD xi).

- Medidas de disciplina (RC, 1QS vi, vii, viii y ix).
- Normas de pureza ritual y celibato (DD 6QD iv, vii; Regla de la Congregación, 1QSa, i).

Los qumranitas fueron un grupo muy riguroso que se convirtió en secta debido a su rechazo al servicio del Templo, al creerlo contaminado por la accesión al sumo sacerdocio de aquellos que no tenían derecho para ello, manteniéndose fieles a la casa de Sadoc (Ezequiel 44:15). La forma final de su doctrina vino gradualmente de sus extremas interpretaciones de la Ley, del liderazgo carismático del Maestro de Justicia, de influencias persas de la época de la cautividad, que también se dejaron sentir en el rabinismo, y de la manipulación y ampliación de la Ley para hacerla concordar con sus propios prejuicios. Los últimos sacerdotes infieles de Jerusalén verían su dominio roto por el invencible kittim (Roma). Una vez caído todo el mundo bajo el poder de los kittim (1QpHab, ii), se lanzaría la proclamación de guerra contra ellos por parte de los «hijos de la luz». Los detalles de esta guerra para el establecimiento final del Reino de Dios y de la supremacía del resto de Israel con el que ellos se identificaban se dan en el libro Reglas de la Guerra (1QM). En esta guerra tendrían el apoyo de los ejércitos celestiales contra los hijos de las tinieblas, que a su vez serían apoyados por Belial con su ejército de demonios. Destruidos éstos, se establecería el Reino de Dios, con las normas por ellos establecidas para gobernar la vida del mundo en los tiempos mesiánicos.

6. Doctrina de la Comunidad de Qumrán

a. Introducción

El complejo arqueológico de Qumrán tuvo que ver con funciones de tipo religioso, como un antiguo monasterio. El objetivo principal era «Buscar a Dios con toda el alma y con todo el corazón..., hacer lo bueno y lo recto en su presencia,... para amar todo lo que Él escoge y odiar todo lo que Él rechaza,... para obrar la verdad, la justicia y el derecho, ...para admitir en la Alianza de la gracia a todos los que se ofrecen voluntarios a practicar los preceptos de Dios» (1QS I:1-7).

En ese lugar, los qumranitas serían los eternos guardianes de la Ley, de la Alianza sagrada: «Será residencia santísima para Aarón con conocimiento eterno de la alianza de justicia, y para ofrecer un olor agradable; y será una casa de perfección y verdad en Israel; para establecer una alianza sobre los preceptos eternos» (1QS VIII:8-10). Buscaban encontrar la senda Divina por medio de la oración y el recogimiento, apartándose del Templo de Jerusalén. La Comunidad resguardaría los manuscritos y conocimientos para proteger la Alianza y la Ley de Dios, se trata de una comunidad de hombres píos y escribas.

b. Organización de la Comunidad

Existía una rígida jerarquía social, con varios grupos o estratos sociales de manera que uno pertenecía a alguno de ellos: «Los sacerdotes entrarán en la Regla los primeros, uno detrás de otro, según sus espíritus. Y los levitas entrarán detrás de ellos. En tercer lugar entrará todo el pueblo en la Regla, uno detrás de otro, por millares, centenas, cincuentenas y decenas, para que todos los hijos de Israel conozcan su propia posición en la comunidad de Dios según el plan eterno. Y nadie descenderá de su posición ni subirá del puesto de su lote» (1QS II, 19-23). Por encima de todos se encontraban los sacerdotes, el Maestro de Justicia o Guardián, el Instructor, Inspector, y el Tesorero, luego los laicos, neófitos o prosélitos. Ascender se lograba por medio de exámenes por miembros del Consejo, si las obras de la persona agradaban era entonces promovido a un nivel superior (1QS V:24).

El Maestro de Justicia, «mebaquer», era el encargado de velar por el funcionamiento de la comunidad en concordancia con la ley mosaica, delegando en el Instructor la formación debida a los miembros; se encargaba también de presidir los actos colectivos como las asambleas (1QS VI:11), hacía un seguimiento de los miembros de la comunidad y de los prosélitos para ubicarlos en el lugar preciso del grupo, y se encargaba de ocultar todas las normas a aquellos que se mantenían fuera de la secta (1QS IX:14-16).

La Asamblea de la comunidad, o Consejo, era presidida por el Maestro de Justicia, auxiliado por los sacerdotes, según su rango, al igual que cualquier otro miembro de la secta. En la Asamblea se discutía y analizaba la ley, se trataban asuntos cotidianos, la aceptación de neófitos, aplicación de la justicia, etc. En las sesiones había orden y silencio y el que quería hablar debía pedir su turno con humildad y firmeza a la vez: «Esta es la regla para la reunión de los Numerosos. Cada uno según su rango: los sacerdotes se sentarán los primeros, los ancianos los segundos, y el resto de todo el pueblo se sentará cada uno según su rango... Que nadie hable en medio del discurso de su prójimo... Y que tampoco hable antes que uno cuyo rango está inscrito antes que el suyo...Que se ponga este hombre en pie y diga: 'Yo tengo algo que decir a los Numerosos'. Si se lo dicen, que hable» (1QS VI:8-13).

Existía, así mismo, el consejo o grupo de doce hombres y tres sacerdotes, que ayudaban a presidir la Asamblea: «En el consejo de la comunidad habrá doce hombres y tres sacerdotes, perfectos en todo lo que ha sido revelado de toda la ley, para prcaticar la verdad, la justicia, el juicio, el amor misericordioso y la conducta humilde de cada uno con su prójimo...» (1QS VIII:1-2).

c. El Maestro de Justicia

Figura principal en el origen y desarrollo de la comunidad, el Maestro de Justicia se nos presenta como un ser enigmático que colocó las bases de la Comunidad de Qumrán. Ciertamente, el Maestro se incorporó unos 20 años después de la iniciación del movimiento para ocupar un lugar de preponderancia.

Muchos intentaron analizar la posibilidad de que Jesús de Nazaret y el Maestro de Justicia fueran las mismas personas, lo cual rápidamente se vio como algo imposible: el primero apareció muy posterior en el tiempo con respecto al segundo (ver Qumrán y el Cristianismo). Pese a todo, el Maestro conservó un indudable interés por su obra y para comprender el judaísmo del período del segundo Templo. El Maestro es un sacerdote, así lo indica el Pesher (comentario de textos bíblicos) de los Salmos (4Q 3:14-17):

«Pues por YHVH son asegurados [los pasos del hombre]. Se deleita en su camino. Aunque tropiece, no caerá, porque YHVH [sujeta su mano]. La interpretación se refiere al Sacerdote, el Maestro de [Justicia, al que] Dios eligió para estar [ante Sí, porque] lo constituyó para edificar mediante él la congregación [de sus elegidos] y enderezó su camino en verdad.»

La secta deja muy en claro en sus escritos que el Maestro habría sido poseedor de una habilidad especial, de inspiración Divina, para comprender la Escrituras bíblicas:

«Estas cosas las sé por Tu conocimiento, porque abriste mis oídos a misterios maravillosos aunque soy criatura de barro, modelada con agua, fundamento de oprobio, manantial de impureza, horno de impiedad, edificio de pecado, espíritu de error, descarriado, sin conocimiento, aterrorizado por tus juicios justos» (1QH 9-21-3).

«Tu me has colocado como estandarte para los escogidos de la justicia, como sabio diseminador de los secretos maravillosos [en blan-
co]. Para probar a [todos los hombres de] la verdad, para acrisolar
a los que aman la enseñanza. Para los que esparcen errores soy un
hombre contencioso, [pero un hombre de paz] para todos los verdaderos profetas. Me he convertido en un espíritu celoso contra todos
los intérpretes de cosas hala(güeñas). [Todos los] hombres soberbios murmuran contra mi como el tremendo clamor de las aguas
estruendosas. Todos sus proyectos son pensamientos demoníacos.»
(IQHodayotlO, 13-16).

El propio Maestro de Justicia busca entender por qué algunos responden a Dios y otros no: la predestinación (que en breve
desarrollaremos) explicaría esta situación:

«Yo soy polvo y ceniza,
¿Qué puedo planear, si Tú no lo quieres?
¿Qué puedo idear sin Tu permiso?
¿Cómo puedo ser fuerte si Tú no me sostienes?
¿Cómo puedo ser instruido, si Tú no me moldeas?
¿Qué puedo hablar si Tú no abres mi boca?
y ¿cómo contestar si Tú no me enseñas?...
Sin Tu voluntad nada se hace
y nada se conoce sin que Tú lo desees»
(1 QH 18, 5-9).

Como se pudo observar, en el año 152 a. C. Jonatan Macabeo es designado sumo Sacerdote, pero no era de la descendencia de
Aarón, ni de la casa de Sadoc. El «Maestro de Justicia» rechazó su
sacerdocio (1QpHab col. VIII); el «Maestro de Justicia» debió exi-
liarse (1QpHab col. XI). Alejandro Janeo, sacerdote entre los años
103 a 76 a. C., no es vinculado con el Maestro de Justicia por lo que

él para ese entonces ya habría fallecido. Se puede ubicar su fecha de deceso, en forma aproximada, entre el año 103 y 104 a. C.

d. El Exterior de la Comunidad y el Resto de los Israelitas

No se dice nada de ellos en sus documentos por lo que no se sabe qué pueblos habitaban y cuáles creaban. Sí se supone que vivían o visitaban con frecuencia Jerusalén, pues en uno de sus versículos se les prohíbe entrar en la casa de culto en estado de impureza, o yacer con mujer en la ciudad del Santuario, y profanar la ciudad con esas impurezas (CD XI: 22; CD XII:1). En las ciudades debían organizarse a partir de grupos de diez individuos, donde cada grupo debía contar con un líder sacerdotal (CD XIII:3-5). En cada campamento debe existir un guardián, único maestro y auxiliador de su pueblo, impondrá el orden en la congregación y lo acercará al culto CD XIII:9-12). Se practicaba comúnmente la ayuda a los pobres, huérfanos ancianos y necesitados, «... y para la soltera sin pretendiente» (CD XIV:12-16).

La Comunidad se consideraba el autentico Israel: el resto de la nación judía era una comunidad separada (1QS 5:5); se hacían llamar la «yahad ha-berit» o «comunidad de la Alianza»; se autocalifican como una comunidad santa (1QS 9:2), fiel y pobre (1QS 2:24), comunidad eterna y de Dios (1QS 1:12 y 1:26). Esos calificativos se extienden también al Israel escatológico, y al que retorna a la Ley. Pero la comunidad también era una «´edah», «una asamblea de guerreros»: una congregación pacífica pero listos para actuar en el futuro en las guerras escatológicas de Israel contra los hijos de las tinieblas y en nombre de Dios.

e. La Entrada en la Secta

El ingreso a la secta se efectuaba por medio de una serie de exámenes que solicitaban al instructor frente a toda la asamblea;

ésta consideraba sus antecedentes y observaban su listado de bienes patrimoniales. Podía haber un ingreso provisional (1QS VI:14-16), donde de todos modos había un juramento de ceñirse a la Torá y separarse de los demás hombres (1QS V, 8-11). Durante el primer año el neófito no se acercará a los alimentos puros ni a los bienes de la comunidad, ni nadie se acercará a él, ni le tocará, ni aceptarán su consejo ni su autoridad 1QS V:11-17). El examen de ingreso incluía entender su comportamiento y saber cual era el grado de conocimiento y observación de la Ley; los exámenes se suceden con los años elevándose el nivel inicial del recién ingresado. Finalmente se le inscribía en el registro de los Justos de la Comunidad, o la Regla, según su rango, pasando sus bienes a plena disposición de la comunidad: ya era miembro de pleno derecho de la Comunidad y se acepta su juicio y su consejo (1QS VI). Cada miembro reciente era examinado todos los años para averiguar su adaptación y el grado de cumplimiento de la ley (1QS V:24). A los diez años se iniciaban en los estudios, los cuales se prolongaban por diez años más (1QSa I, 6-9).

«Y a todo el que se ofrece voluntario de en medio de Israel para unirse al consejo de la comunidad lo examinará el Instructor que está al frente de los Muchos en cuanto a su conocimiento y obras... Y después cuando entre para estar entre los Muchos, se pedirá opinión a todos sobre sus asuntos. Y según resulte en el consejo de los Muchos será incorporado o rechazado. Si es incorporado... que no toque el aumento puro de los Muchos mientras es examinado acerca de su espíritu y sus obras durante un año entero; y que tampoco tenga parte en los bienes de los Muchos. Cuando haya concluido el año dentro de la comunidad, serán preguntados los Muchos sobre sus asuntos, acerca de su conocimiento y de sus obras relacionadas con la ley. Y si es incorporado... también sus bienes y sus posesiones serán incorporados por mano del Inspector a las posesiones de los Muchos. Y se inscribirán por su mano en el registro, pero no se emplearán en beneficio de los Muchos. Hasta que complete su segundo año entre los hombres de la comunidad no probará la bebida de los Muchos. Y cuando este segundo año haya sido completado, será inspeccionado por la autoridad de los Muchos. Y si es incorporado a la comunidad, lo inscribirán en la Regla de su rango en medio de sus hermanos para la ley, para el juicio, para la pureza y para la puesta en común de sus bienes.» (1QS6:13b-23).

f. Actividades que se cumplían al interior de la Comunidad

El trabajo forma parte de la Comunidad como labrar la tierra, la alfarería, curtir pieles, ganadería, agricultura o copiar manuscritos (1QS VI: 2-3). También eran actividades muy importantes las comidas, purificaciones, cuidado del complejo y el estudio (1QS VI: 7-8). La esencia de la Comunidad, independiente de las diversas actividades que efectuara para sobrevivir, es el culto a Dios y la contemplación.

Anualmente se efectuaban dos reuniones, la de los campamentos presididas por un levita o un sacerdote, y la general, la de todos los todos los campamentos, durante la fiesta de Renovación de la Alianza (CD XIV: 3-6). El sacerdote que presidía la reunión debía tener entre treinta y sesenta años y ser docto en el Libro de la Meditación. Por su parte, el Guardián de todos los campamentos, el Maestro de Justicia, debía contar con treinta y cincuenta años, y conocer el idioma de todos los clanes (CD XIV:7-12).

Debían ser honestos, humildes, justos, caritativos y modestos; diferenciar entre lo correcto y lo incorrecto, entre mentira y verdad, lo bueno de lo malo, para, finalmente, poder distinguir entre los Hijos de la Luz y los Hijos de las Tinieblas. Las relaciones con los gentiles eran inevitables, pero mínimas (CD XII: 6-8).

Otras prácticas frecuentes son las abluciones y baños rituales: se buscaba la purificación por haber tocado carne, cadáveres, menstruación, haber fornicado, etc. Comían en forma común, pero debían asegurarse que uno se aproximaba puro a la comida y la bebida de los Puros. Los primeros en bendecir la comida y la bebida eran los sacerdotes (1QS VI: 4-6; 1QSa II, 17-20); luego bendecirán la comida los otros integrantes, empezando por el Mesías de Israel (1QSa II: 20-22).

Existían una serie de restricciones alimenticias, especialmente la referencia de comer animales vivos o reptiles (CD XII:11-14); o también: «Que nadie coma la carne de un animal... y el animal muerto o el animal desgarrado que no vive, pues al extranjero, y la grasa, para hacer... para sacrificar de ella... comerán... porque es una abominación» (Normas alimenticias y sexuales, 4Q251 Frag. 4, 1-6, y Frag. 5, 1-5).

Finalmente, el día fundamental de la secta era el sábado: un día de absoluto reposo, donde no se puede hablar siquiera de trabajo, barrer o cargar niños (CD XI:10), ni alejarse de casa por ningún motivo más de mil codos (750 metros) pero sí apacentar el ganado hasta 2000 codos (CD X:21 y CD XI:5), ni ayudar a las reses a parir, ni auxiliarlas (CD XI:13). No se puede cocinar, ni recolectar, ni sacar agua, regañar a los sirvientes (CD X:23), etc. El Castigo por profanar un día sábado era de siete años de cárcel (CD XII:3-7).

g. Faltas y Delitos

Dentro de lo que era la doctrina de la Comunidad, como resulta evidente, la falta más grave era la ley mosaica, que llevaba a la expulsión inmediata; ninguna persona se podía acercar a este hombre (1QS VIII:21-23). Con respecto a la pena capital, esta era el resultado de desear el mal de otra persona, la apostasía en estado de posesión demoníaca (CD XII:2-3), adulterio de una muchacha comprometida, calumniar al pueblo de Israel, traición, espionaje, deserción, y reincidencia en faltas muy graves, inclusive ser un hijo rebelde lo cual se «pagaba» con la muerte por lapidación (11QTemplo LXIV:2-11). Otra falta muy grave consistía en decir el nombre de Dios, el individuo «...será separado y no volverá de nuevo al consejo de la comunidad» (1QS VI:27, VII:1-2).

También era merecedor de la expulsión el que calumnie a la Comunidad, revelase sus bases, y desertar del consejo (1QS VII:16 y 1QS VII:18-27). El que mentía era castigado con dos años de penitencia, perdía su rango y en el primer año quedaba excluido de la pureza de la Congregación, luego, mediante un examen, podía asumir nuevamente su puesto (1QS VII:19; 1QS VIII: 24 y 1QS IX: 1).

La mentira, de acuerdo a lo que se mintiera, también tenía su castigo: sobre bienes y propiedades excluía de la pureza durante un año y reducción de un cuarto de los alimentos (1QS VI:26); a un superior, impertinencia, insulto, calumnia, merecía un año de penitencia y exclusión de pureza (1QS VI, 27); mentir por malicia, venganza o rencor, seis meses de exclusión de pureza (1QS VII). Por presentarse desnudo ante un compañero sin justificación, por no cuidar de un compañero, por hablar tonterías, tres meses (1QS VII). Por dormirse en una reunión, por salir antes de que acabe, por escupir en el Consejo, por reírse escandalosamente, o por vestirse negligentemente de modo que se muestre parcialmente su desnudez, treinta días (1QS VII). Por otras penas menores, como abandonar la asamblea tres veces sin razón, interrumpir a quien habla, gesticular con la mano izquierda, diez días (1QS VII).

El jurado se integraba por diez jueces elegidos por un cierto plazo, eran de la tribu de Leví, Aarón e Israel (cuatro sacerdotes y levitas y seis israelitas): no debían tener menos de veinticinco años ni más de sesenta (CD X, 4-7), y tenían que ser doctos en la ley y en las normas de la Alianza. Con respecto a los delitos de pena capital, era necesario que los testigos tuvieran más de veinte años, y, curiosamente, para ejecutar a un reincidente sólo se necesita el testimonio de un miembro de la comunidad (CD IX:23 y CD X:1).

h. Celibato

Es un tema muy discutido entre los especialistas, si en Qumrán se practicaba o no el celibato, pero varios indicios nos indican que no o que no se efectuaba de manera generalizada. Hay textos qumranitas que mencionan la presencia de mujeres y niños en la comunidad (1QSa I:4-10). Se habla de que una mujer pueda prestar testimonio contra su marido por asuntos relacionados con el incumplimiento de la ley. Inclusive de como tomar mujeres fuera de la Comunidad o en estado de Guerra: «Y si habitan en los campamentos de acuerdo con la regla de la tierra y toman mujeres y engendran hijos, marcharán de acuerdo con la ley...» (CD-A VII: 6).

Se observa todo lo referente a la pureza ritual en torno a las relaciones sexuales: una mujer «...será impura siete días, como en los días de su impureza menstrual, será impura. Y treinta días de su purificación. Pero si da a luz una niña, será impura...» (6Q15 Frag. 2, II, 15-16).

Se prohibía la prostitución y la poligamia: si «...son capturados dos veces en la fornicación: por tomar dos mujeres en sus vidas, a pesar de que el principio de la creación es: 'varón y hembra los creó'» (6QD o 6Q15 Frag. 1:2-3 o CD-A IV: 19-21), «...para abstenerse de la fornicación de acuerdo con la norma» (6QD o 6Q15 Frag. 4:4 o CD-A VII: 1-2).

Pero también se establecen los deberes de las mujeres y sus derechos en la vida urbana fuera de Qumrán: «Sobre el juramento de la mujer. Puesto que dice: 'Es el marido al que corresponde anular su juramento', que nadie anule un juramento si no sabe si debe confirmarlo» (CD XVI:10-11).

i. Calendario

El calendario utilizado por la Comunidad era diferente que el usado por el Templo de Jerusalén: se trataba de un calendario solar (con un año de 364 días) y no lunar. Los meses presentaban 28 y 29 días, debiendo insertar un mes completo cada 36 meses. Entre cada estación quedaba un día de enlace que se conocía como día la «rememoración.

Al usar este sistema calendárico, las festividades caían siempre en el mismo día de la semana, pero nunca en sábado; no se pudo comprender, faltan indicativos) la forma en que resolvieron las horas sobrantes o el año bisiesto. Este calendario ya era usado por los hassidim (comienzo de la era asmonea), con referencia en el Libro de los Jubileos (VI, 22), el Libro de Henoc (74, 10), etc. Incluso el año comenzaba el miércoles, día cuarto, cuando Dios creo el sol y la luna (Génesis 1:14-19).

Además del uso de un determinado calendario, había una vigilancia estricta de las horas del día para no descuidar el culto: horas para los rezos y penitencia, para los holocaustos, etc. (Himnos, 1QH XII:4-6, especialmente en la Regla de la Comunidad, 1QS I:13-15).

j. Dualismo y Predestinación

Los Rollos del Mar Muerto no han desarrollado textos propios al respecto pero si han utilizado literatura bíblica compartida por la mayoría del judaísmo del Segundo Templo. La Comunidad se veía a sí misma como la descendiente del antiguo Israel. Por otra parte, existen varias doctrinas desarrolladas por la Comunidad que no se encuentran en la Biblia o en el judaísmo de aquel tiempo.

La idea de Dios como creador omnisciente y omnipresente se encuentra en los rollos (1QM 10:8 –9; 1QH 17:16 –17; 18:8 –11; 11QPs a 26). Dios se ha mantenido activo en la historia y seguía actuando en el presente (CD; 1QM 10:12 –15). Dios es un guerrero que luchará en las batallas de Israel (1QM 1:8 –10; 11:1 –3,9 –10; Éxodo 15:3). Nada sucede sin la intervención Divina (1QH 9:19 –20;1QS 11:11); es la fuente de todo el conocimiento celestial (1QH 6:12 –14;12:27 –28;15:26 –27).

Se puede observar con respecto a Dios, una dualidad: tanto el bien como el mal fueron creados por Dios, lo cual se puede observar con claridad en el «Tratado de los dos Espíritus», texto inicialmente independiente pero luego perteneciente a la «Regla de la Comunidad» (1QS 3:13-4:26). Dios ha dispuesto dos espíritus hasta el momento de Su visita, el espíritu de la verdad y el de la falsedad (1QS 3:17 – 19), se describe luego la naturaleza del bien y el mal en el mundo. Cada espíritu tiene su grupo de prosélitos humanos, asignados a ellos previo a su nacimiento. El mal es liderado por fuerzas demoníacas identificadas como Melki-reša, Belial y Mastema.

Tanto el bien y el mal se encuentran en el hombre, quien lucha continuamente entre estas dos fuerzas. La Comunidad se auto identificaba como los «hijos de la luz», los «buenos». Todo aquel que quería ingresar a la Comunidad era examinado para observar si pertenecía al lote de los buenos. Siempre el mal surgía como fuerza victoriosa hasta que finalmente la voluntad de Dios destruyera a todas las fuerzas del mal, tanto los demonios como sus seguidores humanos.

Todo tendría lugar en la batalla final descrita en el rollo de la Guerra. Luego de vencido el mal, Dios extirpará de los hombres los restos de maldad para ser instruidos como buenos espíritus, finalmente vivirían en un mundo de paz, pureza y de vida eterna junto a los ángeles. Dentro de la teología qumranica es importante recalcar la predestinación: hasta cierto punto los humanos tenían libre albedrío para elegir su propio camino; por ejemplo, entrar en la Comunidad, elegir su propio camino (1QS 5:1). Pero convertirse en un hijo de la luz o de la oscuridad está ya predestinado por la divinidad. Incluso se puede hablar de que en Qumran las cosas inherentes a la historia ya fueron predeterminadas, y son ocultas, por Dios, estableciéndose las fases de la historia (4Q180, Pesher de los Períodos)

k. El «Fin de los Tiempos»: la era Escatológica

La comunidad de Qumrán tenía la convicción de que estaba viviendo el fin de los días, la fase final de la historia del hombre. De hecho, el Documento de Damasco contiene un calculo preciso referido al final de los días: 40 años luego de la muerte del Maestro de Justicia (CD 20:14). Por otra parte, el mismo documento nos informa que la comunidad fue formada 390 años luego del exilio en Babilonia (586 a. C.) y que permaneció 20 años sin el Maestro de Justicia (CD 1:9-10). Si el Maestro lideró la comunidad por aproximadamente 40 años, entonces el tiempo total hasta el momento del «día final» de la historia sería de 490 años. Aunque la comunidad no tiene datos precisos para el exilio, se puede observar que el momento que ellos establecieron para el «fin del mundo» sería a comienzos del siglo I d. C. Cuando la predicción falló, la comunidad no intentó nuevos estimativos, pero reformuló sus expectativas para acomodarlas a una postura un tanto más militar en vínculo a la necesidad urgente de intervención en el tiempo mesiánico.

Así mismo, la doctrina escatológica se articula con los comentarios (Pesher) de libros proféticos de la Biblia: consideraban que el contenido de estos textos no se referían tanto al presente de los profetas sino al tiempo de la secta, a través de alusiones a su origen, desarrollo y final mesiánica de la comunidad. Se debe señalar con especial énfasis el llamado Pesher Habacuc (1QpHab), donde los antiguos profetas pronuncian oráculos referido a «lo que va a suceder» (1QpHab 2:9-10). La secta tenía la convicción de que estaban viviendo el fin de los días y que estas expresiones denotaban su tiempo histórico.

De hecho, el Pesher Habacuc estaría señalando que el significado de la profecía no era de conocimiento del propio profeta (1QpHab 7:1-2), lo sería del llamado Maestro de Justicia, «El sacerdote en cuyo corazón Dios puso la habilidad de explicar las palabras de sus siervos los profetas» (1QpHab 2:8-9). De hecho, al no llegar el final del tiempo, como se había preestablecido, encontraron una respuesta en el Pesher del profeta Habacuc: «los Últimos Días demorarán más que lo que los profetas habían dicho; los misterios de Dios son verdaderamente misteriosos» (1QpHab 7:7-8).

No obstante, la comunidad seguía preparándose para el final de los días. La Regla de la Congregación (1Qsa) describe como la comunidad debe enfrentar el momento final. Se indica que habrá una comunidad de «hombres de la Alianza», precedida por una asamblea de individuos absolutamente puros. La asamblea indicará el momento preciso para lanzarse a la guerra. La Guerra refiere a la batalla final, descrita en forma extensa en el Rollo de la Guerra (1QM; 4Q4; 1QS 10:19;1QH 11:35; 4QpIsaa). Con la batalla se inaugurará el período final, el fin de los días, que llevará a la extinción de los Hijos de la Oscuridad y el ejército de Belial (Satanás). Se consideran dos enemigos fundamentales, los llamados «Kittim» (griegos, en nuestro caso los romanos), y los dúos por fuera de la comunidad, «violadores de la Alianza» y que no pertenecen a los «hijos de la Luz (4Q174 4:1-4).

Los ejércitos de los Hijos de luz irán a la batalla liderados por los ángeles de dios, cuyo poder militar garantiza la victoria. Con la victoria se iniciará un período de paz, justicia y conocimiento (1QM 17:6-8). Melchizedek (11QMelchizedek, 11Q13) administrarán la justicia al final de los días.

Luego de la aniquilación de Belial y los Hijos de la Oscuridad, la comunidad sería guiada por dos figuras mesiánicas. Luego, la Regla de la Congregación describe un banquete mesiánico organizado por el Mesías sacerdotal (Mesías de Aarón), que estaría acompañado por el Mesías real o Mesías de Israel (1QS 9:11). 4QTestimonia, 4Q175).

El Mesías sería precedido por un profeta escatológico: el Florilegium (4Q174) refiere a la «rama de David» que aparecerá junto al «Interprete de la Ley», considerado como el Mesías sacerdote. Pero el Documento de Damasco refiere a un único Mesías: «Mesías de Aarón e Israel» (CD 12:23-13:1; 14:18-19; 19:10-11; 20:1). Este Mesías podría combinar funciones sacerdotales y reales.

El Mesías administraría todas las funciones públicas, incluido el de la defensa de los enemigos de Israel. El Mesías de Aarón tendría funciones sacerdotales como la enseñanza de la ley, el culto en el Templo de acuerdo a las prescripciones de la secta. No obstante, se pudo observar que las ideas sobre la era mesiánica cambiaron con el transcurrir del tiempo e inclusive se hallan agregados a la biblioteca textos del exterior con una visión diferente (4Q521).

Con la llegada de la era mesiánica los justos resucitarían, el Mesías sería aquel que reviviría de los muertos (4Q521). La Creencia en una vida futura se puede observar en textos bíblicos y apócrifos que refieren con claridad a la misma, lo cual refuerza la idea de que se tuviera la creencia en la resurrección de los muertos (1 Enoc 22, 26:4-27:4, 25:4-5 y Daniel 12:1-3).

Muchos textos de la secta especulan sobre la naturaleza del Templo restaurado: el Rollo del Templo contiene descripciones de dos Templos, uno construido por los humanos, de grandes dimensiones (al igual que la nueva Jerusalén) y que duraría hasta la época mesiánica (1Q32, 2Q24, 4Q554-555, 5Q15, 11Q18). El segundo, con la llegada de la era mesiánica, construido por Dios, reemplazando al hecho por manos humanas (Rollo del Templo, 11Q19 29:8 –10, o Florilegium, 4Q174). Las características de este Templo no se asemejan al templo post exílico construido por Zorobabel (Mishnah tractate Middot), al herodiano, o incluso al modelo escatológico que aparece en Ezequiel 40-48.

Recordemos que se consideraba que los sacerdotes del Templo estaban corruptos y eran ilegítimos. Los sacrificios a efectuarse en esa época mesiánica se realizarían de acuerdo a lo prescrito por la secta: el Mesías sacerdotal serviría como líder inicial del culto. No queda claro aún si el Templo definitivo sería de tipo espiritual (1QS 5:6; 8:8, 11). También queda por verse si la secta hacia ofrendas en el Templo de Jerusalén, en todo caso se consideraba que las ofrendas eran necesarias, al menos para el futuro Templo.

«[...Y enviará un ángel] poderoso y te arrojará de toda la tierra. [...] cielos [...] Golpeará YHVH con golpe fuerte que te destruirá para siempre y en el ardor de su ira [mandará] contra ti un ángel poderoso [para llevar a cabo] [todos sus manda]tos [uno] que [no se apiadará] de ti, que [...] [...] sobre todos estos, que te [lanzará] al gran abismo [al Sheol] más profundo. Habitarás le[jos de la morada de luz], porque es oscuro en grado sumo el gran [abismo. No gobernarás] más sobre la tierra [sino que permanecerás encerrado] para siempre. [Maldito serás] con las maldiciones del Abadón, [y castigado por] el ardor de la cólera de YHVH. Tu gobernarás sobre las tinieblas durante todos [las eras de] las humillaciones [...] tu regalo [...]» (11Q Salmos Apócrifos 3, 1-12).

7. Arqueología de Qumrán

a. Datación de los hallazgos

Los diversos rollos fueron sometidos a la prueba del Carbono 14, se utilizó, concretamente, materia orgánica como las telas o lienzos que envolvían los manuscritos. El resultado para la década del cincuenta, fue que los documentos pertenecían al año 33 d. C. con un margen de error en el entorno a los 200. Posteriormente se utilizó la de retractación progresiva aplicada a las fibras vegetales de los manuscritos encontrándose que el primer grupo de rollos pertenecía al siglo II d. C.

En 1987 se utilizó la técnica de espectroscopía por aceleración de masas la cual usa muestras muy pequeñas: los análisis arrojaron fechas entre la segunda mitad del siglo II a. C. y la primera mitad del siglo I d. C.

El análisis de tipo químico se acompañó por estudios paleográficos en base a la caligrafía y las construcciones semánticas. La letra de los rollos es anterior a la del material judío de Dura Europos, junto al Éufrates, de comienzos del siglo III d. C. La variación, muy sutil, de la escritura de las cinco últimas letras (alfabeto cuadrado hebreo), indica el final de la época del segundo Templo (anterior al 68 d.C.). Las comparaciones se efectuaron también considerando osarios, inscripciones lapidarias y otros restos manuscritos, fechados entre el siglo I a. C. y el siglo I d. C.

Con estos estudios se ha podido datar con cierta exactitud cada rollo de Qumrán: desde los más antiguos como Samuel (4QSam) y Jeremías (4QJer) del año 200 a. C.; amén de fragmentos en hebreo arcaico datados sobre el año 250 a. C. Los más recientes serían Isaías (4QIsa) y Daniel de fines del siglo I a. C.; deben incluirse algunos fragmentos de las primeras décadas del siglo I d. C.

Por todo lo expuesto, se pueden clasificar los escritos de Qumrán en tres grandes períodos:

1. Pre-asmoneo: entre los años 225 a. C. y 150 a. C.
2. Asmoneo: años 150 a 30 a. C., gran manuscrito de Isaías (1QIs), la Regla de la Comunidad (1QS), y la copia más antigua del Documento de Damasco (4QD).
3. Herodiano: años 30 a. C. a 70 d.c., segundo Isaías (4QIsa), Himnos (1QH), Regla de la Guerra (4QM), Génesis Apócrifo (1QApGn), Manuscrito de los Salmos (11QPs), el Targum de Job (11QTgJob), Rollo de Cobre (3Q15), etc.

De los propios textos se podría deducir también su datación pero el resultado fue muy escaso: no se menciona la destrucción del segundo templo (año 69 d. C.), el culto escatológico de la Regla de la Guerra, tiene lugar en el Templo de Jerusalén aún en pie, hay pocos personajes históricos, todos del siglo II y I a. C. (el rey Antíoco que toma Jerusalén en el Pesher Nahum, años 175-164 a. C.), o Demetrio, también buscó lo mismo (Demetrio III Eucaro, año 92-89 a. C.). El calendario de la cueva 4 corresponde a Alejandra Salomé (76-67 a. C.), de Hircano, a Juan Hircano II (63-40 a. C.), y de Emilio, a M. Emilio Escauro, primer gobernador romano de Siria (65-62 a. C.).

La datación se complementa con el análisis de los restos cerámicos y las monedas que pertenecen a distintas épocas y ubican los restos arqueológicos: moneda de Juan Hircano I (134-104 a. C.), Judá Aristóbulo (104-103 a. C.), Alejandro Janeo (103-76 a. C.), etc.

b. El Espacio Físico de la Comunidad de Qumrán: Evolución Histórica

Lo más antiguo dentro del área de Qumrán es un caserío del siglo VIII a. C. que podría haber servido de defensa del reino en sus fronteras. En este sentido, la Biblia señala que «Entonces todo el pueblo de Judá tomó a Uzías [también llamado Azariáh, Uziyáh], el cual tenía dieciséis años de edad, y lo pusieron por rey en lugar de Amasías, su padre... Asimismo edificó torres en el desierto, y abrió muchas cisternas; porque tuvo muchos ganados, así en la Safela como en las vegas, y viñas y labranzas, así en los montes como en los llanos fértiles; porque era amigo de la agricultura.» (2 Crónicas 26:1-10).

Desde ese entonces esa edificación queda abandonada hasta el año 150 a. C., donde fue restaurada y se le añadió nuevas habitaciones (época de Juan Hircano I, años 134 a 104 a. C.). Se mantuvo un diseño cuidado y planificado, a partir de una fuente en En-Fegsha, la construcción de un muro y la roturación de terrenos por espacio de una hectárea: «Te doy gracias, Señor, porque me has puesto en la fuente de los arroyos en una tierra seca, en el manantial de las aguas en una tierra árida, en los canales que riegan un jardín de delicias en medio del desierto, para que crezca un plantío de cipreses y olmos, junto con cedros para tu gloria» (Himnos u Hodayot, 1QH XVI, VIII: 4-5).

Este período (asmoneo) se cierra con el reinado de Herodes el Grande (años 37 a 4 a. C.), llevó a ampliar aún más el complejo ampliando el salón principal, agregando una planta a la torre, añadiendo un refectorio, talleres y cisternas. El período finaliza con un terremoto y evidencias de un incendio (Flavio Josefo, año 31 a. C., «Antigüedades Judías», 15:5, 2): «Cuando se libraba la batalla de Actium entre César y Antonio, en el séptimo año del reinado de Herodes, hubo en Judea un terremoto como no se había visto nunca».). Durante diez años el lugar quedó prácticamente abandonado.

En su última fase de ocupación se puede observar la restauración de los edificios, encontrándose el scriptorium con dos tinteros, cada uno de ellos con restos de tinta. Este período termina con la guerra judeo romana, apareciendo algunas monedas acuñadas por los rebeldes. Se considera que habría caído en poder de Vespasiano a la cabeza en el año 68 d.C., al mismo tiempo que Jericó. Se considera que con su caída finaliza la secta qumranita y previamente se ocultan los papiros y manuscritos en las tinajas poco antes de la llegada de los romanos.

Hubo un breve período de ocupación romana que aprovechó las estructuras para vigilar e incluso atacar y controlar otros puntos como Masada. A partir de allí, el complejo queda abandonado hasta la segunda revuelta judeo romana del año 132 a 135, quedando monedas y restos cerámicos de esa época.

c. Descripción del Complejo

Cerca de las cuevas había un tell de ruinas, que fue excavado por el dominico francés De Vaux en 1950. Además del complejo de edificios y cisternas, el paraje se completa con un muro de adobe que recorre la montaña por su ladera y que llega a la muralla sur de Qumrán, aparentemente para la defensa la protección de aluviones de agua que con las tormentas barrerían ladera abajo, incluso para canalizar agua hacia el huerto.

El espacio de desarrollo principal es un cuadrado de unos ochenta metros de lado, dividido en estancias. En uno de los extremos parece una torre cuadrada con troneras y almenas, posiblemente para la defensa. Al oeste el complejo se extiende con varios patios y trece cisternas; aparentemente se trataría de un espacio de trabajo así como el lugar de las abluciones y baños rituales.

Próxima a la torre se encontraba la cocina con un patio adjunto; hacia el oeste se encuentra la sala de la mesa y tinteros, denominada scriptorium. La sala se ornamenta con mobiliario y bancos, y está orientada hacia Jerusalén, quizás por motivos religiosos. Junto a este otro espacio aparece el de las banquetas, una posible ala de juntas. Al sureste aparece un depósito de vajilla, tintorería o un cuarto de baño.

Saliendo de este espacio se encuentran restos de una alfarería con hornos, depósito de agua, almacén de arcilla y anexos pequeños. Al oeste nos encontramos con un refectorio, de veinte metros de largo y cuatro de ancho, donde se ubicaba el lector o el sacerdote. Próximo hay depósitos de vajilla, luego varias cisternas, aposentos, almacenes y talleres.

Por fuera de este espacio, y hacia el este en dirección al Mar Muerto, se ha encontrado un cementerio con unas mil cien tumbas, bajando ligeramente por la ladera y rodeando parcialmente el complejo a manera de una corona. Se observan dos sectores claramente diferenciados, el más próximo a Qumrán masculino, mientras que en el segundo grupo hay tumbas femeninas y de niños. La separación podría pensar en una comunidad celibataria, pero no eso no es algo evidente pues por motivos religiosos se pudo considerar que las mujeres debían estar sepultadas separadas de los hombres. Todas las tumbas son individuales, lo que podría tener explicación si creían en la resurrección física de los muertos, y los cadáveres están colocados en posición decúbito supino. Las edades de los cadáveres analizados se sitúan entre los 30 y los 40 años, contradiciendo, sin embargo, la extendida fama (Josefo y Plinio) de sus conocimientos médicos. Analizando la cantidad de tumbas de acuerdo a la variación del tiempo nos lleva una demografía para Qumrán que no debía de sobrepasar las doscientas personas.

También se han encontrado, como se mencionó tinteros, con restos de tinta, restos de las mesas y banquetas de trabajo, material para escribir, trozos de manuscrito virgen, aunque este último en muy escaso número; restos de material agrícola de cava y agua, trabajo de los ceramistas, de alfarería y cincelado (incluso una gran cantidad de piezas de cerámica idéntica a las usadas para depositar los rollos). Agreguemos elementos de uso cotidiano como peines, cestería, sandalias, etc.

Sorprende la cercanía del cementerio a las casas, teniendo en cuenta que la Comunidad fuera tan escrupulosa con la pureza ritual y la contaminación. Es posible que algunos de los rollos no pertenecieran a la Comunidad y fueron traídos y escondidos desde Jerusalén, por lo que los rollos pueden indicar que Qumrán no sea una única biblioteca ni representar a una única secta.

8. El Judaísmo de Qumrán

Qumrán ha significado una ventana hacia un mundo judío mucho más amplio, para esa época, como no se tenía idea. Se trató, sin duda alguna, de una comunidad peculiar, distante de las demás formas del judaísmo que nos introduce al período de tiempo comprendido entre los últimos libros de la Biblia hebrea (Tanaj) hasta la época de la Mishná o comentarios sobre la Biblia. De hecho, los rollos del Mar Muerto son documentos que nos muestran aspectos antes desconocidos de los antecedentes del judaísmo rabínico.

Así mismo, a través de las obras halladas podemos obtener información de primera mano referida a los textos hebreos disponibles en ese entonces y la conformación del canon Hebrea (libros considerados inspirados por la Divinidad y que integran la Biblia hebrea). A excepción del libro de Ester, todos los libros del canon hebreo están representados en Qumrán.

Aunque están prácticamente todos representados en Qumrán, de algunos hay muchas copias (Salmos, Génesis, Éxodo, Deuteronomio e Isaías) mientras que otros aparecen en forma más discreta; de hecho, hay varias copias de libros luego excluidos de la Biblia hebrea como es el caso de 1 Henoc.

Aparecen libros que son propios de la Comunidad: rompemos con la idea de una hegemonía, a nivel del judaísmo, con respecto a los libros sagrados, hay libros «universales», para todos los judíos, y hay otros que pueden pertenecer a las distintas sectas. Tal es el caso del llamado «Rollo del Templo», perteneciente a Qumrán donde Dios habla en primera persona, reformulando el Deuteronomio y partes de Levítico y Éxodo, y agrupando pasajes de forma distinta. Ejemplo del texto anterior es también el «Miqsat Maʻase ha-Torá» (4QMMT), o «Algunos de los preceptos de la Torá», donde se tratan temas relativos a las distintas expresiones del judaísmo del siglo I d. C. Los libros muestran, a veces, polémicas y debates entre los grupos judíos de aquel tiempo que se expresan en frases como las del rollo 4QMMT: «Pero decimos...» o «pero pensamos...».

Por tanto, en término generales se pueden observar cuales eran los principales temas de discusión de los diversos grupos judíos y la vehemencia de los debates. En Qumrán se llega a un punto de quiebra: una frase de MMT ha sido muy controversial: «[Y vosotros sabéis que] nos hemos separado de la mayoría del pue[blo y nos abstenemos] de mezclarnos en estos asuntos». Qumrán podría haberse separado, a partir de una radicalización de la ley judía, de las corrientes mayoritarias del judaísmo.

9. ¿Cristo estuvo en Qumrán?

a. Introducción

Aunque hasta la fecha no hay en los Documentos de Qumrán ninguna alusión a Jesús o al Juan Bautista pues la mayor parte de estos textos proceden de los últimos dos siglos de la era cristiana. Pero ya desde temprano se supo que el Bautista había sido miembro de la secta de los esenios, y luego se estableció por su cuenta.

Con respecto a Jesús de Nazaret la situación es más compleja: varios investigadores establecieron hipótesis que negaban absolutamente la presencia de Jesús en el área, mientras otros tendían a subrayar las semejanzas entre la secta y el pensamiento del Nazareno.

Actualmente se evita hablar de contactos directos pero, no obstante, se subrayan las semejanzas culturales. Por un tiempo se pensó que el Maestro de Justicia era el Bautista, y Jesús, el Sacerdote malvado. Baigent y Leigh acusaban a la Iglesia Católica de conspiración por ocultar la verdad.

Para Robert Eisenman, los habitantes de Qumrán no eran esenios, sino zelotas capitaneados por Santiago, el hermano de Jesús y acérrimo enemigo de Saulo de Tarso. Según él, el «Maestro de Justicia» no es otro que Santiago el hermano del Señor. Se basa en el título de «Justo» o *Tsadiq* que da Clemente de Alejandría a Santiago. Para Eisenman, el Comentario a Habakuk debe ser visto a la luz de la identificación de Santiago el Justo con el Maestro de Justicia, y los documentos de Qumrán son de medio herodiano. Eusebio cita a Hegesipo, diciendo que Santiago era santo desde su nacimiento.

Por otra parte, el papirólogo español J. O'Callaghan identificó un pequeño fragmento en griego de la cueva 7 (*7Q5*), con un texto del evangelio de Marcos 6,52-53. Esta identificación sería verdaderamente revolucionaria, porque adelantaría la fecha del evangelio de Marcos una o dos décadas, y supondría claros contactos mutuos entre los habitantes de Qumrán y los primeros cristianos.

Lo cierto es que la fechación de la mayoría de los manuscritos en la época anterior a la era cristiana impide la identificación de sus personajes con las figuras del Nuevo Testamento.

b. El Jesús histórico y la comunidad del Yahad

Los evangelios mencionan varias veces la interacción de Jesús con fariseos, saduceos y herodianos, pero nunca habla claramente de ningún contacto explícito con los esenios (salvo Juan el Bautista y su grupo).

Por otra parte, como ya hemos señalado, la mayoría de los rollos hallados en Qumrán son anteriores a la época del ministerio de Jesús. Por otra parte, no es tampoco cierto cuáles ni cuántos de los documentos encontrados en Qumrán fueron escritos en Qumrán y reflejan la ideología de la secta. Nuestra única posibilidad es comparar lo que sabemos sobre Jesús y sobre los esenios por separado, y tratar de aproximar ambas realidades.

b.1 Puntos de Semejanza:

- El movimiento de Jesús y los esenios son dos ejemplos de la diversidad que existía en el Judaísmo antes del año 70. Unos y otros eran judíos devotos, observantes de la Torah, residentes en Palestina.

- A pesar de ser un grupo pequeño, buscaban ser representantes del verdadero Israel. Preveían una futura *edah* más numerosa en el tiempo futuro, en torno al primitivo *yahad*. Ellos constituían el germen inicial en torno al cual se iba constituyendo el Israel escatológico.

- Ambos grupos sentían una cierta desestima de los gentiles. Ambos grupos también tenían enemigos comunes dentro del judaísmo, los saduceos y algunos fariseos.

- Creían que Dios estaba dando cumplimiento a las promesas de la Escritura, y tenían cierto tono apocalíptico.

- Tenían todos ellos una teología basada en la Escritura, y con gusto especial por los mismos libros: Isaías, Deuteronomio y Salmos.

- Había una orientación escatológica: el presente era el comienzo de una nueva era. Su escatología tenía simultáneamente una dimensión presente y futura. Aunque los qumranitas esperaban una guerra decisiva en el futuro próximo, también existía una dimensión de escatología realizada que vivían en sus liturgia comunitarias que tenían lugar en presencia de los ángeles.

- Ambos pretendían ser beneficiarios de una revelación especial por parte de Dios, interpretando que las Escrituras, en su sentido profundo, se referían a ellos.

- Jesús y los esenios se referían a la idea de una nueva alianza. Para los esenios esta nueva alianza fue establecida a través del Maestro de Justicia. Entrar en Qumrán era entrar en alianza. Para los cristianos la nueva alianza se había establecido en la sangre de Jesús.

- Jesús y los esenios aceptaban la continuación de la profecía. Tanto Jesús como el Maestro de Justicia se consideraban profetas.

- Ambos subrayaban que la redención escatológica estaba prometida a los pobres. Los esenios se llamaban a sí mismos «pobres de espíritu». Ambos subrayaban la pecaminosidad de la naturaleza humana delante de Dios; de hecho, se subraya la necesidad de pedir perdón a Dios , y la certeza de recibir el perdón de Dios.

- Jesús era célibe y los esenios (algunos al menos) también. El celibato de los esenios está atestiguado por los historiadores de aquella época, pero en los manuscritos de las cuevas no hay ninguna referencia explícita a su celibato. El Documento de Damasco deja lugar para la existencia de mujeres e hijos. La Regla de la Congregación que contempla el Israel de los últimos días, deja abierta la puerta a la presencia de mujeres y niños, y prohíbe la poligamia, mientras que la Regla de la comunidad, que contempla la Yahad del presente, mucho más minoritaria, no parece dejar lugar para una vida matrimonial entre los sectarios. El mismo Josefo distinguió entre esenios que no se casaban, y otros que sí se casaban.

- Tanto el movimiento de Jesús como los esenios estaban polarizados por la fuerza de un fundador carismático, Jesús y el Maestro de Justicia, que pedían a sus seguidores una fe inquebrantable en sus enseñanzas, su liderazgo y su relación especial con Dios.

- La expresión Espíritu Santo aparece muchas veces en labios de Jesús. En alguno de estos casos representa «ipsissima verba» como en la blasfemia contra el Espíritu Santo de Marcos 3:29. Este término no aparece en el Antiguo Testamento, y sólo tres veces en literatura apócrifa, y es muy raro en la Misná, pero muy abundante en la literatura de Qumrán. Los esenios reivindican que el Espíritu Santo había abandonado el templo y les había acompañado a ellos al desierto. El Espíritu Santo mora en la comunidad.

- En cuanto a los bienes de este mundo y la propiedad hay semejanzas y diferencias entre la doctrina de Jesús y la de los qumranitas. En Yahad el candidato tras un año de iniciación puede ya tocar objetos ritualmente puros, y su propiedad pasa a ser controlada por un inspector (*mebaqqer*), pero todavía no se fusionan con los bienes de la comunidad.

Después de un segundo año y un nuevo escrutinio puede ya participar de las comidas rituales y sus propiedades son añadidas al tesoro de la comunidad. Esto coincide con lo que nos cuentan las fuentes históricas de Filón y Josefo. En la doctrina de Jesús hay una visión de las riquezas como un ídolo que puede suplantar al verdadero Dios, y llevó un estilo de vida de radical pobreza. Sólo desde la pobreza se puede llevar la confianza radical en la providencia que es uno de los rasgos más típicos de la doctrina de Jesús. Entre los discípulos parece haber existido una bolsa común, pero Jesús exhorta a los suyos a despojarse de sus propiedades, pero no para darlas a la comunidad, sino para darlas a los pobres. Sin embargo Jesús no exigía a todos sus seguidores que se desprendiesen de hecho de todos sus bienes, tal como lo exigían los qumranitas.

- Ambos grupos compartían una ambivalencia intrigante con respecto a Jerusalén y el templo, con serias reservas sobre su culto. Los qumranitas habían roto con el sacerdocio hasmoneo que no era sadoquita y con el calendario solar-lunar. En la espera del nuevo templo purificado, los qumranitas se consideraban a sí mismos como un templo espiritual hasta que el templo de Jerusalén pudiera ser restaurado. Jesús, contrariamente a los qumranitas visitaba el templo y juzgaba que en el ínterin había que respetar sus rituales. Pero Jesús anuncia que el estado presente está llegando a su fin y con él el templo de Jerusalén. Las profecías de reconstrucción no dicen claramente si se trata de un nuevo templo a construir o de un templo simbólico.

- Tanto Jesús como los esenios creían en la resurrección de los muertos. En esto coincidían con los fariseos y se distanciaban de los saduceos. La resurrección está atestiguada en Daniel 12:2; y ya antes, en los Escritos de Henoc y el libro de los Jubileos, que eran libros copiados, leídos y venerados por los qumranitas. En *4Q521* 2,II,12 y 7,6 encontramos una alabanza de Dios que «da vida a los muertos». Los esenios no enterraban a sus difuntos en tumbas colectivas en las que se juntaban los huesos de los hijos con los padres, sino en tumbas individuales de casi dos metros de profundidad en las que esperaban intactos la resurrección. Muy recientemente se ha descubierto una tumba muy especial en el cementerio de Qumrán que algunos piensan pudo haber sido la tumba del Maestro de Justicia. Se trata de la tumba 1.000 en el edificio B. Esta tumba está en el interior de un edificio, y curiosamente en lugar de estar orientada norte-sur, como todos los enterramientos del segundo templo, está orientada este oeste. Los esenios esperaban que la resurrección de los muertos tendría lugar al comienzo del juicio final. El lugar de los bienaventurados sería el jardín del Edén, y por eso los cuerpos miraban en dirección hacia el norte.

- Algunos han intentado ver contactos entre los esenios y los primeros cristianos apoyándose en la geografía de los barrios de Jerusalén. Según ellos, en el que tradicionalmente se han localizado los lugares santos de la primera comunidad cristiana en el Monte Sión, coincidiría con el barrio de los esenios. De aquí se ha pasado a decir que el «hombre del cántaro», que sirvió de señal a los apóstoles para encontrar la casa en la que Jesús quería celebrar la Pascua, era un esenio, porque los esenios eran los únicos varones en la cultura judía de la época que hacían este servicio que estaba normalmente reservado a las mujeres. No obstante, las puertas de la ciudad reciben el nombre del punto de destino de la carretera que arranca de allí. La puerta de Damasco es aquella de donde sale la carretera que lleva a Damasco. La puerta de los esenios bien pudo haber sido la puerta de donde salía la carretera que llevaba a Qumrán, y no se refería al barrio en el que estaba enclavada.

b.2 Puntos de Diferencia:

- El grupo de Jesús era abierto y sus bordes porosos, mientras que la comunidad esenia era cerrada y tenía procedimientos selectivos de iniciación.

- El mensaje de Jesús era público y el de los esenios secreto.

- Jesús puso su énfasis en el amor al enemigo. Pero los esenios expresaban: «Malditos seáis en las obras de vuestra malicia culpable. Que Dios haga de vosotros un objeto de terror a manos de los vengadores. Sed malditos, y privados de misericordia, según la oscuridad de vuestras obras. Sed condenados en el oscuro lugar del fuego eterno. Quizás el «Odiarás a tu enemigo» de Mateo 5:43 sea una crítica a la interpretación esenia. En la regla de la comunidad se exhorta a «amar a los elegidos de Dios y odiar a todos a quienes él ha rechazado».

- Los esenios extremaban la pureza corporal, mientras que Jesús insiste en la pureza interior: Jesús se mantiene al margen de los debates sobre pureza que eran corrientes en el siglo I.

- Jesús admitía a mujeres en su grupo, las admitía como discípulas y las consideraba sus amigas En ocasiones rompió tabúes hablando con ellas, incluso a solas. Los esenios en cambio, consideraban que las mujeres eran dignas de desconfianza. En el Documento de Damasco la corrupción del templo la atribuían a una asociación impura con mujeres. Estaba prohibido tener relaciones sexuales con la esposa en Jerusalén, la ciudad santa.

- Jesús participaba en fiestas y tenía fama de comedor y bebedor. No era un asceta como aparecen los esenios.

- Jesús predicaba a la multitud e intentaba su conversión. No hay, en cambio, ningún documento misionero entre los esenios. Jesús se relacionaba con las multitudes.

- El estilo de Jesús es colorista y llano, mientras que el de los documentos es críptico, y en algunos casos codificado. Los esenios escribían sólo para los letrados e iniciados. Jesús hablaba para las masas.

- Jesús se relacionaba con los mendigos, los hombres marginales e impuros. Los esenios se mantenían al margen de ellos. «Los impuros nunca entrarán en el santuario». Jesús se relacionaba también con gentiles, el centurión, la cananea, la samaritana. Los esenios tenían normas que los separaban del todo de los gentiles como lo consigna Josefo y la Regla de la Comunidad.

- Jesús fue famoso por sus curaciones milagrosas. En los documentos de Qumrán no se atribuyen milagros ni al Maestro de Justicia ni a los futuros Mesías. En el apócrifo del Génesis y en la oración de Nabonido se atribuyen exorcismos a Abrahán y a un exorcista judío que bien pudo haber sido Daniel. Se trata en ambos casos de una oración, más bien que de un exorcismo conminatorio. No parece que los esenios estuviesen muy interesados en estos temas, aunque sí cultivaban las medicinas de yerbas.

- Diferían en su manera de concebir la iniciación. Para Jesús, la iniciación no era prolongada. Bastaba con ponerse en camino tras él, para los *haberim* se requería al menos un mes. En cambio, según la Regla, para unirse al grupo esenio hacía falta tres años de preparación.

- Aunque en la comunidad de Jesús había responsables, no hubo una jerarquía rígida ni un escalafón, sino que Jesús subrayó la actitud de servicio y fraternidad. En cambio en Qumrán habría jerarquías, escalafones, castigos severos, como señala la Regla. Según Josefo, había 4 grados. Si un *senior* era tocado por un *junior*, tenía que purificarse como si hubiese tocado a un miembro de fuera de la secta. Algunos dichos de Jesús sobre el sentido de fraternidad han podido ser pronunciados como crítica a los esenios. En la comunidad esenia había un fuerte liderazgo de sacerdotes y levitas, mientras que en la comunidad de Jesús, se trataba de laicos, liderados por un laico.

- Jesús no escribió nada, mientras que los esenios eran un grupo de escribas, preocupados por escribir y copiar. Jesús no dejó libros, y los esenios dejaron toda una biblioteca.

- Jesús era vulnerable, mientras que los esenios estaban protegidos por todo un grupo solidario y fuertemente organizado y jerarquizado.

- Coinciden en desaprobar la multiplicación frívola de juramentos. Valoran mucho el decir la verdad, y, según Josefo, la palabra de un esenio tenía por sí sola más valor que un juramento. La diferencia está en que Jesús prohibía toda clase de juramento (Mateo 5:33-34), mientras que los esenios hacían un solemne juramento al entrar en la comunidad, según la Regla.

- Jesús, como Hilel, podía resumir la Torah en dos preceptos. Esto es lo que Hilel contestó a quien le exigía que resumiese la Torah mientras se sujetaba sobre un solo pie. Los esenios nunca hubieran hecho esa síntesis. Todo para ellos era importante, y añadían cada vez nuevas reglas.

- La enseñanza de Jesús era en parábolas. En los documentos de Qumrán no existe el género literario parábola.

- Ningún dicho atribuido a Jesús es claramente predeterminacionista o determinista, mientras que la doctrina de Qumrán era fuertemente determinística, con una visión de la doble predestinación.

- La angelología no está desarrollada en la doctrina de Jesús, mientras que entre los esenios se mencionan Miguel, Gabriel, Rafael y Sariel. Josefo ya atribuía a los esenios mucho interés por los nombres de los ángeles.

- Jesús hacía una interpretación liberal de las normas sobre el sábado, mientras que los esenios eran sabáticos estrictos. Según Josefo eran los más estrictos en este punto. En el Documento de Damasco dice que no se puede sacar a un animal del pozo en sábado.

- Con respecto a las comidas litúrgicas, la mayor diferencia es el carácter inclusivo de las comidas de Jesús, hasta abarcar también a los «pecadores». En las comidas de Qumrán quedaban excluidos, no sólo pecadores, sino también los que tenían defectos físicos, o cualquier tipo de impureza legal.

c. Conclusiones

Podemos alcanzar las siguientes conclusiones:

- Jesús no fue finalmente un esenio aunque la Comunidad pudo influir en su modo de pensar, parábolas y Ministerio en general.

- Jesús tuvo algunas influencias esenias en algunas de sus ideas escatológicas, mesiánicas, la comunidad de bienes, la condena del divorcio, la redención para los pobres, pero rechazaba su calendario, su legalismo, su concepto de pureza, su determinacionismo, etc.

- La literatura del Mar Muerto es una fuente inapreciable para comprender la vida y enseñanzas de Jesús. Nos dan contexto ideológico, iluminan el medio social, nos dan paralelos en el vocabulario.

- No podemos dejar de indicar que Jesús fue influenciado por muchos grupos dentro del Judaísmo, pero no perteneció a ninguno en particular.

- La matriz literaria de Qumrán es judía, su contenido se acerca al paralelismo paulino de la pecaminosidad, y en Dios como la sola causa de la justicia. En Qumrán aparecen muchas frases paulinas, que hasta ahora no habían aparecido en el Antiguo Testamento ni en la literatura judía conocida: «La justicia de Dios», «las obras de la Ley», la «Iglesia de Dios», «hijos de la luz» e «hijos de las tinieblas». En general, este dualismo ético está presente en Pablo y Qumrán, así como el contraste entre luz y tinieblas. Así mismo, se detectan semejanzas con los escritos deuteropaulinos, el término Mysterion, «una participación en la suerte de los santos en la luz», «en su cuerpo de carne», etc.

- Hay un paralelo muy importante entre la anunciación en Lucas y un fragmento de 4Q246, en arameo que habla de alguien indeterminado (el fragmento está muy deteriorado) que será grande en la tierra, hará la paz y todos le servirán. Será llamado hijo del Gran Dios, y por su nombre será llamado. Será ensalzado como hijo de Dios, y le llamarán el hijo del Altísimo, y su reino será un reino para siempre. Algunos han querido ver en esta figura un «hijo de Dios» bueno, dividiendo el himno en cinco estrofas. Los que lo dividen sólo en dos estrofas encuentran que la descripción del Rey, hijo de Dios, está en la primera parte, la de los reyes malvados, y no puede representar a un verdadero enviado divino, sino a un tirano que se hace llamar «hijo de Dios». Sólo a partir de la segunda parte, la columna B3, empieza a hablar de los buenos, y en este caso se trata de una figura colectiva, del pueblo de Dios. Para algunos, el rey que hace la paz y se llama «hijo de Dios», es Octaviano Augusto.

10. «La Piedra que Mató a Dios»

a. «Hazon Gabriel» o las «Revelaciones de Gabriel»

Ada Yardeni y Binyamin Elitzur han publicado recientemente el relato de un texto fascinante que ellos denominan «Hazon Gabriel» o la Revelación de Gabriel. Este texto, grabado en piedra, comunica la visión apocalíptica del arcángel Gabriel. Yardeni y Elitzur lo datan, por sus rasgos lingüísticos y la forma de las letras, hacia el final del primer siglo a. C.

El autor de la «Revelación de Gabriel» parece interpretar la narrativa bíblica como sigue: un rey malvado se alza y prácticamente destruye al pueblo judío, «el pueblo de los santos». Hasta logra vencer y matar a su líder, «el príncipe de príncipes». Este es el líder que será resucitado a los tres días.

Un aspecto fascinante de esta tablilla de piedra, que contiene 87 líneas escritas en hebreo, es que no fue cincelada sino que su texto proviene de la utilización de pluma y tinta: solo otra piedra de similares características fue encontrada en Qumrán a comienzos de 1950. La piedra se encuentra en parte dañada por lo que no todo el texto se ha conservado. Sin embargo, se observa una gran similitud con los himnos mesiánicos de Qumrán.

Las circunstancias que rodean el descubrimiento de la inscripción son desconocidas. Todo lo que nos dicen los redactores es que puede haber sido descubierta en la Transjordania, próximo a Qumrán. ¿Sabemos de algún líder o rey judío que fuera asesinado aquí en la antigüedad y cuya muerte tenga alguna clase de relación con un desfiladero rocoso?

La rebelión del año 4 a. C. fue una búsqueda de libertad: los rebeldes procuraron liberarse del yugo de la monarquía herodiana, que disfrutaba del apoyo de los romanos. La insurrección, que comenzó en Jerusalén y se extendió por todo el país, tuvo varios líderes. El estudio, tanto de las fuentes judías como de las romanas, muestra que entre los más prominentes de ellos estuvo Simón, que operó en la Transjordania. Simón se declaró rey, llevó una corona, y fue percibido como rey por sus seguidores, que depositaron sus esperanzas mesiánicas en él.

La Revelación de Gabriel confirma la creencia de que hacia el momento del nacimiento de Jesús había gente que creyó que la muerte del Mesías era una parte integrante del proceso de salvación. Así pues, se convirtió en un artículo de fe que el líder mesiánico asesinado fuera resucitado dentro de tres días, y subiera al cielo en un carro.

Este texto es extraordinariamente importante y supone un descubrimiento que pide una revaloración completa de todos los estudios académicos sobre el sujeto del mesianismo, judío y cristiano por igual. Se abren dos posibilidades: o Jesús de Nazaret estaba al tanto de este discurso mesiánico y actuó de acuerdo al mismo, o sus seguidores y posteriores escribas aplicaron al Nazareno esta tradición judía: que el liberador del pueblo de Israel, el Mesías, tendría que morir y resucitar al tercer día. El hecho en sí se relaciona directamente con el núcleo central de la fe cristiana («*Si Cristo no hubiera resucitado* –afirmaría San Pablo-, *vana es entonces nuestra fe*»), se habría producido antes del nacimiento de Cristo, en una época en la que los judíos participaban muy intensamente de las creencias y el fervor mesiánicos. Lo realmente sorprendente en el caso que nos ocupa es la referencia que se hace en la *tablilla* de que «*en tres días vivirás*», cifrando la resurrección precisamente al tercer día de la muerte.

b. Contenido Polémico

La piedra de Gabriel, y otros rollos del Mar Muerto señalan la expectativa en el judaísmo de fines del siglo I a. C. comienzos del I d.C., de una figura mesiánica cuya vida se enmarcaría en su propia muerte (por asesinato) y su resurrección a los tres días.

Gran parte del texto refiere a una visión transmitida por el ángel Gabriel que aparece en el Antiguo Testamento, especialmente en vínculo con los profetas Daniel, Zacarías y Hagai.

El texto fue analizado por Yardeni y Binyamin Elitzur, investigadores especializados en textos hebreos de la época del Rey Herodes, quien murió en el año 4 a. C. Yuval Goren, profesor de arqueología de la Universidad de Tel Aviv, especializado en la autenticación de vestigios arqueológicos, confirmó mediante exámenes químicos la autenticidad de la piedra.

Luego de la muerte de Herodes, parte de los judíos vieron una posibilidad de sacudirse el yugo de Roma.

El texto refiere al asesinato de un tal Simón, o en cualquier caso del Mesías sufriente, visto como un paso necesario hacia la salvación nacional, dice, apuntando a las líneas 19 a 21 de la tableta —«En tres días ustedes sabrán que el mal será derrotado por la justicia»— continúa con las líneas «en tres días tú vivirás, yo, Gabriel, te lo ordeno».

La próxima línea dice «Sar hasarin», o sea, «príncipe de los príncipes». ¿Quién es «el príncipe de príncipes»? La fuente bíblica primaria para la Revelación de Gabriel es el Libro de Daniel (8: 15-26), donde el arcángel Gabriel se revela a Daniel por primera vez. Gabriel describe «a un rey de semblante feroz». Este rey «destruirá a los poderosos y al pueblo de los santos… y también se levantará contra el príncipe de príncipes» (Daniel 8: 24-25).

Esta imagen del Mesías es muy diferente a la que tradicionalmente se consideraba que los judíos de dicha época poseían: un descendiente del Rey David triunfante y poderoso. La resurrección después de tres días se convierte en un motivo desarrollado antes de Jesús, lo que contraría la mayoría académica. Lo que ocurre en el Nuevo Testamento es que fue adoptado por Jesús y sus seguidores sobre la base de la historia de un Mesías anterior.

La misión de este Mesías habría sido la de someterse y sufrir hasta su muerte por los romanos para que su sangre sea el signo de la redención por venir». Lo cual da a la Última Cena un significado totalmente diferente. La sangre derramada no es por los pecados de las personas, sino para traer la redención de Israel.

Este Simón podría haber sido un líder judío que se rebeló en el año 4 antes de Cristo contra la monarquía herodiana, sostenida por Roma. Simón actuó en la Transjordania, zona en la que se supone que fue hallada la tablilla. «*Simón se declaró rey, llevó una corona, y fue percibido como rey por sus seguidores, que depositaron sus esperanzas mesiánicas en él*». El emperador romano Augusto aplastó aquella rebelión, pero los seguidores de Simón le consideraron resucitado a los tres días.

Así describió el historiador judío del primer siglo, Flavio Josefo, la muerte de Simón en la batalla: «El mismo Simón, procurando evitar un barranco escarpado, fue interceptado por Gratus [un comandante del ejército de Herodes], quién golpeó al fugitivo en el cuello, separando su cabeza de su cuerpo». Con su referencia a una grieta rocosa y al príncipe de príncipes, el texto parece aludir a la muerte de Simón, el líder de los rebeldes que fue coronado rey, en un desfiladero estrecho en la Transjordania. Pero la Revelación de Gabriel también menciona otras muertes. En la línea 57, encontramos la frase «presa tvuhey yerushalayim» («la sangre del asesinado de Jerusalén»). En la línea 67 se lee: «Baser lo al dam zu hamerkava shelahen» («Lo dicen sobre la sangre. Esta es su merkava [carro celeste]»). El mensaje comunicado es que la sangre de aquellos que fueron asesinados se convertirá en su «carro» hacia al cielo. Todo lo cual podría vincularse a la historia de la ascensión de Elías al cielo: «contemplad, allí apareció un carro de fuego, con caballos de fuego … y Elías subió al cielo en un torbellino» (2 Reyes 2: 11).

La resurrección de los muertos o incluso la idea de un «Mesías doliente» como Jesús es también parte de la esencia del judaísmo, pero la muerte previa del Mesías y el plazo de los tres días se creían hasta ahora elementos exclusivamente renovadores en el paso de una religión a otra.

La implicación es que con la muerte del líder mesiánico, sus problemas han llegado a un final: la caída del enemigo y la salvación están cercanas. «Leshloshet yamin tayda ki-nishbar hara melifnay hatzedek» («En tres días sabrás que el mal será derrotado por la justicia»), leemos en las líneas 19-21.

c. Las Críticas

Persisten dudas acerca del origen de la piedra inscrita, y algunos académicos cuestionan incluso su autenticidad, y no hay constancia de dónde se encontró. Aunque se cree que fue hallada en la ribera jordana del Mar Muerto, frente a la zona de donde provienen los famosos Manuscritos del mismo nombre hallados en las cuevas de Qumrán, los documentos judíos más antiguos que existen. Pero esto es simplemente una creencia, no una verdad demostrada.

Se pueden observar problemas como la ausencia en lugares cruciales del texto de palabras: en dos o tres líneas fundamentales del texto hay un montón de palabras faltantes; no obstante, el texto debe ser atendido con seriedad: se trata de una piedra real con un texto real.

La interpretación del texto es la primera realizada, y por tanto está aún sujeta a un debate académico que la rebata o confirme. Algunas palabras claves, de difícil lectura, tuvieron una interpretación «osada». Falta buena parte del texto, el debate acerca del significado general de la tablilla está vivo.

Estamos frente a un protorelato de la historia de Jesús de Nazaret: luego de la muerte del propio Jesús, transcurridos los años, fue necesario colocar por escrito una biografía del galileo por lo cual los escribas tomaron diversos escritos y tradiciones que ya existían en épocas incluso anteriores a Jesús, aplicándolo luego a este personaje.

d. Otras «Piedras en el Zapato de Dios»: el fragmento 7Q5 y 7Q4

Los documentos de Qumrán fueron codificados asignándoles un número por cueva —del 1 al 11— en la que fueron hallados, luego con la Q de «Qumrán» y finalmente con el número con que fueron identificados. El 7Q5 es el quinto documento de la séptima cueva de Qumrán.

Los documentos de la Cueva 7 estaban todos en idioma griego, a diferencia de las otras cuevas. Los fragmentos están escritos solamente por una cara, y no por las dos, lo que señala que son restos de rollos y no de códices (similares a los libros actuales, escritos por ambas caras de cada página). El paso del rollo al códice, con el fin de ahorrar papel se hizo hacia el año 80 d. C.

El Padre O'Callaghan (papirólogo del Pontificio Instituto Bíblico de Roma) comparó el papiro 7Q5 con pasajes neotestamentarios descubriendo que las letras sueltas legibles en el papiro coincidían sólo con un pasaje de la Escritura: el Evangelio según San Marcos, capítulo 6, versículos 52 y 53. Asimismo, llega a identificar el 7Q4 como una fracción de los capítulos 3 y 4 de la primera carta del apóstol San Pablo a Timoteo, lo cual está a la espera de un mayor desarrollo.

Frente al análisis de O'Callaghan se han presentado las siguientes objeciones básicas:

- Problemas de trascripción: la traducción por J. O'Callaghan es: «[pues no se habían dado cuenta] sobre [los panes, sino que] el [corazón] de ellos estaba embotado. Y habiendo hecho la travesía, [llegaron a] Genesaret [y desembarcaron]». De este fragmento se leen con claridad once letras; hasta veinte se pueden reconstruir; el resto, setenta y cuatro, se han borrado.

- Escasa extensión del fragmento: 3,9 cm. de largo por 2,7 cm. de ancho con escaso cuerpo textual.

- Existencia de otras identificaciones alternativas: las letras que son claramente legibles en el trozo de papiro podrían corresponder a un pasaje del Antiguo Testamento, al apócrifo «Libro de Enoc», o a un texto aún no determinado de la amplia literatura griega que aún se conserva.

- Con respecto a la fecha de composición, no se puede ir más allá de la mitad del primer siglo, es decir, después del 50 como mucho pues este fragmento puede fecharse 20 años después de la muerte de Jesús. Los evangelios siguen siendo muy posteriores a Jesús: como Qumrán fue destruido en el 68 d. C., ese fragmento hubo de componerse bastante antes; por tanto, mucho más cerca de la vida de Jesús de lo supuesto hasta el momento.

- Hoy por hoy no hay peso en los argumentos sobre la pretendida antigüedad de textos cristianos en Qumrán (7Q5) que nos permitan afirmar que los evangelios de Marcos y Mateo se escribieron muy pronto tras la muerte de Jesús y que son el producto de un testigo visual.

En todo caso, el hallazgo de un fragmento como éste probaría, únicamente, la existencia de una documentación escrita preparatoria del futuro evangelio de Marcos. El cuadro temporal del cristianismo primitivo que la filología, la historia y los estudios cronológicos han ido componiendo lentamente a lo largo de casi doscientos años de investigaciones no se ha modificado.

11. Los Rollos del Mar Muerto

a. Qumrán y sus Manuscritos

Los manuscritos del Mar Muerto pertenecen a un complejo cultural y arqueológico que comprende aproximadamente un lapso de tres a cuatro siglos y que cubre un área que incluye no solo a las cuevas de la localidad de Qumrán sino también a las áreas cercanas de la orilla occidental del mar Muerto, el wadi Murabba'at, Hever y Masada. Los de mayor importancia para esta obra son los textos de las once cuevas que comprenden el complejo arqueológico de Qumrán que incluye unos 800 manuscritos que pueden estar diseminados en miles de fragmentos.

El lapso de tiempo en que se desarrolló Qumrán se extendió entre los siglos III a. C. y siglo I d. C. por lo que comprende la evolución del propio idioma hebreo, desde textos en este idioma, paleo hebreo y arameo, a estos debemos agregar los que están en idioma griego. Se han encontrado unos 40.000 fragmentos que estarían representando unos 500 rollos. Las cuevas que presentaron mayor cantidad de fragmentos fueron la 1, 4 y 11.

b. Nomenclatura de Qumrán

Los escritos se citan con la sigla Q, precedida por un número del 1 al 11, lo que identifica la cueva en la que fueron hallados (1Q, significa que fue hallado en la cueva 1), seguidos por una letra o un número de referencia. Con respecto a los manuscritos de mayor relevancia se considera una letra, inicial del título del manuscrito en hebreo. Por ejemplo, para la regla de la comunidad la «S»de Serek, para la regla de la guerra la «M» de Milh|amah, etc. Detrás de la letra se puede citar el número de la columna pues los textos están escritos en columnas y la línea dentro de cada columna.

c. Clasificación de los Escritos

La naturaleza de los diversos escritos incluye diversas categorías y variedad de formas literarias. En general se acepta una clasificación inicial que divida los textos entre bíblicos y no bíblicos, de esta categoría general debemos distinguir diversos subgrupos. Entre los textos de carácter bíblico aquellos que pertenecen de hecho a la Biblia y aquellos que teniendo un formato similar a los libros bíblico no fueron incluidos en la Biblia, es decir, son los llamados escritos apócrifos.

Entre la literatura no bíblica se debe considerar todo aquel documento perteneciente a la secta de Qumrán y que regulan la vida en Comunidad (textos referidos a la iniciación, a la pureza, de los sacerdotes, etc.), debemos agregar, también, bendiciones, himnos, plegarias, etc. Tienen gran interés todos aquellos textos de carácter apocalíptico mesiánico que refleja el momento de turbulencia política y social que la secta vivía frente al opresor romano.

Además de estos escritos, existe una variedad de textos que caerían en la categoría general de «varios» o «misceláneas», como el llamado Rollo de Cobre, ostracones y restos de cerámica con inscripciones, etc.

La variedad de textos abre la puerta a la posibilidad de que no estamos hablando de «una secta», sino de posibles varios grupos integrados en determinados períodos históricos en la corriente de pensamiento esenio, y otros completamente ajenos y que ocuparon las cuevas en tiempos remotos y anteriores a los esenios.

I. Literatura de Tipo Bíblica y Bíblica Apócrifa

Diversos Libros del Antiguo Testamento: Pentateuco, Profetas, etc.
Admoniciones asociadas al Diluvio
Las Eras de la Creación
Libro de Noé
Palabras del Arcángel Miguel

Testamento de Leví
Testamento de los Patriarcas
Testamento de Neptalí
Testamento de Qahat
Testamento de Amram
Palabras de Moisés
Apócrifo de Moisés
Pseudo – Moisés
Génesis Apócrifo
Josué Apócrifo
Samuel Apócrifo
Elías Apócrifo
José Apócrifo
Salmos Apócrifos
Sedecías Apócrifo
Jeremías Apócrifo
Paráfrasis de Reyes
Los Cuatro Reinos
Proto - Ester
Plegaria de Enosh y Enoc
Libro de Enoc
Escritos de Daniel
Tobías
Jubileos
Proverbios
Plegaria de Nabodinus
Plan Divino para la Conquista de Tierra Santa
Narrativa Teológica histórica con base en el Génesis y en Éxodo

II. Comentarios («Pesharim») sobre Textos Bíblicos

Comentarios sobre Isaías
Comentarios sobre Óseas
Comentarios sobre Miqueas

Comentarios sobre Nahum
Comentarios sobre Habacuc
Comentarios sobre Sofonías
Comentarios sobre los Salmos
Targum de Job
Targum de Levítico
Pentateuco Re-elaborado
Paráfrasis de Génesis y Éxodo
Florilegium o Midrash de los Últimos Días
Ordenanzas y Comentarios sobre la Ley

III. Literatura Apocalíptica

Cronología Apocalíptica o Semanas Apocalípticas
Conquista de Egipto y Jerusalén o actos de un Rey Griego
El Triunfo de la Justicia o Misterios
Apocalipsis Mesiánico
El Elegido
El Príncipe Celestial Melquisedec
Consolaciones
Interpretaciones de textos bíblicos sobre los Últimos Días

IV. Himnos, Salmos, Plegarias, Calendarios

Himnos de acción de gracias
Salmos
Lamentaciones
Canciones para los Holocaustos del Shabbat
Fragmentos poéticos sobre Jerusalén y el Rey Jonatan
Calendario de los cursos sacerdotales
Calendario de Signos
Horóscopos
Fases de la Luna
Las palabras de las luces celestiales

Plegaria litúrgica
Plegarias para los Festivales
Plegaria Diaria
Plegaria o himno celebrando la mañana y la tarde
Bendiciones
La Seductora
Exhortación a buscar la Sabiduría
Parábola del Árbol
Trabajos Sapienciales // Caminos de la Justicia
Bendice mi espíritu
Canción de la Sabiduría
Beatitudes

V. Documentos de la Comunidad

La Regla de la Comunidad
Documento de Damasco
La Regla Mesiánica
El Rollo de la Guerra
La Regla de la Guerra
Rollo del Templo
La Nueva Jerusalén
Observaciones sobre la Ley
Exhortaciones del Señor a los Hijos del Alba
Reconvenciones (antes de la conversión)
Ritual de Confesión
Ritual de Purificación
Trabajo Litúrgico
Orden del Divino Oficio

VI. Varios

Los dos Caminos
Lista de los Falsos Profetas

Lista de los Netinim
El Rollo de Cobre
Entrada en la Alianza
Cuatro clases de la Comunidad
Dos Ostracones

d. Las Cuevas y los Textos

- **Cueva 1**

Ubicada a 500 metros en dirección nor-noroeste de las ruinas de Qumrán, fue descubierta en 1946, explorada hasta 1949. Los hallazgos comprenden los siguientes textos de relevancia: Génesis Apócrifo (1QApGen ar, en arameo), himnos de acción de gracias y plegarias individuales, el Rollo de la Guerra (1QM), la Regla de la Comunidad (1QS), el libro de las Bendiciones (1QSb), comentarios de Habacuc (1QpHab), de Miqueas (1QpMi), libro de Isaías (1QIsa y 1QIsb), fragmentos del Levítico (Lv. 17-26, probablemente el texto más antiguo de la cueva), y fragmentos del Libro de Daniel (1Q71, 1Q72). En estos últimos se observa el pasaje del idioma hebreo al arameo. Hay fragmentos de Éxodo, un «paleo Levítico», Deuteronomio, Jueces, Samuel, Ezequiel, Salmos. Filacterias, comentarios a Zefanías, comentarios sobre los Salmos, Noé, Palabras de Moisés, Libro de los Gigantes, Apócrifo de Sabiduría, Misterios, Liturgia de la Tres Lenguas de Fuego, textos litúrgicos, plegarias para festividades, la Nueva Jerusalén, y fragmentos sin clasificar.

- **Cueva 2**

Hallado en febrero de 1952 a poca distancia al sur de la primera, contenía fragmentos del libro de Éxodo, Levítico (2QLev), Rut, Salmos, Jeremías, Jubileos, Fragmentos de Génesis, Números, Deuteronomio, Job, Rut, Ben Sira (Sirácides), Apócrifo de Moisés, Diálogos de moisés con Dios, Descripción de la Nueva Jerusalén, texto jurídico, Libro de los Gigantes, fragmentos de un ritual, fragmentos sin clasificar. En torno a la cueva se hizo una pesquisa intensiva encontrándose grutas con restos de cerámica, fragmentos y rollos.

- **Cueva 3**

Uno de los más importantes descubrimientos de esta cueva tiene que ver con el llamado Rollo de cobre (3Q15), encontrado en el año 1952. Su carácter peculiar, efectuado en material duradero y con un lenguaje ascético, lleva a que el contenido del rollo, que refiere a distintas porciones de oro y plata en forma de vasijas y otros, sea considerado con gran seriedad. Además de este texto, se recuperaron fragmentos como el del Salmo 2 (3QPs 2), datado en el año 75 d.C., Ezequiel 16, Salmos 2, Lamentaciones (con el tetragrámaton en caracteres paleo hebreos), comentarios a Isaías, Jubiles. Himnos, Testamento de Judá, textos sectarios y otros mencionando a un «ángel de la paz», y fragmentos sin clasificar.

- **Cueva 4**

Explorada en septiembre de 1952, produjo 380 textos, y entre ellos unas cien copias de libros del Antiguo Testamento a excepción de Ester. En la categoría «literatura bíblica» se debe mencionar el libro del Éxodo (4QEx), libro de Samuel (4QSam a y 4QSam b), fragmento de Eclesiastés (4Q Qoh), Jeremías (4QJera y 4QJerb), Daniel (4Dna), fragmentos de Levítico y Números, etc.

Con respecto a la literatura extrabíblica se debe mencionar el Florilegio (4QFlor), comentario al Salmo 37 (4QpPs 37), Testimonio (4QTest), comentarios de Isaías (4QpIs a, b, c, d), Óseas (4QpHos), Nahum (4QpNah). Hay fragmentos de las Bendiciones Patriarcales (4QPB); Leyes bíblicas, Tobías, Oración de Nabónido, etc. Otros textos: paráfrasis de Génesis, Éxodo Levítico, fragmentos de Éxodo, de Levítico, Números, Deuteronomio, Documento de

Damasco, Pseudo Jubileos, Pseudo Daniel, Testamento de Leví, el Hijo de Dios, leyes de pureza, Carrozas de Gloria, el Líder Mesiánico, Admoniciones al Hijo del Alba, Libro de los Misterios, Parábola del Árbol Frondoso, escritos sacerdotales, pseudo Jeremías, Segundo Ezequiel, Regla de Belial, Palabras de la Torá, Himno Bautismal, Proverbios, Himnos de los Pobres, Alabanza al Rey Jonatan, el Árbol de la Maldad, la Era de la Luz está Llegando, Los Sirvientes de la Oscuridad, Registro de la Disciplina Sectaria, el Mesías de Cielo y Tierra, Josué Apócrifo, Bendiciones y los Demonios de la Muerte, Palabra de Miguel, Libro de los Gigantes de Enoc, nacimiento de Noé, Testamento de Kojat, Testamento de Amram, Hur y Miriam, Visiones de los Cuatro Reinos, Historias de la Corte Persa, la Nueva Jerusalén, una cronología bíblica, un amuleto contra los espíritus malvados, etc.

- **Cuevas 5 y 6**

No han arrojado gran cantidad de textos, pero debe destacarse un rollo de Isaías (5QIs), y una copia de Lamentaciones, y del Documento de Damasco (6QDD). El resto de lo hallado tiene que ver con fragmentos de Deuteronomio, 1 Reyes 1, Amos 1, Salmos 119, comentarios a Malaquías, Regla de la Comunidad, Maldiciones, La Nueva Jerusalén y otros fragmentos no identificados, fragmentos del Génesis, Levítico, Deuteronomio, 1 y 2 Reyes, Daniel, libro de los Gigantes, Samuel, profecías bendiciones, documento calendárico, himnos, una copia de 4q (Palabras de Miguel), y otros fragmentos no clasificados.

- **Cueva 7**

Descubierta a comienzos del año 1955, incluye entre sus hallazgos, restos de dos jarras grandes y fragmentos de otras. Se ubicaron, también, textos bíblicos en griego escritos en papiro por una sola cara (no son códices sino rollos, lo que refiere su antigüedad).

Fueron identificados los fragmentos 7Q1 (Éxodo 28:4-7) y 7Q2 (Jeremías 5:43-44). José O'Callaghan habría identificado ciertos fragmentos con pasajes del Nuevo Testamento: 7Q4, 7Q5, 7Q6-1, 7Q6-2, 7Q7, 7Q8, 7Q9, 7Q10, 7Q15.

- **Cuevas 8, 9 y 10**

Exploradas en el año 1955, no ofrecieron muchos textos, a excepción de una filacteria (8QFiI), dos fragmentos de Génesis, fragmentos de Salmos, Éxodo, Deuteronomio e Himnos. Aquí se pudo entender como se doblaban los textos y cómo se ataban. De la cueva 9 se debe considerar un pequeño fragmento en papiro aun no identificado. En la cueva 10, los hallazgos refieren a un ostracón, una pequeña parte de un jarro con trazas de dos letras del nombre de su propietario.

- **Cueva 11**

Esta cueva fue explorada a comienzos del año 1956. Entre los hallazgos debe remarcarse el Rollo del Templo (11QTs) referidos a normas de pureza, planos del futuro Templo de Jerusalén a construirse en tiempos mesiánicos, etc.; un Tárgum del libro de Job, el libro de los Salmos (11QPs), fragmentos del Levítico, Deuteronomio, Ezequiel, Jubileos, comentarios sobre Melchizedek, Himnos, Canción para el Sacrificio del Shabbat, la Nueva Jerusalén, fragmentos sin clasificar.

Textos Escogidos del
del
Mar Muerto

Textos Seleccionados. Presentación

A continuación se exponen una serie de rollos escogidos que dan cuenta de la secta y de sus creencias. En primer lugar, la llamada «Literatura de Tipo Bíblica y Bíblica Apócrifa», ejemplificada por los rollos del Éxodo, Filacterias, Sermón sobre el Éxodo, la Conquista de Canaán y el Apócrifo de Moisés o de David. En segundo lugar, los comentarios o Pesharim de los textos bíblicos de acuerdo a la doctrina de la Comunidad, se incluye el comentario (Pesher) de Nahum y el comentario o Pesher de Habacuc.

A continuación se incorporan aquellas obras de carácter apocalíptico que dan cuenta de la visión que tenía la secta sobre el final de los días: La Carroza del Trono Divino, Apocalipsis Mesiánico, Palabras de Miguel, La Visión de Jacobo, Libro de los Misterios, y El Elegido.

Existen, así mismo, una serie de documentos que son propios de la secta que se inscriben en la categoría de «Himnos, Salmos, Plegarias, Calendarios», se trata de la Parábola del Árbol Frondoso, la Plegaria por el Rey Jonatan, la Plegaria Litúrgica y Los Engaños de la Mujer Malvada.

Estos textos se complementan con los documentos propios de la Comunidad que la organiza y que la define, se han incluido: Los Himnos de Qumrán, La Nueva Jerusalén, El Rollo del Templo, La Regla de la Comunidad, Algunos Preceptos de la Torá, La Guerra de los Hijos de la Luz contra los Hijos de las Tinieblas, El Manual de Disciplina para la futura Congregación de Israel, el Documento de Damasco y las Bendiciones.

Finalmente, se incorporan aquellos documentos de difícil clasificación por no pertenecer aparentemente a la Comunidad o por tratar temas vinculadas a ella de forma más genérica: Los Dos Caminos, Cuatro Clases en la Comunidad, Lista de Netinim, y El Rollo de Cobre.

1. Éxodo 4Q22 (Paleo Exodm)

Fragmento del libro bíblico de Éxodo (6:25-7:19). La biblioteca de los rollos del Mar Muerto ha incluido prácticamente todos los libros de la Biblia a excepción del libro de Ester. El texto está escrito en paleo hebreo y se habría redactado hacia el año 100 a. C.

Éxodo

Columna 1

«2 Estos son Aarón y Moisés a quién 3 el Señor dijo, Saca a los hijos de Israel de la tierra de Egipto según 4 sus ejércitos. Estos son los que sacarán a los hijos de Israel lejos del Faraón 5 de Egipto: éstos son ese Moisés y Aarón. Y aconteció en el día en que el Señor habló 6 a Moisés en la Tierra de Egipto. 7 El Señor dijo a Moisés, «Soy el Señor: habla al Faraón rey de Egipto 8 todo que te digo». Y Moisés dijo al Señor, 9 «Mis labios son incircuncisos, ¿cómo me escuchará el Faraón a mí? 10 Y el Señor dijo a Moisés, «he hecho de ti un Dios frente al Faraón: y Aarón tu hermano será 11 tu profeta. Hablará todo lo que ordeno: y Aarón tu hermano dirá al 12 Faraón, que saque a los hijos de Israel fuera de su tierra. Y endureceré el corazón de Faraón 13 y multiplicaré mis signos y mis maravillas en la tierra de Egipto.»

2. Tefillim (Filacteria - Mur 4 Phyl)

Copiado a comienzos del primer siglo d. C. La prescripción «Y estas palabras que yo te mando hoy, estarán sobre tu corazón; y las repetirás a tus hijos, y hablarás de ellas estando en tu casa, y andando por el camino, y al acostarte, y cuando te levantes. Y las atarás como una señal en tu mano, y estarán como frontales entre tus ojos; y las escribirás en los postes de tu casa, y en tus puertas» (Deuteronomio 6:6-9) ya era practicada por los judíos desde tiempos remotos. En el período del Segundo Templo se estableció que los tefillim (filacterias, amuletos en griego) se ubicarán en pequeñas cajas hechas en cuero Negro. Una se ubicaría sobre el brazo izquierdo; otra, sobre la frente (Éxodo 13:9-16).

Tefillim

«Y habló el Señor a Moisés, diciendo: 2 Conságrame todo primogénito. Cualquiera que abre matriz entre los hijos de Israel, así de los hombres como de los animales, mío es.

3 Y Moisés dijo al pueblo: «Tened memoria de este día, en el cual habéis salido de Egipto, de la casa de servidumbre, pues el Señor os ha sacado de aquí con mano fuerte; por tanto, no comeréis leudado. Este día...»

3. Sermón sobre el Éxodo y la Conquista de Canaán

Pertenece al último tercio del siglo III a. C., el relator es anónimo, pero puede tratarse del personaje de Josué.

Frag. 2

II... Y las naciones se encolerizarán... en sus acciones y en la abominación de sus actos de... y no habrá más remanente para (ellos) y ninguno escapará para su posterioridad...

Y él hizo plantaciones para nosotros, eligió la tierra entre la más deseable de las tierras... Y él hizo como dios sobre el poderoso y por temor al faraón... ellos temblaron y su corazón tembló y sus entrañas se disolvieron. Y tuvo misericordia... Y cuando su cara brilló sobre ellos para curarlos, ellos tomaron fuerza en su corazón una vez más... Ninguno te conocía, temblaban y se sacudían.

4. Apócrifo de Moisés o de David (4Q373, 2Q22)

Refiere a una narrativa que tiene que ver con Og, rey de Basham (Números 21:33-5; Deuteronomio 3:4-5, II) El narrador puede ser David y el sujeto ese su lucha contra Goliat. Algunos especialistas indican que puede ser Og vencido por Moisés, lo que está muy elaborado por los Targum, Midrash y el Talmud.

«...todos sus sirvientes Og... su altura era... y la mitad de un cubito y dos cubitos (estaba sin aliento...) una lanza como un cedro... un escudo como una torre. El ágil... que los sacó siete estadios. No entendí... y no cambié. El Señor nuestro Dios lo destruyó. Yo lancé heridas para inclinar y no... para la guerra para conquistar ciudad y aniquilar...»

5. Pesher Nahum (Comentario de Nahum - 4Q169)

Alejandro Janeo, «el León de la Ira». Compuesto en el siglo II a. C.; la copia pertenece al primer siglo d. C. (los Kittim son en este caso los romanos).

«1 Adónde el león, la leona, el cachorro de león 2 [y ninguno se aterroriza, Su interpretación refiere a Deme]trius Rey de Grecia, quién buscó entrar Jerusalén por el consejo después de que se suavizaron las cosas 3 [y Dios no puso Jerusalén en] las manos de los Reyes de Grecia, desde Antioco hasta la subida al poder de los gobernantes de Kittim; pues después (la ciudad) será tirada abajo. 4 El león llora lo suficiente por sus cachorros y estrangula la presa para su leona 5 [Su interpretación] concierne el León de la Ira que golpea por medio de sus grandes hombres, y de los hombres del Consejo 6 [él llenó su cueva] y su guarida con carne torcida. Su interpretación concierne al León de la Ira 7 [Quién sentenciado a] muerte por los Buscadores y que cuelga a hombres vivos.

6. Pesher Habacuc (Comentario de Habacuc 1QpHab)

El Comentario (Pesher) de Habacuc trata de una interpretación del texto bíblico en función de la historia propia y de los conflictos exteriores e interiores del grupo. Se aplica el mensaje de Habacuc 1-2 a las circunstancias históricas del período. El comentario incluye el texto hebreo de los capítulos 1 y 2. Se hace una forzada identificación de los caldeos con los Kittim: fueron ellos los que apuntalaron a la dinastía asmonea, aborrecida por la comunidad de Qumrán por apoderarse del sacerdocio de los descendientes de Sadoc. El Pesher, como otros textos similares, provee una interpretación que un hombre por sí mismo no puede alcanzar, necesita de inspiración Divina. El Pesher Habacuc habla de dos períodos de actuación del sacerdote, uno bueno y otro malo: el primero bajo la guía de Alejandra Salomé y el segundo después de la muerte de esta reina. Ubicable en la mitad del siglo I a. C.

«Así la Ley es aflojada. Esto significa que ellos rechazaron la Ley de Dios. Y la justicia nunca sale, porque el hombre perverso asedia al hombre virtuoso. Esto significa que el hombre perverso es el sacerdote perverso y el hombre virtuoso es el maestro de la virtud.»

«Mirad entre las naciones, y ved; maravillaos y quedad pasmados. Porque estoy haciendo un trabajo en vuestros días que no creeríais si fuera contado [en blanco]. [La interpretación del pasaje está relacionada con] los traidores con el Hombre de Mentira, porque no [dieron fe a las palabras del] Maestro de Justicia de la boca de Dios; y con los traidores al pacto] nuevo, porque no creyeron en el pacto de Dios [y contaminaron] su santo nombre. Y verdaderamente lo dicho se refiere a los que actuarán traidoramente al fin de los días: esto es, los que son empedernidos contra la Alianza, los que no creen cuando oyen todas las cosas que vienen sobre la última generación por boca del Sacerdote [en cuyo corazón] puso Dios sabiduría para explicar todas las palabras de sus siervos los profetas, a través del

cual Dios declaró toda las cosas que vendrán sobre Su pueblo y su Congregación.

«Porque he aquí estoy levantando a los caldeos, esa [amarga y presurosa] nación. Interpretado, esto concierne a los Kittim, [que son] veloces y valientes en la guerra, que vencen a los gobernantes y lo sujetan en el dominio de los Kittim. *Toman posesión de muchas tierras y no creen en las Leyes de Dios.*

Avanzan por terreno fácil asolando y saqueando las ciudades de la tierra, porque esto es lo que dice: «para tomar posesión de moradas ajenas. Espantoso y terrible es él; de sí mismo procede su justicia y su gloria». Interpretado, concierne a los Kittim que inspiran en todas las naciones espanto y temor. Y con deliberación todo lo que planean es para obrar el mal; y con astucia y engaño proceden con todas las naciones.

«Más veloces que leopardos son sus caballos, y más feroces que lobos crepusculares. Sus jinetes avanzan orgullosamente, se despliegan; de lejos vuelan como un águila ávida para devorar». Todos ellos vienen para la violencia; la mirada en sus caras es como un viento del este». [Interpretó esto] que los Kittim, que pisotean la tierra con sus caballos y sus bestias; y vienen de lejos, desde las costas del mar, para devorar a todos los pueblos como un águila sin quedar nunca satisfechos. Y con ira e indignación, con ira y furioso enojo tratan a todos los pueblos. Porque esto es lo que se dice: *«la mirada en sus caras es como un viento del este. [ellos amontonan] Cautivos [como arena]».*

«De los reyes se burla, y de los gobernantes hace mofa. Esto significa que hacen escarnio de los grandes y desprecian a los hombres a los cuales se tributa honra; hacen irrisión de los reyes y de los príncipes y se mofan de una multitud de gente. *Ríe de toda fortaleza, amontona tierra y la captura.* Esto significa los gobernantes de los Kittim que desprecian las fortalezas de los pueblos y se ríen

burlonamente de ellas y con una multitud de gente las rodean para apoderase de ellas, y en terror y espanto son libradas a sus manos; y la derrumban a causa de la iniquidad de quienes moran en ellas.»

«Entonces el viento cambia y pasa, y hace de su poder su Dios. Esto significa los gobernantes de los Kittim, que por el consejo de una casa culpable pasan, cada uno delante de su compañero: sus gobernantes vienen, uno detrás de otro, para destruir la tierra. *Y él hace de su poder su Dios:* esto significa...

«¡No eres tú desde la eternidad, Oh Señor, mi Dios, mi santo? No moriremos, oh Señor, tú lo has ordenado para juicio, y tú oh roca, lo has establecido para castigarlo, teniendo ojos demasiado puros para mirar el mal; y tú no puedes ver el error. Este dicho significa que Dios no destruiría a su pueblo por mano de las naciones, sino que en la mano de Su elegido Dios entregará el juicio de todas las naciones y por su castigo todos los perversos de Su pueblo serán punidos; porque ellos mantuvieron Sus mandamientos cuando estuvieron en la angustia. Porque en lo que toca a lo que dice: *teniendo ojos demasiado puros para mirar el mal*, esto significa que no siguieron la concupiscencia de sus ojos en el período de perversidad. *¿Por qué ves a los hombres sin fe, pero guardas silencio a la destrucción por el hombre perverso de uno más justo que él?* Esto significa la casa de Absalón y los hombres de su partido, que guardaron silencio ante el castigo del maestro de virtud y no lo ayudaron contra el hombre de la mentira, quien rechazó la Ley en medio de toda la congregación de ellos.

Y tú hiciste al hombre como peces del mar, como cosas que se arrastran para gobernar sobre ellos. A todos ellos con un anzuelo saca y los coge con su red, los reúne en su jábega. Por esto sacrifica a su red; por esto goza y se regocija, y quema incienso a su jábega; porque por ellos opulenta es su porción, y su comida es rica.

...los Kittim. Y ellos reunirán en su riqueza, junto con todo su saqueo, «como el pez del mar». Y referente a lo que dijo, *«por esto sacrifica su red y la quema incienso a su jábega*, esto significa que sacrifican a sus estandartes, y sus armas son el objeto de su culo. *Porque por ellos opulenta es su porción, y su comida es rica*, esto significa que dividen su yugo y su tributo, su alimento, sobre todos los pueblos, año tras año, dejando yermas muchas tierras.

Por esto desnuda su espada continuamente, masacrando naciones despiadadamente. Interpretado, refiere a los Kittim que llevan a que muchos perezcan por la espada, jóvenes, adultos, ancianos, mujeres y niños, y que no tienen siquiera compasión del fruto de la matriz.

Me mantendré en mi puesto, y me estaré en mi torre, y miraré delante para ver lo que Él me dirá, y lo que replicará respecto de mi reproche y YHWH contestó [y me dijo, "anota la visión] sobre las tabletas, para que pueda correr el que la lea."

Y Dios dijo a Habacuc que anotará lo que sucedería a la generación final, pero no le hizo conocido cuándo el tiempo acabaría. Y es por que dijo, «*para que pueda correr el que la lea*», esto concierne al Maestro de Rectitud, a quien Dios hizo conocidos todos los misterios de las palabras de Sus siervos los profetas.

«Porque todavía la visión es para un tiempo señalado. Dirá del fin y no mentirá. Significa que la edad final será prolongada, y excederá todo que los profetas han dicho; pues los misterios de Dios asombran. *«Si demora, espera para ello, pues seguramente vendrá y tardará».* Significa que los hombres de la verdad, los que mantienen la Ley, cuyas manos no abandonan el servicio de la verdad cuando el último período se extiende sobre ellos. Pues todos los períodos de Dios alcanzarán su fin designado como él lo determinó para ellos en los misterios de Su sabiduría.

Mira al engreído, su alma no es recta en él. Esto significa que ellos hicieron engañoso el juicio sobre sí mismos; no obtienen aceptación cuando son juzgados, porque sus almas no son rectas. *Pero el virtuoso vivirá por su fe.* Su interpretación está relacionada a todos los que cumplen la Ley en la Casa de Judá, aquellos a los que Dios librará del castigo en virtud de sus obras y de su fe en el Maestro de Justicia.

«Además, el hombre arrogante toma la riqueza sin parar. Su codicia es más ancha que el Sheol; y él como la muerte nunca tienen bastante. Todas las naciones son reunidas por él y todas las personas son reunidas por él. ¡No levantarán todos ellos su vituperio contra él, haciendo mofa de él, y dirán: «!Ay del que acumuló pues esto no es suyo! ¿Por cuánto tiempo se cargará de compromisos?». Significa que el sacerdote perverso, que fue nombrad con la verdad por primera vez se hizo cargo de su ministerio; pero comenzó a gobernar en Israel, su corazón se alzó, y abandonó a Dios y traicionó los estatutos por amor a la riqueza. Saqueando y amasando la riqueza que usualmente adquieren los hombres de la violencia que se rebelaron contra Dios. Se apoderó de la riqueza del pueblo, añadiéndose iniquidad y culpa; y caminos de abominación trazó, en toda impureza de suciedad.

«¡Ay del que embriaga a su prójimo, del que derrama su cólera! ¡Le embriaga ciertamente para mirar sus fiestas!» Su interpretación se refiere al Sacerdote Impío, que persiguió al Maestro de Justicia para devorarlo con el ardor de su cólera en su lugar de exilio, en el tiempo de la festividad, en el reposo del día de las Expiaciones. Se presentó ante ellos para devorarlos y provocar su caída en el día del ayuno, el sábado de su reposo.»

7. La Carroza del Trono Divino

Este texto se inspira en Ezequiel (1:10), representando el movimiento de la Merkabá, la carroza Divina apoyada en querubines, siendo a la vez trono y vehículo de Dios. La carroza fue objeto central de la meditación de los judíos de la antigüedad e incluso medievales como elemento esotérico y místico, pero la ortodoxia rabínica tendía a relativizar esta especulación. De hecho, el uso litúrgico de la carroza está expresamente prohibido en la Mishná (texto judío con comentarios sobre la Biblia): no era posible que un hombre ignorante pudiera comprender el sentido de la Merkabá. Por tanto, hay poco material sobre el tema, constituyéndose el texto de Qumrán de gran importancia para el estudio de los orígenes del misticismo judío.

«...los Ministros del Rostro Glorioso en la residencia de los dioses del conocimiento caerán ante él y los querubines lo bendecirán. Y cuando aparezcan, habrá una voz pequeña y Divina y de plegaria elevada; hay una voz pequeña y Divina que extiende sus alas. Los querubines bendicen la imagen de carroza del Trono sobre el firmamento, y loan la majestad del quemante firmamento debajo del asiento de Su gloria. Y entre las ruedas que giran, ángeles sagrados vendrán e irán, como fue en la visión del espíritu más sagrado; y cerca de ellos fluyó pareciendo lenguas de fuego, como lustroso bronce, radiante de magníficos colores, de maravillosos pigmentos magníficamente mezclados. Los Espíritus del Dios Viviente se mueven perpetuamente con la Gloria de la maravillosa Carroza. La pequeña voz de bendición acompaña el tumulto cuando se va, por el sendero de su retorno adoran al Sagrado, ascendiendo surgen maravillosamente; se ubican y permanecen silenciosos. El sonido de plegarias gozosas es silenciado y hay una pequeña voz de bendición en el campo de Dios. Y una voz de loa resuena de en medio de todas sus divisiones en adoración. Y cada una en su lugar, todas cantando himnos de alabanza.»

8. Apocalipsis Mesiánico (4Q521)

Se puede efectuar una comparación entre la doctrina qumránica y la de los cristianos primigenios referida al Mesías. De hecho, el texto habla de un único Mesías que regiría tierra y cielo. Se especula, especialmente, con la resurrección de los muertos en el tiempo mesiánico; incluso aparece una cierta similitud entre los detalles para identificar al Mesías que contienen los Evangelios de Lucas y Mateo, probablemente tomados, a su vez, de la fuente Q. Por tanto, la idea de un Mesías único ya tenía una presencia temprana entre los judíos de Palestina, y era relativamente común en la literatura de su tiempo. Lo cierto es que esto puede estar respaldando la teoría de un «proto-evangelio» (como es el caso del fragmento 7Q5) con un relato que contiene señales, etc, referidas a un Mesías que luego fueron aplicadas a la figura de Jesús de Nazaret cuando se escribieron los evangelios.

«[los] cielos y la tierra escucharán a Su Mesías, y nadie se perderá los mandamientos de los sagrados.

¡Buscadores del Señor, tomen fuerza en Su servicio!

¿Toda la esperanza en (tu) corazón, no la encontrará el Señor?

Pues el Señor considerará a los píos (*hasidim*) y llamará a los justos por su nombre. Sobre los pobres Su espíritu flotará y renovará la fe en Su poder.

Y glorificará a los píos en el trono del Reino eterno.

Liberará los cautivos, restaurará la vista a los ciegos, enderezará a los torcidos.

Y por siempre Yo (...a la) esperanza en Su misericordia...

Y el fruto [...] no será demorado por nadie.

Y el Señor logrará cosas gloriosas que no han sido vistas como [Él...]

Pues Él curará a los heridos, revivirá a los muertos y traerá buenas noticias a los pobres

. . .Liderará el surgimiento del conocimiento... y humo...»

9. Palabras de Miguel (4Qmich-4Q529, 6Qunidar-6Q23)

Miguel, o el Arcángel Miguel para ser más exactos, es considerado el protector del pueblo de Israel; ha tenido un lugar preponderante en la literatura judía especialmente en aquella de tipo apócrifo. Normalmente aparece como el líder de los ángeles que en el momento de la llegada del Mesías, la era mesiánica, etc., combate el mal junto a otros ángeles hasta vencerlo. Es considerado, pues, el mensajero de la palabra Divina. No queda claro de qué ciudad se habla en el texto, en un comienzo parece ser Babel y su torre, pero luego sería Jerusalén y la construcción de su Templo. La visión de Gabriel es una explicación de por qué los ángeles se encuentran concentrados en la montaña y de la gran ciudad que está a punto de construirse allí.

«1 Palabras que Miguel dirigió a los ángeles de Dios [Miguel...]2 dijo, "he localizado allí un ejército de ángeles [...]3[...] nueve colinas grandes: dos al este [y dos al] sur. En este lugar Miguel se encontró con el Ángel Gabriel" 2 [...] 5... Durante su reunión Miguel tradujo un sueño de Gabriel'. Gabriel entonces dijo a Miguel: [...]6 fue escrito en el texto que Dios, el todopoderoso, [...]7 los hijos de Ham a los hijos de Shem. Y vi al Ser Supremo, dios de la tierra [...]8 Cuando llueve [...]9 vi una ciudad hecha para venerar el Supremo Señor [por siempre...] 10 Algo que es malo será ejecutado ante Dios, el Todopoderoso 11 recordará a su gente [...] 12 él es el Supremo es; a él los premios y loas y para él [...] 13 en un lugar lejano habrá un hombre [...]14 que le dirá: "Observa esto [...]15 tráeme plata y oro [...]... [...] 16 el hombre bueno [4]"

10. La Visión de Jacobo (4QAJa-4Q537)

El fragmento es una continuación de la visión de Jacobo contenida en Génesis 28:10-19: Dios confirma su Alianza con Jacobo prometiéndole justicia y bendiciones. A cambio, Jacobo aceptaría a Dios como el único dios. Voluntariamente agrega dos condiciones a este trato: aportará diez por ciento de los que gana como diezmo a Dios, y segundo, que la piedra que él establecerá servirá como la cimentación del santuario a Dios. El fragmento dos agrega la figura escatológica de un Sumo Sacerdote que expiaría por el pueblo, sería el siervo sufriente que soportaría los pecados de la humanidad: debe sufrir, morir, etc. El texto pertenecería al segundo siglo a. C.

«[entonces tuve una visión de noche. Un ángel de Dios bajó de los cielos con siete tablas en su mano. Me dijo, «Dios de las Alturas las ha bendecido, y] 1 posteriores generaciones [6]. Todo hombre justo y recto sobrevivirá [...y no más] 2 maldad [será hecha]; la mentir no se encontrará entre [...] 3 Ahora, toma las tablas y leí todo. Allí estaban escritos todos mis sufrimientos,] 4 problemas y todo que me sucedería [durante los ciento cuarenta y siete] años de mi vida. [Entonces me dijo, «Toma] esta tabla». [...] 5 [ ] tomé esa tableta [y... leí todo en ella]. Vi que dijo [el Templo no debe ser construido en este lugar,] 6 [... Entonces me dijo,] «Ustedes lo abandonará al [octavo] día [... y sus ofrendas no serán] válidas antes [Dios...»] 7 [...] ... [...] Frag. 2 1 [vi...] cómo el edificio [7] fue construido [... Cómo] los sacerdotes eran vestidos, y [las manos] purificadas, 2 [y cómo] ofrecerían sacrificios en el altar. Y cómo comían la parte de sus sacrificios [...] la tierra 3 [... y beber el agua] eso llegaba a la ciudad de debajo de las paredes, y donde ellos [...] 4 [...] En blanco [...] 5 [... entonces miré,] ante mí una tierra dividida en dos cuadrados y [...]»

11. El Libro de los Misterios (Libro de los Secretos, 1Q27 y 4Q299-301)

Se trata de un texto encontrado en estado fragmentario entre los rollos del Mar Muerto. Como otros libros sapienciales refieren a un determinado conocimiento o sabiduría a la que se puede llegar únicamente por inspiración Divina. Su autor aparenta proclamar que es el objeto de tal revelación. De acuerdo al análisis paleográfico se habría escrito a finales del primer siglo a. C. Mucho de su contenido parece buscar la corrección de aquellos que se han apartado de la Ley: la era mesiánica no llegará con catástrofes, guerras, etc. sino por un incremento gradual de la luz, donde finalmente la oscuridad desaparecerá. No se mencionan ángeles, la llegada de YHWH o la resurrección, normalmente asociados al lenguaje escatológico judeo cristiano.

«¡He aquí para vosotros el signo de que esto se cumplirá¡ Cuando los descendientes de la iniquidad sean encerrados, el mal, ante la justicia, se irá como se va a la oscuridad ante la luz y como desparece el humo, y no hay más rastro de él, así desaparecerá el mal para siempre y la justicia aparecerá como el sol, medida del mundo; y todos los que detienen los misterios maravillosos no existirán más. Y el conocimiento llenará el mundo y no habrá nunca más locura. Seguramente la palabra se cumplirá y verdad es la predicción. Y esto es como vosotros reconoceréis que ella es irrevocable. ¿Acaso todos los pueblos no odian la iniquidad? Sin embargo, la practican. ¿Acaso (no brota) de la boca de todas las naciones el elogio de la veracidad? Sin embargo, ¿existe un labio o una boca que persevera en ella? ¿Cuál pueblo está satisfecho (de verse) oprimido por uno más fuerte que él? ¿Quién estaría satisfecho de ser despojado injustamente de sus bienes? (Sin embargo) ¿Dónde existe un pueblo que no haya oprimido a otro? ¿Dónde existe una nación que no haya despojado (a otra de sus bienes)?»

12. El Elegido (4Qelect-4Q534, 4QarNC-4Q535-6)

El hecho de que todas las cosas sucedan de acuerdo a un plan Divino es un tema muy generalizado entre los textos de Qumrán. Se pensaba, por ejemplo, que si se pertenece a la Comunidad, eso ya era parte del plan de Dios. Por tanto, los miembros de la Comunidad se decían de sí mismos «elegidos de Dios». El texto a continuación, sin embargo, refiere a «el elegido», lo que puede llevar a pensar en el Mesías. Sin embargo, algunos especialistas piensan que este texto, junto a otros, son remanentes de la literatura referida al Libro de Noé mencionada en Jubileos 10:13 y 21:10. El texto especifica como será el elegido, detalles de su nacimiento, etc.

El Elegido

Col 1 1[...] de su mano, dos [...] una marca. Su | pelo será rojo y tendrá lunares en [...] | y pequeñas marcas en sus muslos. [Y después de] dos años, sabrá una cosa de otra. | Mientras sea joven, será como [...] alguien que no sabe nada, hasta que él 5 sepa los tres Libros [...] | Entonces ganará sabiduría y comprensión [...] Las visiones vendrán a él mientras esté de rodillas. | Y con sus padres y antepasados [...] vida y vejez. Tendrá la sabiduría y la discreción | y sabrá los secretos de hombre. Su sabiduría llegará al corazón de todos y sabrá los secretos de todos los seres vivos. | Todos los planes contra él fallarán, y su mando sobre todas las cosas será grande 10[...] Sus planes triunfarán porque él es el uno escogido por Dios. Su nacimiento y el aliento de su espíritu [...] y sus planes durarán por siempre. [...].

Col 2 1[...] que [...] cayó en tiempos antiguos. Los hijos del hoyo [...] | maldad [...]. El lugar [...] | [...] | [...] para ir [...] 5 carne [...] [...] | [...] | Y su exhalar [...] | Para siempre [...] | 10 | [...]. | Y las ciudades [...] | Y ellos destruirán [...] | Las aguas pararán [...] ellos destruirán [...] desde las alturas. Todos vendrán [...] 15 [...] | [...] Y todos serán destruidos. Su trabajo estará como el del Observador. | En vez de su voz [...] establecerá su base en él. Su pecado y su error | [...] el Sagrado y los Observadores [...] para decir | ellos hablarán contra él [...].

4Q435

Frag. 1

1cuando [...] | Baraq'el [...] | mi rostro una vez más [...] | me levantaré [...].

Frag. 2

1[...] al momento de su nacimiento [...] | [...] los muros de la casa de [...].

Frag 3

1[...] habrá nacido y será honrado junto [...] | [...] ha nacido de noche y surge completo [...] | [...] con el peso de trescientos cincuenta shekels [...] | [...] él dormirá hasta media tarde y [...] 5 [...] durante el año hasta dos años hayan finalizado [...] | [...] quitará de él; y luego [ ] años [...]

4Q536

Frag 1 Col 1 1[...] tu serás [...] | [...] te hará pensar en los ángeles santos. | [...] que las luces serán reveladas a él | [...] todas sus enseñanzas 5 [...] la sabiduría de la humanidad, y cada hombre sabio | [...] en la región él será grande | la humanidad [...] será agitada | [...] él compartirá los secretos de Dios | [...] él entenderá los misterios de Dios [...].

Frag. 1 Col 2, 8 él hizo [...] | tendrá miedo de [...] 10 él reforzará su ocultación a fines de sus poderes. Sus posesiones [...] | y él no morirá en los días de maldad. Y sus palabras contendrán gran sabiduría. Yo le alabaré [...] | es sentenciado a la muerte. ¿Quién escribirá las palabras de Dios en un libro que no decaiga? Y mis dichos [...] | vendrás a mí en el tiempo de la maldad que él conocerá para siempre. Un hombre que [...] sus sirvientes, hijos [...].

13. Parábola del Árbol Frondoso (4Q302a)

El texto está en muy mal estado, muy dañado y fragmentario, solo las líneas iniciales le aportan un sentido coherente.

F.1 Col.2

Por favor, consideren esto, ustedes que son sabios: Si un hombre tiene un pequeño árbol que crece muy alto hacia el cielo (...) (...) del suelo, y produce frutos suculentos cada año con las lluvias del otoño y las de la primavera, (...) y seco, él no (...) y salvarlo (...) para multiplicar las ramas de (...) desde su herida, e incrementar (...) y sus ramas (...).

F.2 Col.1

(...) vuestro Dios (...) vuestro corazones (...) (...) con espíritu voluntarioso. (...) ¿Dios establecerá (...) de tu mano? ¿Cuándo rebelen, (...) vuestras intenciones, él no te confrontará, te reprobará y replicará tus lamentos? (...) Pues Dios, Su morada está en los Cielos, y su Reino abraza la tierra; en los mares (...) en ellos, y (...).

14. Plegaria por el Rey Jonatán (Tefillah li-Shlomo shel Yonatan ha-Melekh - 4Q448)

Este documento fue confeccionado aproximadamente entre los años 103 a 76 a. C. El descubrimiento de una alabanza en favor de un rey asmoneo entre los textos de Qumrán fue verdaderamente inesperado, ya que la comunidad de Qumran se oponía frontalmente a esa dinastía y evitaba cualquier contacto tanto con sus autoridades

como con el clero. El texto es único pues ubica con exactitud el
período de gobierno del rey Jonatan. Se han conservado tres columnas del documento, una en la parte superior y dos en la inferior. La
columna superior (A) y la inferior izquierda (B) están incompletas:
la piel está rasgada a lo largo del tercio inferior del margen derecho.
Las diferencias existentes en la escritura de las tres columnas muestran que el documento fue escrito por más de un escriba.

Columna A	Columna C	Columna B
1. Loas al Señor, un Salmo [de	1. porque tu amor a Israel	1. santa ciudad
2. Amaste como un padre	2. en el día y hasta el atardecer	2. por el rey Jonatan
3. gobernaste sobre	3. para acercarte, ser	3. y toda la congregación de tu pueblo
4. ( )	4. Recuérdalos para bendecidlos	4. Israel
5. y tus enemigos temieron	5. en tu nombre, quien es llamado	5. quien está en los cuatro
6. ...el cielo	6. reino sea bendito	6. vientos del cielo
7. y las profundidades del mar	7. para los días de guerra	7. la paz sea (para) todos
8. y sobre aquellos que te glorifican	8. al rey Jonatan...	8. y sobre tu reino
9. a humildad de la mano de tus adversarios	9.	9. tu nombre sea bendito
10. Sión por su territorio, eliges...		

15. Plegaria Litúrgica (1Q34 y 1Q34bis)

El texto pertenece a una colección de plegarías de festivales judíos. La mención de la renovación de la Alianza parece indicar que habría sido parte de la liturgia pentecostal de la secta.

«¡...y él ha ordenado... al destino del justo y para los impíos el destino ... en sus huesos una ignominia para toda carne; pero los justos... de prosperar gracias al adorno del cielo y los productos de la tierra (son) para los animales ...entre el justo y el impío. Y tú has hecho de los impíos nuestro rescate y de los rebeldes (nuestro...) el exterminio de todos nuestros enemigos. Y nosotros celebraremos tu Nombre para siempre... ya que por esto tú nos has creado y es la razón por la cual (nosotros) te (decimos): Sé bendito... Mas el género de los hombres no prestaba atención a todo lo que Tú has hecho heredar y no te reconocen en (todas) tus palabras; así, ellos no prestan atención a tu gran poder. Entonces, Tú los rechazarás, ya que tú no amas la iniquidad y el impío no resistirá ante ti. Pero tú te has elegido a un pueblo en la época de tu benevolencia ya que tú has recordado tu Alianza con ellos y tú los (has establecido) separándolos de todos los pueblos, como una cosa santa y tú has renovado tu Alianza con ellos por medio de la visión de Gloria y de las palabras de tu (espíritu) santo (transmitidas) por las obras de tus manos. Y tu derecha ha escrito para hacerles conocer las regla de gloria y las ascensiones de eternidad... a ellos un Pastor fiel...»

16. Los Engaños de la Mujer Malvada (4Q184)

Se trata de literatura sapiencial del período post exilio. La figura puede ser efectivamente una mujer malvada pero también una diosa, una versión femenina de Yavé, indicando la presencia femenina en la religión israelita. Nociones referidas a esta figura se puede observar tanto en el libro de los Proverbios (7:10-12 y 9:13-18) como en el libro de Job. En este texto, la labor de la mujer lleva a la corrupción del hombre en vínculo explicito a la sexualidad y a la fornicación, apartándolos del estudio de la Torá y de Dios. También puede parecer un vestigio de seres asociados con la muerte en el antiguo cercano oriente: el dios cananeo Môt, Eresh-kigal, reina del inframundo mesopotámico donde la diosa Inanna, y especialmente la mujer demonio nocturno, alado de nombre Lilith (también la primera mujer, antes que Eva) mencionada en Isaías 34:14. Recordemos que Lilith pertenece al folclore judío en vínculo con Adán desdeñando acostarse con él por no mantener relaciones sexuales de forma sumisa, bajo la figura masculina. En la mitología todas estas figuras se asocian al caos, al contrario que Eva, Inanna e incluso Baal, que se vinculan al orden. Por tanto, la mujer malvada es la personificación del caos, en contra del orden Divino.

Los Engaños de la Mujer Malvada

Ella habla vacíos y en [...].
Ella siempre busca los errores,
afilando las palabras que salen de la boca,
y halaga a hombres con tonterías y los dirige a la inutilidad.

Su corazón pone las trampas, y sus riñones lanzan redes.
Sus ojos han sido invadidos por el mal,
las manos tienen un puño apretado en el Foso.

Los pies descienden hacia el mal
y sólo camina hacia el crimen.
Sus muslos son las bases de la oscuridad,
y muchos pecados están bajo su falda.
Ella [...] son la penumbra de la noche.

Sus ropas son las noches tristes,
y sus joyas están empapadas en el mal.
Sus sofás son camas de la corrupción,
y su [...] son las zanjas del Infierno.

Sus casas son un hogar a la oscuridad,
ella reside en el corazón de la noche.
Ella echa sus tiendas en la oscuridad,
descansa en las tiendas del silencio,
Entre las llamas eternas.
Ella no se asocia con los que brillan.

Ella es el principio de todas las sendas al mal.
Arruinará todo los que la poseen,
Y la destrucción vendrá a todo los que la agarran.
Sus senderos son los senderos de la muerte,
y sus maneras son los caminos de pecar,
sus rastros dirigen hacia la maldad,
Y sus sendas, a la maldad del mal hacer.

Sus puertas son las puertas de la Muerte,
y en su puerta está el infierno verdadero.
Los que entran allí nunca volverán,
Y los que la hagan suya caerán en el Foso.

Ella esconde en el secreto todo [...].
Ella se disfraza en las calles de la ciudad,
Y se planta en las puertas de la ciudad.
Nadie la detendrá de su fornicación interminable.

Sus ojos recorren aquí y allá,
buscando a un hombre virtuoso que seducir.
Un hombre para descarriar,
un hombre justo para hacerlo injusto,
para alejar el justo de obedecer los mandamientos,
para hacer caer al hombre bueno,
para causar que el honesto romper la ley.

Ella causa que el manso se rebele contra Dios,
y lleve sus pasos lejos de justicia,

para poner vanidad en corazones,
para que ellos no permanezcan en el sendero de la rectitud.

Procura dirigir a hombres a los senderos del Foso,
para halagar a los hijos de hombres con palabras suaves.

17. Los Himnos de Qumrán (1QH)

Los himnos de Qumrán han sufrido un gran deterioro por lo que su traducción fue dificultosa, especialmente para encontrar el sentido de los mismos, y donde se inicia uno y finaliza el otro. De hecho, las tres primeras columnas de los himnos se han extraviado. Se trata de himnos de agradecimiento similares a los Salmos bíblicos: plegarías que expresan varios detalles de lo espiritual y lo doctrinal de la Comunidad. Los motivos esenciales son la salvación y la sabiduría: se le agradece a Dios por apartarlos de los malvados y darle la posibilidad de conocer los misterios Divinos. Muchos creen que los himnos fueron escritos por el Maestro de la Justicia, pero es imposible afirmarlo o negarlo. Filón menciona que al visitar a los esenios en la fiesta de Pentecostés, luego de haber sido comentadas las Escrituras por el líder de la congregación, éste se levantó y cantó un himno. La datación es muy insegura, pero se trata de un texto que se ubicaría entre los años 150 a 100 a. C.

Himno 1

Columna I

[Yo te doy gracias, Señor...].
5 Fuente del poder, grande en el consejo. Tus misericordias son innumerables.
6 Tu celo es terrible. Eres tardo en la ira, al juzgar; justo en todas tus acciones.
7 En tu sabiduría cimentaste las generaciones eternas. Aun antes de crearlas, conocías ya sus obras.

8 desde la eternidad. Porque todo se hace según tu beneplácito y nada se puede conocer sin tu voluntad.

9 Todo espíritu salió de tus manos. Tú hiciste brotar el germen de vida. Le marcaste su camino y un sendero para todas sus acciones. Extendiste los cielos para tu gloria.

10 Creaste cada ser según tu agrado, los espíritus poderosos sujetos a sus normas.

11 Antes que vinieran a ser mensajeros de santidad, espíritus eternos en su dominio, los iluminaste según tu misterio.

12 Las estrellas tienen cada una su sendero y los vientos sus ímpetus arrebatados;

13 los relámpagos cruzan vertiginosos el cielo. Cada cual tiene su camino. Tú creaste la tierra como un monumento.

14 El mar, los abismos, lo que en ellos existe, tú los has sacado de la nada para mostrar tu abundancia.

15 Tú estás en todo. Lo edificaste todo según tu voluntad.

16 Al hombre le confiaste el mundo entero –épocas de eternidad– para que él domine sobre todos los seres.

17 Los distribuiste en sus propios lugares, les limitaste sus fronteras, para épocas precisas. Pero el juicio tiene ya su día marcado y tú lo pronunciarás sobre todo el universo.

18 Piensan ellos que la paz conseguida ha de durar; pero su paz es la de los que pactan.

19 Su dominio será dividido, sus generaciones como raíces que se pierden a la deriva. Diagnosticas con precisión.

20 Todo lo que era posible presagiar, antes de que nada sucediera, estaba ya en tu palabra. Sin ti nada se hará.

21 Todo eso comprendí gracias a la revelación que me diste. Mis oídos abriste a los misterios y mis ojos a las cosas maravillosas; mas ¿quién soy yo?

22 Nada más que criatura fabricada con arcilla, amasada en el agua, salida de la matriz –fuente de la menstruación–, en el crisol de la

iniquidad, en el molde del pecado. Tú aumentaste mi herencia a la medida de tu ternura.

23 ¿Qué diré que no te sea ya conocido?, ¿qué podría hacerte oír que no te haya sido ya dicho?

24 Todo fue anotado en tu presencia, todo fue grabado con el cincel que perenniza para los fines de eternidad. Al servicio de los que observan los ciclos exactos, de los que cuentan los años, de los que esperan las fechas precisas.

25 Nada puede estar oculto a tu mirada. ¿Cómo puede el ser humano defenderse de su pecado?; ¿cómo podría tomar a honra el defender su iniquidad?

26 ¿Cómo puede el convicto de culpa apelar todavía contra el juez insobornable? Solamente tú, ¡oh Dios!, sabes hasta qué punto las obras son justas y la verdad lo es de verdad.

27 En cambio, las acciones de los hombres son imperfectas, transgresoras, falsas.

28 Lo que la lengua dice, al fin y al cabo está movido por el espíritu que tú creaste; por eso tú conoces las palabras en su fuente y catas la autenticidad y el valor del fruto de sus labios. Tú trazas una línea, como con plomada de albañil, para los decires [de los hombres].

29 A aquel que se hace sordo a tus exigencias lo sujetas con la dureza de tu brazo. No te faltan cordeles ni metros para medir los espíritus, para mensurar sus planos.

30 Para dar a conocer tu gloria y que resplandezcan tus misterios inefables. Para que tu Nombre sea glorificado en la boca de todos.

31 Para que te conozcan y alaben por los tiempos todos. Porque tú,

32 en tu misericordia, con la fuerza de tu amor, le diste poder al hombre frente al extorsionador y para resistir al que trata de imponer la iniquidad. A causa de eso resplandece mejor tu fuerza en todas tus criaturas y en los hechos asombrosos con los que manifiestas tu potencia.

33 Ellos habrán de oír, claro que sí. Ellos, los pretendidos sabios, los impetuosos, los que acumulan intrigas y esclavizan al pueblo.

34 Los llamados «justos» cesarán de ofrecer holocaustos y no se mostrarán magnánimos con los pobres. Tú no dejes de tu mano a los débiles. Los de corazón duro nada de esto podrán comprender.

35 Oíd, sabios, los que buscáis el conocimiento, los que no sabéis esperar: tratad de ser más firmes, aumentad la fuerza.

36 Justos: alejad de vosotros toda injusticia. Vosotros los que habéis escogido el camino perfecto: ¡proteged al pobre!

37 Sed lentos en la ira. No descuidéis ningún precepto de su justicia. Sus obras son fidelidad. Los malvados jamás comprenderán esto.

38 Los violentos rechinan los dientes […].

Himno 2

Columna II

1 … …

2 [El impío abandonó] la alianza de redención [resbalando por el declive hacia las obras del mal].

3 Puesto que tú colocaste espíritu de verdad y de justicia

4 en todos los vivientes, levantas el barro seco y agrietado con las expresiones de tu voz.

5 [Defiendes…] en todos los lugares habitados a aquellos cuyo espíritu tiembla en presencia del malvado,

6 cuyo corazón vacila […].

7 Infundes prontitud en la lengua para responder al que habla con labios incircuncisos. Libras el alma atormentada por los hombres audaces, de sentina.

8 Diste firmeza a mis pies en el camino recto para que no transija jamás con el mal.

9 Me haré como un cepo para los pecadores y, al mismo tiempo, fuerza saludable para los que se quieren liberar del pecado. Pareceré a los sencillos astuto; a los débiles, absolutamente firme. Me colocaré bien a la vista,

10 [aun con peligro de ser objeto] de desprecio y vergüenza por parte de los traidores. El secreto de la verdad y del entendimiento está en los que tienen el valor de caminar en la integridad. Seré, para [castigar] el crimen de los malvados, como la confesión de los labios violentos: los blasfemos.

11 Los blasfemos rechinan sus dientes contra mí. Soy objeto de burla para los pecadores.

12 Ruge contra mí la asamblea de los malvados. Se enfurecen como la tempestad del océano.

13 Sus olas áridas salpican cieno y fango. Pero tú me has puesto como una bandera justa para los elegidos, has hecho de mí un intérprete lleno de sabiduría de los misterios maravillosos. Yo sirvo de prueba a los que quieren seguir la verdad.

14 Por mí se juzgan los que buscan la rectitud. Soy un hombre que deslinda los seguidores del error.

15 Fuente de paz para todos los que conocen la verdad. Se indignan al oírme los que gustan de contemporizar.

16 Todos los hombres falsos maquinan, rugen contra mí como rugen los océanos. Sus pensamientos son como insidias diabólicas.

17 Hunden en la fosa la virtud del hombre en cuya boca tú has puesto la doctrina,

18 en cuyo corazón pusiste inteligencia para que abran una fuente de conocimiento para los buenos. Ellos la han abandonado buscando labios impuros.

19 Se satisfacen con la lengua extranjera de un pueblo que no entiende. Se pierden en el camino que otros siguen.

Himno 3

20 Yo te doy gracias, Señor, porque me colocaste en la vida como joya en un estuche.

21 Porque me cubriste con tu protección contra todos los lazos que me eran puestos para lanzarme a la sepultura. Hombres violentos atentaron contra mi vida. ¡Pero yo me apoyaba

22 en tu alianza! Ellos, horda de mentirosos, banda de Belial, no saben que fuiste tú el que me trajo aquí; que en tu

23 bondad tú me salvarás. Pues tú eres quien dirige mis pasos. Si ellos me

24 atacan es porque tú lo permites. Tú te manifiestas glorioso en la destrucción de los impíos, muestras tu poder en mi favor

25 delante de los hijos de los hombres. ¡Sí! Mi seguridad descansa en tu misericordia. Yo dije: Cuando los atrevidos organizaran contra mí sus huestes y me rodearan

26 con todos sus aparatos de guerra; cuando llegaran a tirar sin descanso sus flechas y la llama de sus lanzas –fuego que devora los árboles–; cuando el clamor de sus gritos fuera

27 como el estruendo de los océanos en tempestad, como el diluvio, como una tormenta arrasadora capaz de aniquilar una muchedumbre de hombres, nada de eso me importaría. Hasta las estrellas levantan

28 su imprudencia y su vanidad cuando se proponen realizar sus pésimos designios. En cambio yo, mientras mi corazón fluía como agua, mi alma se robustecía en tu Alianza.

29 Me habían tendido una red: ¡que sea su pie el que caiga en ella! Trampas pusieron para aprehenderme: ¡que en ellas sean atrapados! Mi pie permaneció firme en tu sendero.

30 Bendeciré tu nombre en la asamblea.

Himno 4

31 Yo te doy gracias, Señor, porque fijaste tu mirada en mí y me protegiste contra la saña de los intérpretes de la mentira,

32 contra la horda de seductores. Tú salvaste la vida del pobre, a quien ellos se proponían hacer perecer,

33 derramando su sangre a causa de tu servicio; pero no sabían que mis pasos eran dirigidos por ti.

34 Ellos me lanzarán al desprecio y al oprobio por boca de todos los que procuran el embuste.

35 Tú, ¡Dios mío!, tú socorriste al pobre,

36 hiciste al débil fuerte contra el poderoso. Tú me libraste de la mano de los prepotentes,
37 no permitiste que perdiese yo el ánimo cuando era blanco de sus ultrajes.
38 La falsedad de los hipócritas no fue suficiente para que abandonase yo tu servicio. Sus insidias no desviaron mi constancia,
39 ni su liviandad la sabiduría de mi corazón.

Himno 5

Columna III

3 Yo te doy gracias, Señor, porque has hecho brillar sobre mí tu rostro
4 […] a ti en la gloria eterna con todos […]
5 […] tu boca […] y tú me libraste de [la fosa].
6 Has salvado mi alma. Ellos me odiaban e hicieron de mi vida como una nave que yace en la profundidad del mar;
7 como una ciudad fortificada frente a sus enemigos. Estaba presa de angustia como una parturienta en parto primerizo, cuando de pronto le llegan los dolores
8 y un tormento atroz se hace sentir en ella, haciendo contorsionarse a la que está encinta como lo que crepita en el horno. Los hijos son llegados a los pujos de la muerte.
9 La que se hallaba encinta de un hombre estaba atormentada por sus vehementes dolores, pues entre sus angustias daba a luz un varón, y de entre las penas del Sheol venía a la luz,
10 del horno de la que estaba encinta, un consejero admirable por su poder, y un varón salía incólume de las angustias. Sobre la que está encinta se precipitan ya todos
11 los empujes y los tormentos agudos. En el momento en que nacían los hijos, el espanto cubría a las que estaban encintas. En el momento en que se le daba a luz llegaban juntas todas las amarguras

12 al seno de la que estaba grávida. Y la que esperaba una serpiente estaba sumergida en duras penas, y los ataques del abismo se desencadenaban con amenazas tremendas. Vacilaban

13 los fundamentos del muro, como una nave sobre la superficie del mar; tronaban las nubes con tremendo ruido, y todos los que yacían en el polvo

14 estaban como los que recorren los mares, porque había sido aniquilada

15 toda su sabiduría por el agitarse de las aguas y el bramar del abismo y el surgir de las olas y el mugir de las mareas.

16 Las olas del mar resonaban con espanto; parecía que se abrían el Sheol y el Abaddón. Todas las flechas de la fosa

17 le acompañaban y hacían oír sus silbidos. Se abrían las puertas del Sheol por obra de las intrigas de la serpiente.

18 Las puertas de la fosa se cerraban detrás de la que estaba encinta de la iniquidad, y los batientes eternos detrás de los espíritus de la serpiente.

Himno 6

19 Yo te doy gracias, Señor, porque me salvaste del foso. Y de las profundidades del Abaddón

20 me hicieron saltar a la eterna altura. Yo camino por la senda recta […] interminable […]. Yo sé que resta una esperanza,

21 para aquel que plasmaste de la arcilla, de llegar a la asamblea eterna. Tú purificaste el espíritu perverso de una muchedumbre de pecados. Tú lo colocaste en las

22 filas del ejército de los santos. Lo hiciste entra en la comunión de la asamblea de los hijos del cielo. Atribuiste al hombre un destino de eternidad, con los espíritus

23 de ciencia, para alabar tu nombre en su compañía, para narrar tus maravillas al contemplar tus obras. Yo, vaso

24 de arcilla, ¿quién soy? Si estoy amasado en el agua, ¿cuál es mi valor, cuál mi fuerza? Yo, que habitaba en el reino de la impiedad,

25 que estaba destinado a compartir la suerte de los réprobos, espíritu de ruin, que caminaba desconocido por entre grandes tribulaciones y desventuras. Pruebas eran lo único que me salía al encuentro.

26 Se abrirán enormes fosas —grietas como trampas—, se prepararán anzuelos de impiedad, redes de condenados abarcarán espacios enormes sobre las aguas.

27 Partirán en vuelo todas las flechas del abismo. No errarán su blanco. Herirán mortalmente, sin dejar esperanza alguna. El cordel del juicio

28 caerá sobre los condenados, sobre los abandonados al fruto de la cólera; la efusión del furor, sobre los desprotegidos. [Sucederá] cuando llegue el tiempo de ira

29 para todo Belial; cuando se cierren los grilletes de muerte, sin escapatoria posible; cuando los torrentes de Belial cambien con lava los cursos de las aguas. El fuego devorará a todos los que de ellas bebieren. Aniquilará todos los árboles que estuvieren en sus márgenes, por verdes y frondosos que sean.

30 El fuego consumirá las profundidades de la tierra. Su extensión, hasta perderse de vista, será únicamente yermo.

31 Se refundirán las bases de las montañas, las raíces de las rocas se licuarán como brea. Camina el fuego devorador hasta el gran océano.

32 Los torrentes de Belial se precipitan en el Abaddón hasta colmarlo. Las profundidades del mar mugen; sus olas son enormes, gigantes, pero de sangre.

33 La tierra grita por la catástrofe que se abate sobre el mundo. Los conspiradores gritan: ¡Triunfo! Todos los habitantes de la tierra deliran,

34 se tambalean en medio del desastre.

35 Dios hace sonar su voz poderosa. Su santa habitación se cimbra con las fulguraciones centelleantes de su gloria. El ejército de los cielos levanta su voz. Los cimientos del mundo tiemblan y vacilan. La guerra de los

36 fuertes del cielo flagela al mundo, azote que no cesará hasta que la eternal destrucción se vea cumplida. Así será el fin.

Himno 7

37 Te doy gracias, Señor, porque me diste un baluarte sólido.
38 contra todos mis destructores y todos […] los […] me protegerás de las calamidades que sacudirán […]
39 nadie entrará […]

Columna IV

… … … …
3 […] Tú colocaste mis pies en la roca
4 para caminar hacia una senda eterna. Mis senderos ¡tú los escogiste!

Himno 8

Columna IV

5 Yo te doy gracias, Señor, por haber inundado de luz mi rostro. Tu Alianza como una aurora.
6 Yo te busco fielmente; en tu alborada resplandeces delante de mí.
7 Pero, ¡ay!, a otros de tu pueblo los propaladores de mentira los engañan con sus imposturas. Los intérpretes del error los despintan. Ellos –seducidos– corren a su perdición.
8 Sus obras no son más que locuras. En cambio, a mí me desprecian, no tienen en cuenta aun cuando claramente tu poder se manifiesta en mí.
9 Me expulsaron de mi tierra como a un pájaro de su nido. Todos mis amigos y familiares se alejaron de mí, me trataron como fuente de basura.

10 En cambio, los videntes falsos, los dueños del saber mentiroso, pimpollos de Belial, buscaron alterar la doctrina,

11 aquella que tú grabaste en mi corazón. Diseminando entre el pueblo palabras de engaño, sustrajeron la bebida de la ciencia, que estaba al alcance de los sedientos. Los emborracharon con licor entorpecedor para aprovecharse de su embriaguez, para que cayesen en el delirio;

12 pretendían en sus fiestas prenderlos en sus redes. Pero tú, Dios, a carcajada batiente te ríes de los planes de Belial. Tu voluntad se realiza de todos modos, tu designio fue establecido para siempre; en cambio, los proyectos de Belial son de réprobos.

13 Ellos son simplemente calculadores. Cuando te buscan es por su interés, no por tu verdad. Sus planes brotan de una raíz de absintio y de veneno.

14 Arrastrados por la dureza de su corazón, caminan a tontas. Pretenden encontrarte en medio de sus ídolos. Continúan tomando como guía justamente lo que ya los está llevando a la ruina.

15 pretenden encontrarte guiándose por la palabra de los profetas de mentira, de esos que no hacen otra cosa que proferir desvaríos, con labios balbuceantes, en una lengua extranjera.

16 Hablan a tu pueblo; pretenden con su astucia desvalorizar tus gestas. No quisieran oír tu voz ni dar oídos

17 a tu palabra. Frente a la evidencia dijeron: ¡No es cierto! De tu camino patente [afirmaron]: ¡No es así! ¿Qué respuesta les darás, mi Dios?

18 Con tu poder los castigarás, sus crímenes e idolatrías recibirán su merecido, en sus propias trampas caerán. ¡Apóstatas de tu alianza!

19 Aniquilarás con tu veredicto a los seductores. Ya no será posible encontrar un falso vidente.

20 En tu firme determinación no hay titubeos ni lamentos. En tu presencia permanecerán para siempre los que son objeto de tu amor. Los que caminan por la senda de tu corazón,

21 no sufrirán mengua jamás. Yo, que me apoyo sólo en ti, me levantaré para hacer frente a los que tratan de conculcarme. Mi mano se erguirá contra los que me escarnecen.

22 Porque no querían admitir que tú manifestabas tu poder en mí. Claro que sí, con fuerza mostrarás en mí tu luz perfecta.

23 […].

24 No se avergonzarán los rostros de los que, siguiendo mi llamada, se afiliaron a tu Alianza. Los que me obedecen avanzan por el camino de tu corazón,

25 toman su lugar en la asamblea de los santos. A su causa le darás el triunfo decisivo. Con insofisticable claridad harás aparecer la verdad. No permitirás que los réprobos los extravíen.

26 Cuando tramen hacerlo infundirás en tu pueblo desconfianza de ellos. Los usarás como instrumentos de destrucción para el juicio,

27 para arrasar a los transgresores de tu palabra. Por medio de mí has iluminado el rostro de muchos, y los hiciste crecer hasta llegar a ser innumerables. A mí me has hecho conocer tus misterios maravillosos.

28 En tu designio admirable manifestaste en mí tu poder. Realizaste maravillas en presencia de muchos, para tu alabanza y para que

29 todos los vivientes conozcan tus proezas. ¿Qué ser humano es capaz de esto? ¿Qué criatura de arcilla tendrá el poder de realizar tus prodigios? Al contrario, ella yace en la iniquidad

30 desde el seno materno y hasta la vejez permanecerá en una infidelidad culpable. Yo sé que no pertenece al hombre la justicia. No es propia del hijo de Adán la perfección

31 del sendero. Son del Dios altísimo todas las obras de justicia. El camino del hombre es constante sólo en virtud del espíritu que Dios ha formado en él,

32 para hacer perfecta la senda de los hijos de Adán, para que con la rectitud de su conducta conozcan el vigor de su obra y la abundancia de su misericordia hacia todos

33 los hijos de su beneplácito. El temor y la angustia me invadieron, se despedazaron todos mis huesos, mi corazón se derretía como cera delante del fuego.

34 Mis rodillas se escurrían −como agua que se desliza por la ladera− al acordarme de mis culpas y de la infidelidad de mis padres. En el tiempo en que los impíos se habían levantado contra tu Alianza

35 y los malvados contra tu palabra, yo dije: Es a causa de mi trasgresión que he sido abandonado y arrojado lejos de tu pacto. Pero cuando me acordé de la fuerza de tu mano y al mismo tiempo

36 de la abundancia de tus misericordias, reconquisté vigor y fuerza, me levanté, mi espíritu se hizo fuerte para resistir la aflicción.

37 Me apoyé en tus benevolencias y en tu ternura sin fin. Tú cancelas la iniquidad y purificas la culpa.

38 No para el hombre [de contemplar] lo que has hecho, pues tú has creado al impío y al justo.

39 Me fortificaste con tu pacto [...],

40 [permaneceré] en tu presencia, pues tú eres la verdad y todas tus obras son rectas.

Columna V

1 Tu perdón es abundante, tu misericordia bien rica.

2 ... ...

3 [...] cuando conocí esto [...]

4 en tu querer y en el juicio de todos aquellos que [te buscan].

Himno 9

5 Te doy gracias, Señor, porque no me abandonaste cuando estaba en el exilio entre un pueblo extranjero; porque no me has juzgado según mi culpabilidad,

6 ni me abandonaste en manos de las malvadas intenciones de mi corazón. Levantaste mi vida arrancándola de la fosa. Me habías abandonado en medio

7 de los leones, destinados a los hijos de la culpabilidad. Leones que despedazan los huesos de los poderosos y beben la sangre de los fuertes. Me abandonaste en un destierro

8 entre la multitud de pescadores que extienden las redes sobre el mar. Entre cazadores, buscados por hijos de la iniquidad. En tamaño apuro, con tu misma ciencia fui enseñado.

9 En mi corazón fortificaste el secreto de la verdad. Esta es la fuente del pacto para aquellos que los buscan. Tú cerraste la boca de los cachorros del león

10 cuyos dientes son como espada, sus colmillos como aguda lanza. Veneno de serpientes son todos sus planes, todas sus intenciones se dirigen a chupar la sangre. Para eso se han puesto en acecho.

11 Pero no han podido lanzar contra mí sus tarascadas porque tú, Dios mío, me habías escondido de los ojos de los hombres, para preservar tu ley hasta el tiempo prefijado.

12 Entonces me revelaste tu salvación. En angustia no me abandonaste. Escuchaste mi grito de auxilio.

13 Cuando gemía escuchaste el murmullo de mi miseria. Arrancaste el alma del pobre en la angustia de la cueva de los leones, que afilan sus dientes como espada.

14 Pero tú, Dios mío, trabaste sus dientes para que no pudiesen rasgar el alma del humilde y del necesitado. Enfundaste su lengua

15 como espada en vaina para que no pudiesen herir a ninguno de tus siervos. Mostraste tu poder delante de los hijos de Adán; realizaste maravillas

16 para el pobre. Lo vertiste en el crisol para purificarlo en el fuego, como se refina la plata en el horno donde soplan los artesanos purificándolo siete veces.

17 Los impíos del pueblo se agitaban clamando tormentos contra mí; todo el día se afligía mi alma.

18 Pero tú, Dios mío, transformaste el huracán en brisa ligera. Has librado el alma del pobre como el pastor arranca la presa

19 de las garras de los leones.

Himno 10

20 Bendito seas tú, Señor, porque no abandonaste al huérfano
21 ni descuidaste al necesitado; porque tu poder es inagotable y tu gloria
22 no tiene límites. Guerreros maravillosos son tus ministros y el pueblo de los humildes es como el estrado de tus pies. La alabanza que viene de ellos te es muy agradable. Ellos
23 se preocupan de la justicia; tratan de levantar a todos los pobres, los que tú amas, para liberarlos de la opresión. A causa de eso yo he venido a ser enemigo de todos, objeto de contestación
24 y de discusión para mi prójimo, de celos y de cólera para cuantos participan en el Pacto; objeto de murmuración y de crítica para todos mis familiares y para cuantos comen de mi pan.
25 Contra mí han levantado el calcañal. Con labios perversos hablan de mí todos aquellos que pertenecían a la Alianza. Los mismos hombres que antes me seguían se han rebelado.
26 Murmuran a mí alrededor, a causa del misterio que tú has escondido en mí. Ellos me han calumniado entre los hijos de destrucción, dando motivo para que tú te mostrases grande en mí.
27 A causa de su culpabilidad les escondiste la fuente de la inteligencia y el secreto de la verdad. Ellos no tramaban en su corazón más que destrucciones. Meditaban proyectos de Belial.
28 Soltaron una lengua mentirosa para regar veneno de serpientes que florecen entre espinas. Son como reptiles en el polvo que lanzan fuego; como serpientes pequeñas
29 contra las cuales no valen encantamientos. Esto se volvió dentro [de mí] un dolor incurable, una llaga maligna en las entrañas de tu siervo; hasta el punto de hacerlo casi vacilar en su espíritu
30 y de quitarle todas sus fuerzas. Ya no podía estar más de pie. Me hirieron en las callejuelas donde no podía encontrar refugio cuando me perseguían; no había lugar de escape.

31 Compusieron cantos al son del arpa, a propósito de mi penar. Con instrumentos de cuerda narraron sus críticas; entre el ruido y la alegría se gloriaban de mis penas y de mis angustias.

32 Como con dolores de parturienta, mi corazón gemía dentro de mí. Me vestí de luto. Mi lengua se pegó al paladar, mis huesos se quebraron, mi corazón desfalleció.

33 Se derramó lleno de amargura. La luz de mi rostro se cubrió de densa oscuridad. Mi esplendor se transformó en tinieblas. Pero tú, Dios mío,

34 ampliaste al infinito mi corazón mientras ellos creían poder aumentar sin límites mi dolor y trataban de sumergirme en tinieblas mortales. Yo comía mi pan entre suspiros,

35 lágrimas sin fin eran mi bebida. Mis ojos se velaron de tristeza; mi alma, en amargura diariamente.

36 El dolor me envuelve, la vergüenza cubre mi rostro. Mi pan se cambió en conflicto, mi bebida en riña que penetra hasta mis huesos

37 para hacer vacilar mi espíritu y aniquilar mi vigor. Siguiendo sus secretos pecaminosos emparejan sus culpas con las obras de Dios. Fui ligado con cuerdas

38 que no se pueden romper, con cadenas que no se quiebran; encerrado dentro de un muro fortificado con amarras de hierro y puertas de bronce.

39 Mi prisión es semejante al abismo sin fin.

40 Las cuerdas de Belial envuelven mi alma con un laberinto sin salida.

Columna VI

1-2 ... ...

[...] 3 mi corazón empantanado en el desprecio, en manos de una rebelión lanzada al límite, en un exterminio sin piedad.

4a Pero tú, Dios mío, abriste mi oído para que pueda conducirme según las normas de aquellos que enseñan la justicia.

Himno 11

4b Te doy gracias, Señor, porque libraste mi alma
5 de la asamblea de vanidad y del consejo de la violencia. Me introdujiste en tu reunión y no en la culpabilidad.
6 Supe que había esperanza para los que se convierten de su rebeldía y abandonan el pecado,
7 para los que caminan por el sendero de tu corazón sin iniquidad. Me consolaré de las murmuraciones del pueblo y del tumulto de los poderosos cuando se asocien contra mí,
8 porque bien sé que pronto levantarás a los sobrevivientes de tu pueblo y al resto de tu herencia; los purificarás para que vivan sin culpa.
9 Las obras de tu verdad y de tu benevolencia inspirarán tu comportamiento para con ellos. Con inmensa misericordia y abundante perdón los llevarás al conocimiento de tu palabra.
10 Según la rectitud de tu verdad, los establecerás en el consejo de tu gloria. Por amor tuyo has hecho todo esto, para glorificar,
11 para extender tu amor entre todos los hombres de tu consejo, en medio de los hijos de Adán; para narrar a las generaciones eternas tus maravillas; medito tus obras
12 sin fin. Todas las naciones conocerán tu verdad, todos tus pueblos tu gloria, porque has derramado tu conocimiento y esplendor
13 en medio de todos los hombres. No habrá más intermediario entre los hombres de tu consejo. En la compañía de los ángeles estarán delante de ti.
14 [...] Se convertirán [muchos] por obra de tu palabra gloriosa. Serán tus príncipes en la porción de los elegidos.
15 [...] Un germen eterno. Ahí crecerá el «renuevo» para el follaje de la plantación eterna y extenderá su sombra sobre toda [la tierra].
16 Sus raíces se extenderán hasta las profundidades del abismo, hasta los ríos del Edén [...] sus frutos serán [cosecha] inmensa [...].
17 [...] Se extenderá en todo el mundo sin límites hasta el Sheol [...]. La fuente de luz se transformará en un manantial

18 eterno, sin fin. En sus llamas ardientes se consumirán [todas las iniquidades]. Vendrán a ser como fuego que devora a todos los hombres culpables hasta la destrucción.

19 Los que habiéndose adherido a mi Alianza se pierdan en la seducción, no serán considerados en la justicia.

20 Tú, Dios mío, les ordenaste obtener ganancias fuera de sus sendas, en el camino por donde el incircunciso y el impío y el violento no transitan.

21 Se desviaron del camino de tu corazón, [cayeron] presas de destrucción. Como consejero de Belial

22 está su corazón [...] en [la reunión] de impiedad, envueltos en la culpa. Yo como navegante en una nave [abandonada]

23 a la furia del mar. Sus olas y sus mareas rompían contra mí; [me azotaba] un viento de perdición, [andaba] desconcertado, sin rumbo. No había brisa que me consolase,

24 ni sendero por donde dirigir mi camino sobre la superficie del mar. El abismo repetía el eco de mi angustia. Llegué hasta las puertas de la muerte.

25 Fui como el que penetra en una ciudad fortificada y se atrinchera dentro de una alta muralla hasta alcanzar la liberación [...]. [Me apoyo] sólo en tu verdad, Dios mío, porque

26 eres tú quien coloca el fundamento sobre roca y la estructura firme, a plomo, como justicia y en perfecto equilibrio. Pusiste piedras escogidas para una construcción bien

27 sólida que no tiene nada que temer de temblores y que da seguridad a cuantos a ella se acogen. Ningún adversario podrá entrar en ella. Sus puertas tendrán batientes fortísimos que no podrán

28 ser forzados, sujetos con cadenas que no se podrán romper. No podrán penetrar ahí las bandas de asoladores a pesar de sus poderosas armas de guerra. Al contrario, serán destruidas todas las espadas

29 que para la guerra usan los impíos. En ese tiempo la espada de Dios acelerará el día destinado para el juicio, y todos sus hijos se levantarán para exterminar la impiedad.

30 Desaparecerán todos los hijos de culpabilidad. Ya no existirán más […].El héroe blandirá su arco y romperá al asedio,
31 no se prolongará en una duración sin fin […].Por las puertas eternas saldrán las armas de guerra e irán de una extremidad a otra de la tierra […].
32 [Condenación] para el instinto culpable. Será pisoteado […] hasta el exterminio. No se dejará resto de él. No hay esperanza para su enorme número,
33 ningún refugio para sus hombres de guerra, ya que [la victoria] es del Dios de la Alianza.
34 Los que yacen en el polvo levantarán el estandarte y los mortales roídos por gusanos alzarán bandera. Los rebeldes serán exterminados
35 en los combates y los que hacían restallar el látigo destructor no entrarán en la fortaleza.
36 [Les será] imposible atravesar el muro ni romper la armadura […].

Himno 12

Columna VII

1 Yo callé como un cordero.
2 Mi brazo fue arrancado de mi torso y de sus ligamentos; mi pie estaba sumergido en el pantano y mis ojos velados para no ver el
3 mal; mis orejas, cerradas para no oír homicidios; mi corazón, estupefacto delante del plan malicioso que venía de Belial. Cuando se manifestaba
4 su manera de ser, se sacudían los fundamentos del edificio y mis huesos se separaban. Mis entrañas se conmovían como una nave en la furia de la tempestad.
5 Mi corazón temblaba frente a la destrucción; me sentía perdido, todo era para mí causa de confusión, y motivo de ruina su pecado.

Himno 13

6 Te doy gracias, Señor, porque me has sostenido con tu fuerza, y tu espíritu

7 santo has derramado en mí para que no vacile. Me has robustecido frente a los jueces de impiedad. A pesar de sus maquinaciones,

8 no has permitido que perdiese el ánimo. Ni que desistiese de tu Alianza. Antes al contrario, has hecho de mí una torre sólida, un muro elevado. Has establecido en una roca

9 mi edificio y sobre fundamentos eternos mis simientes. Todos mis muros han sido consolidados con columnas fuertes que nada podrá sacudir.

10 Tú, Dios mío, los has puesto como una hojarasca ante el consejo de santidad. Has hecho estable mi corazón en tu pacto y mi lengua en tus enseñanzas.

11 No hay palabras en la boca del espíritu destructor. Ninguna respuesta se le ocurre a tu lengua. Para los hijos de culpabilidad:

12 mudez. Son labios mentirosos. En el juicio condenarás a todos mis agresores. Seré yo vertiente divisoria entre el justo y el malvado.

13 Pues tú conoces el carácter de cada acción, disciernes la veracidad de cada respuesta. Mi corazón por ti está tranquilo;

14 con la fuerza de tu verdad aseguras mis pasos en los difíciles senderos de la justicia, a fin de que yo pueda caminar delante de ti hasta la región de la vida

15 por los senderos de la gloria, del triunfo que no aminora jamás.

16 Tú conoces el carácter de tu siervo [en ti me apoyo] … (Texto incierto)

17 […] para buscar refugio en tu fuerza, pues en el hombre no hay apoyo para mí;

18 no hay esperanza de ser liberado [de los opresores]. Palinodia […].Yo me apoyo en tu verdad. En la abundancia de tu ternura espero. Tú haces florecer

19 la vida y desarrollarse el nuevo brote. Las yemas [del viñedo] de ti sacan su fuerza. En tu rectitud puede uno confiar.
20 En tu pacto yo me apoyo, a lo que dices me adhiero. Me has designado padre para los hijos de benevolencia;
21 pedagogo para los que son capaces de hablar. Tendieron su boca como un lactante hacia los pechos de la madre, como un niño en el seno
22 de aquellas que los nutren. Potenciaste mi fuerza contra los que me amenazaban. Dividiste el grupo de los que se confabulaban contra mí.
23 Los fautores de mentira eran contra mí como la paja contra el viento. Mi fuerza apretaba como cerco de hierro [la garganta] de los inicuos. Tú, Dios mío, me diste esa fuerza, apoyaste mi espíritu.
24 En lo alto resplandece con la luz del Shabat para tu gloria.
25 Sí, porque tú eres para mí la luz de eternidad que resplandece en el edén que creaste.
26 Acaso aún […] ya […].

Himno 14

Te doy gracias, Señor, porque fuiste mi maestro para la verdad.
27 Me hiciste conocer tus maravillosos misterios, tu bondad inclinada hacia el hombre débil, la muchedumbre de tus misericordias para los que aún tienen corazón perverso.
28 ¿Quién entre los dioses es como tú, Señor; quién como tú veraz? ¿Quién saldrá justificado delante de ti, en el juicio? No hay nadie
29 que pueda responder a tu enjuiciamiento; cada gloria es un soplo, nadie puede resistir a tu ira. Todos los hijos
30 de la verdad serán admitidos a tu presencia por tu perdón, purificados de sus pecados por tu bondad oceánica, por tus misericordias ilimitadas,
31 para hacerlos estar en tu presencia siglos y siglos. En tu casa, Dios eterno, donde hay senderos abiertos,
32 para siempre nadie camina fuera de ti. ¿Qué es el hombre, débil, soplo ligero,
33 para comprender tus obras maravillosas si tú no le enseñas?

Himno 15

34 Te doy gracias, Señor, porque no permitiste que mi suerte cayera del lado del vacío. No está escrito mi nombre en la reunión de los hipócritas.

35 Al contrario: entre los que con esfuerzo buscan luchar en tus caminos, los que en tus perdones, en la abundancia de tus misericordias, se apoyan para corregir
la rectitud de sus juicios
36 [...] vendidos [...] impenitentes.

Columna VIII

1 ... ... 2 [...] estableciste tu justicia para siempre para que no
... ...

Himno 16

4 Te doy gracias, Señor, porque desde una tierra seca me llevaste a donde manan los arroyuelos, a lugares de fuentes que no se acaban, a la orilla de estanques de riego.
5 Un jardín en el desierto plantaste: cipreses, olmos, troncos fuertes. Tu esplendor. Árboles
6 de vida junto a un manantial misterioso se levantan entre las plantas acuáticas. Entre ellos brotará como un germen la plantación eterna.
7 Sus raíces correrán hacia las profundas corrientes de humedad, los troncos absorberán por ellas las aguas vivas,
8 participarán de la corriente eterna. Junto a la fuente, entre las varas, pacerán todas las bestias de la floresta. Por entre troncos se abrirán nuevos caminos
9 y senderos. Sus ramas servirán a todos los pájaros. De los juncos acuáticos las aves levantarán el vuelo, de entre sus frondas se alzarán.

10 ¿Quién será este que extenderá sus raíces a las corrientes? ¿Quién hará brotar el germen de santidad, los plantíos de verdad?

11 Quedará escondido de modo que ya no se pensará en él. No será conocido su misterio, permanecerá sellado. Pero tú, ¡oh Dios!, protegiste su futuro en el misterio de tus héroes fuertes,

12 entre los espíritus de perfección y en el torbellino de las llamas del fuego. Entre tanto, nadie se acercará al manantial de vida, a la fuente de la que brota santidad,

a las plantaciones eternas.

13 No se beberá y no producirá fruto; la fecundidad de las nubes les será negada, porque ha sido vista, pero no reconocida,

14 ha sido considerada, pero no creída, la fuente de la vida, el arroyo perenne.

15 Quedé como tierra surcada por ríos devastadores, me inundaron de fango.

16 Pero tú, Dios mío, has puesto de nuevo palabras en mí, como lluvia de otoño, para todos los que tienen sed y como fuente de aguas vivas que no silenciarán jamás. Abrirse han los cielos

17 con lluvias sin fin; caerán sobre los pastizales, secos, agostados, aguas abundantes para todo ser vivo.

18 [Los árboles] darán sombra a los pájaros y a las bestias.

19 Los inicuos, como plomo, irán al fondo de las aguas impetuosas.

20 Serán presa del fuego, resecados. Pero la plantación fructífera crecerá en la fuente eterna para ser un edén de delicias.

21 Por mí abriste sus manantiales y les diste medida estable al nivel de sus aguas. Para sus árboles, plantados en claros, al sol.

22 para que no se sequen, para que su follaje se expanda, espléndido. Pongo toda la fuerza de mis manos para excavar

23 sus canales. Por eso sus raíces se hunden en las rocas irrompibles. Hasta la tierra se apoya, se apoya su tronco. En pleno estío

24 conservan su verdor. Pero si yo retrajese mis manos sería todo como una salina,

25 sus troncos como espinazos escuálidos, sus canales se ensolverían de costras de barro, [sus peces,] pobres parásitos, sus troncos secos, retorcidos, junto a los cauces.

26 Sus frutos se volverían selváticos. Su follaje se secaría por el estuante ardor. Ya no habría paso para las aguas […]. Temblores, malarias, llagas abiertas.

27 Así yazgo como ser abandonado, carezco de fuerza. Mis heridas se agrandan

28 con amargura, con dolor, sin mitigación. Mi corazón, hecho añicos. Triturado dentro de mí. Como los que descienden al Sheol,

29 con los muertos voy como a la deriva… Mi espíritu llegó al borde del abismo. Mi alma desfallece de día y de noche, sin reposo.

30 En mis huesos se derrama fuego derretido, su llama me devora a lo largo de los días

31 aniquilando mis fuerzas, más allá de todo aguante. Consume mi carne, hasta que se cumpla lo que contra ella ha sido decretado.

32 Olas me cubren. Me ahogo. Atraído hacia dentro y hacia fuera con violencia, experimento mi impotencia. Desaparece como cera derretida el vigor de mi hombría, sólo queda pusilanimidad […] destrozo […]. Las profundidades del océano mugen; sus olas son enormes, gigantes, pero de sangre.

33 La tierra grita por la catástrofe que se abate sobre el mundo. Los conspiradores gritan: ¡Hurra! Todos los habitantes de la tierra deliran,

34 se tambalean en medio del gran desastre. Dios hace tronar su voz poderosa. Su santa habitación címbrase con las fulguraciones

35 centelleantes de su gloria. El ejército de los cielos levanta su voz. Los cimientos del mundo tiemblan y vacilan. La guerra de los

36 fuertes del cielo flagela al mundo. Azote que no cesará hasta que la eternal destrucción sea cumplida. Así será el fin.

Himno 17

Columna IX

2 Mis ojos no se cierran en la noche,

3 [... ni puedo vivir] sin misericordia. [Me consumo] en la cólera violenta con ardor [...] con destrucción.

4 [Me sumerjo] en las olas de la muerte. En el lecho donde yazgo como en el infierno, impreco, lamento, lloro.

5 Mis ojos, en lágrimas, como irritados por el humo del horno. Mis lágrimas como torrentes de agua. Mis pupilas se consumen implorando el reposo.

6 Mi espíritu escapa lejos, lejos; no lo encuentro. Mi vida se ha hecho errabunda: de la ruina a la desolación, del dolor a la herida, de la angustia

7 a la calamidad. Y, sin embargo, mi alma se siente inundada en tu grandeza, en lo profundo de mi ser comprendo que no me rechazas.

8 En el correr preciso del tiempo, mi alma se pierde en la anchura de tu amor.

9 Lanzaré denuestos al que trata de anularme, injurias a los que buscan mi fin. Declararé injustos a mis jueces. En cambio, reconoceré la rectitud de tu juicio

10 porque conozco lo que eres y sé que mejor me conoces tú a mí. Me complazco en mi pequeñez; sólo espero en ti sin límites.

11 Pusiste una súplica en la boca de tu siervo. No hubo rechazo ni desaliento para mi vida, no se fue tu paz lejos de mí, ni siquiera llegué a pensar en tu abandono.

12 Golpe tras golpe [he soportado] y no ha medrado mi esperanza. Sostuviste mi espíritu, aumentaste en mí sus muros. Tú conoces mi anhelo,

13 mi angustia y mi consuelo. Tu perdón es como bálsamo, Mi arrepentimiento se extiende hasta mi falta primera.

14 Desde la hondura de tu bien brota siempre una esperanza, desde la potencia de tu fuerza se deriva para mí la confianza; nadie es justo de por sí.

15 En tu presencia nadie es inocente cuando tú lo examinas. Un hombre podrá ser declarado justo por otro hombre; también podrá ser llamado sabio por otro hombre igual que él, ser declarado glorioso

16 por otra criatura hecha igualmente de arcilla. En espíritu es declarado fuerte por otro igual que él

17 pero en comparación contigo nadie vale nada. Sólo tú eres glorioso sin límites, estás más allá de toda medida; tu sabiduría, tu fidelidad, son infinitas.

18 [Un abismo] para los que se separan de ella; pero, gracias te sean dadas, a mí me tienes cerca de ti,

19 no alejas de mí tu ternura. Harás palidecer a tus enemigos cuando ya se gloriaban

20 de haber hecho de mí una piltrafa, un desecho.

21 [...] a mi [no puedes destruirme] [...] porque eres bueno [conmigo]. No prevalecen. Mis pies no cayeron en los hierros de la trampa.

22 Hombres de rostros enrojecidos combaten contra mí. Calamidad contra mis detractores

23 porque tú eres mi Dios; desde la alborada tú juzgas mi causa. Si me castigaste fue por un designio misterioso de tu saber.

24 Velada está para mí tu verdad hasta el momento preciso en que tú te revelas. ¿Qué es tu corrección para mí?: gozo y algazara desde lo hondo;

25 mis llagas: salud; el tiempo de desprecio cuando estoy en manos de los que me odian: corona de gloria. Mi eterno flaquear: fuerza.

26 Verdad. En tu saber me hago sabio, en tu gloria resplandece mi luz. Porque desde el seno de las tinieblas un luminar

27 se encendió para mí. Curaste mi llaga, sanaste mi herida, fuerza maravillosa extendida hacia mi titubear.

28 Espacio abierto dentro de mi angustia. Tú, Dios mío, mi refugio, mi fortaleza,
29 mi roca, mi apoyo, mi ciudadela, protección contra toda adversidad.
30 Eres liberación segura; en el germen de mi padre me conociste;
31 desde el seno de mi madre cuidaste de mí. Tuyos eran los pechos donde mamé, dentro de tu misericordia fluía mi alimento. Me nutrió en el vientre materno.
32 Desde mi juventud me has iluminado con tu sapiencia y con tu juicio, me has sostenido incólume con tu verdad. Con tu espíritu santo, ¡oh deleite!, me has guardado hasta el último momento.
33 Dices siempre no a mi mentira, Tu «Shalom» es un refugio para mi alma; mis andares se acompasan con tus perdones; muchedumbre de misericordia me rodea, cuando tu juzgar desciende al hontanar de mi ser;
34 hasta que mi pelo encanezca sólo tú serás mi sostén.
35 Porque en realidad mi padre no me conoció, mi madre me abandonó a ti. Tú eres padre para los que se adhieren a la verdad; tu gozas en ellos
36 como una madre que se inclina sobre su lactante, como un padre que nutre al hijo en sus piernas, como el que tiene cuidado de lo suyo, como el que reconoce a su criatura.

Himno 18

37 Te doy gracias, Señor, porque has mostrado tu fuerza un número incontable de veces […] en mi colocaste los pensamientos

Columna X

1 […] de tu corazón […].
2 Nada sucede fuera de tu voluntad,
3 nadie intuye la profundidad de tus deseos; pues ¿qué es el hombre? ¡Nada! Apenas un poco de arcilla

4 modelada, polvo que al barro ha de volver. ¿Cómo podría merecer ser instruido en tus maravillas y en lo hondo de tus secretos?
5 Yo, polvo y ceniza, ¿qué cosa puedo intentar fuera de tus deseos? ¿Qué alcanzo a diferenciar
6 sin comparar con tus dictados? ¿Cómo puedo tener valor si no es en tu fuerza? ¿Cómo puedo hurgar en las cosas si no es que susurras
7 tus bisbiseos dentro de mí? ¿Qué cosa puedo decir si no eres tú quien compulsas mis labios? ¿Cómo puedo responder si no me obsequias con tu pujanza?
8 Tú, el mayor de todos los dioses, Rey de todas las dominaciones, Señor de todo espíritu, dueño de toda criatura.
9 Sin ti nada se realiza, nada se ha conocido sin que tú se lo apuntes. Fuera de ti no hay nada.
10 Frente a ti nadie es fuerte, nada vale frente a tu gloria, tu poder está más allá de tu medida.
11 ¿Quién puede alzarse altanero frente a tus obras maravillosas?, ¿quién tendrá la pretensión de resistir a tu inviolabilidad?
12 ¿Qué es lo que ya está volviendo al polvo para poner a prueba tu fuerza?
13 Si sólo para desbordar tu plenitud has creado todas las cosas.

Himno 19

14 Bendito seas, Señor, Dios de las misericordias, rico en benevolencia, porque me hiciste conocer todo.
15 Tus maravillas no se deben callar ni de día ni de noche.
16 Mi alma se siente acogida en el regazo de tu amor.
17 Hasta ahora me apoyo en tu fuerza […].
18 Nada se hace sin tu querer […]. En tu exigencia no hay titubeo,
19 no hay suceso que escape a tu conocimiento.
20 Yo estoy identificado con tu verdad, en mi conocer llevo por dentro tu esplendor.
21 Trataré de narrar como los entiendo los prodigios infinitos en que se despliega tu bondad, la abundancia de tu misericordia.

22 Tu perdón sube hasta posarse en él mi esperanza. Me has metido en tu forja, me has dado mi forma.

23 No puedo ser atraído por la ganancia codiciosa ni soy como guarida para el secreto e instinto carnal.

24 El grupo poderoso de los prepotentes alza el cuello y mira con desdén a los demás por la abundancia de su grano, vino, aceite,

25 de sus ganados, de sus depósitos. Tú, en cambio, me has puesto a mí como árbol a la orilla de las aguas,

26 árbol de abundante follaje, de ramos extensos; árbol con fruto de vida para los hijos de Adán, nutrido abundantemente en tus raíces.

27 A los hijos imagen de tu ser les diste el conocimiento para siempre y según este conocer serán honrados

28 uno más que otro; así para el hijo de Adán se multiplicará su herencia.

29 honrado será por su conocimiento profundo más y más. Tu siervo detesta hasta el fondo a la generación injusta

30 y en la posición de los tercos no se complace mi corazón; mi espíritu exulta en tu pacto y en tu verdad.

31 Se llena de delicias todo mi ser, florezco como un lirio; mi corazón así se abre junto a la fuente eterna.

32 Mi salvación está en lo alto: los soberbios tienen frutos vanos que, desde que dejaron de ser flor, estuvieron siempre vacíos.

33 Mi corazón se cimbró en un bramido de pavor; mis sentimientos fueron desgarrados. Un gemido bramé, como el trueno que hace eco por los barrancos.

34 Su sonido se propagó hasta las hendiduras del Sheol. Temía hasta lo hondo cuando temía tu juicio.

35 Sobre los grandes el proceso, sobre los santos poderosos [de arriba].

36 El juicio sobre todas tus obras es justicia.

Columna XI

1 La causa del miedo […] la aflicción crece [… me detengo]

2 en la meditación de mi espíritu.

Himno 20

3 Te doy gracias, mi Dios, porque has obrado maravillas en tu pobre criatura, ¡vil muñeco de arcilla! Manifiestas en ella el poder de tu brazo, siempre más y más.

4 ¿Quién soy yo para que te pongas a comunicarme tus secretos? Me has dado la inteligencia de tus obras.

5 En mi boca pones alabanzas, en mi lengua el elogio de tus labios. Con gozo quiero cantar tu poder, meditar tu misericordia

6 todo el día. Bendeciré tu nombre, contaré tus grandezas a los hijos de Adán.

7 Mi alma se complace en la abundancia de tu bondad. Yo sé que tu boca pronuncia siempre la misma palabra. Tu mano [ejerce] la misma justicia y tu pensamiento

8 [se extiende] a todo lo conocido. En tu vigor se encierra la fuerza de todo lo que existe. Tu gloria resplandece en tu cólera, en tus juicios que son castigos,

9 [como también]

en tu bondad, en la inmensidad de tus perdones. Tu compasión [es] para todos los hijos de tu amor. Por eso los instruyes en tus secretos,

10 los haces instruidos en tus maravillosos designios. Para que tu gloria no se empañe, purificas al hombre de sus transgresiones. Para que se santifique,

11 arrancas de él todo lo detestable. Toda corrupción, toda acción culpable para que se incorpore a los fieles y tenga

12 la misma suerte de los santos. Elevas del polvo al gusanillo mortal fortificándolo en la alternativa entre el espíritu del bien y el del mal. Lo iluminas para tu conocimiento

13 para que llegue a ti asociado al ejército eterno, a los espíritus iluminados siempre renovados,

14 los que siempre duran, los que saben de la dulzura de la asamblea.

Himno 21

15 Te doy gracias, Dios mío. Te exalto, Roca mía, por tu obrar estupendo.

16 Pues me hiciste conocer el secreto de tu vida.

17 Me has revelado tus maravillas. Yo las contemplo, [me deleito] en tu complacencia.

18 Sé que es tuya la justicia y que en tu benignidad está la salvación, [en tu ira] la destrucción, sin mengua de tu misericordia.

19 De mí brotó una fuente de luto, de amargura. Ningún tormento me fue perdonado.

20 ¡Ay!, ¡he podido conocer en mí cuánto tiende el hombre a lo mortal!, [al polvo], al pecado, a la aflicción,

21 a la angustia de la culpa; este sentir penetra en mí, como algo filoso, hasta mis huesos. Me sumerjo en el tormento del dolor.

22 Suena la cítara de lamentos luctuosos, los cantos fúnebres, lamentaciones de amargura, hasta el exterminio de la iniquidad, hasta acabar toda herida y toda enfermedad.

23 Entonces entonaré la cítara de la alegría, la lira del gozo, la flauta dedicada a la alabanza.

24 ¡Quién podrá contar tus maravillas derramadas entre todas las criaturas! […]

25 Que toda boca te alabe para siempre, que te bendigan por tus dones todos juntos al unísono.

26 Solamente goces de júbilo, no habrá más lloro ni lágrima. Fin a la iniquidad. Tu verdad resplandecerá.

27 Para la gloria perpetua la paz será eterna.

28 Bendito seas, que das a tu siervo inteligencia, conocimiento, discernimiento de tus maravillas, para enumerar la abundancia de tu dulzura.

Himno 22

29 ¡Sé bendito, Dios de la misericordia y de la gracia, por tu clemen-
cia, por la riqueza de tu ser, por la multitud
30 de tus bondades en todas tus obras! Alegra con el don tuyo el
alivio de tu reino.
31 Purifícame en tu justicia, pues que espero en tu bondad, tengo
confianza en tu benevolencia;
32 con tus perdones me libraste de mis penas, me confortaste en el
tormento, pues me apoyo en tus misericordias.

Himno 23

33 Bendito seas, mi Señor, porque has hecho estas cosas y pusiste
en la boca de tu siervo
34 suplicante [esto] que mi lengua balbucea: ¡Qué es lo que has
hecho por mí!
35 He tenido la fuerza […]
36 y tú tienes en tus manos […].

Columna XII

1 Dilata todo mi ser […]
2 dame la seguridad de lo santo de tu casa. Quietud en mi tienda,
¡salvación!
3 Alabaré tu nombre en medio de aquellos que te temen;
4 con cantos y alabanzas me postraré suplicando continuamente, de
generación en generación,
5 del oriente al ocaso en los cielos, todos los días, según el ritmo
regular del luminoso gigante. Cuando cae la noche
6 y se acaba la luz y las tinieblas comienzan ya a dominar –tiempo
nocturno–, yo me espacio [en la oración] hasta que llega la mañana
7 y las tinieblas se evaporan en la luz y se retiran a su morada. Sale
la noche, entra el día continuamente para todos.

8 Los astros del tiempo miden los ciclos y los períodos establecidos.
9 La medida de sus signos [del Zodíaco] con toda su influencia se suceden en el orden que Dios mismo les ha dado. Dan testimonio de lo que es y de lo que será.
10 No tienen fin. Sin ese decir [de Dios] no hay nada. Dios, que todo lo sabe,
11 lo estableció. Junto a él nadie más existe. Yo, que soy el discípulo, te conozco, Señor mío, por el espíritu
12 que tú mismo has puesto en mí. Con atención oí tus secretos maravillosos. En virtud del Espíritu Santo
13 ahondaste en mí el conocimiento del misterio de tu sabiduría. Lo inacabable de tu poder
14 lo ha revelado, según la abundante misericordia y el celo purificador.
15 El resplandor de tu gloria será una luz sin fin.
16 No [habrá] más impiedad ni engaño
17 [...] desolación. Porque ya no habrá [...]
18 ni destrucción. Porque en tu presencia mi tormento.
19 Nadie es completamente justo en tu presencia.
20 El hombre entendido en todos tus misterios para responder prontamente [...]
21 en tu exigencia; para descubrir tu bondad, pues [...]
22 te conocerán, llegado el momento exultarán en tu gloria [...] en conformidad de [...] y según tu inteligencia
23 te acercarás a ellos. Conforme a tu poder te servirán según tus divisiones,
24 sin transgredir jamás tus palabras. En cuanto a mí [qué importa] ¡si al fin soy polvo y nada más!,
25 fuente de iniquidad, desnudez absoluta, montón de barro amasado en agua, habitación de
26 las tinieblas. Que vuelva al polvo la criatura de arcilla. Sí; cuando llegue el momento volverá al polvo,

27 de donde fue sacada. ¿Qué cosa responderá el polvo?, ¿cómo podrá comprender?,

28 ¿cómo podrá resistir frente al que lo castiga?

29 ¿Podrá levantarse frente a la eternal altura, a la fuente sin principio de la gloria, al manantial mismo de todo conocimiento?

30 Ni aun los gigantes del espíritu pueden describir tu gloria.

31 Nadie puede responder a tu castigo, porque tú eres justo. ¡Nadie como tú! Pues, en verdad, ¿qué es el que por fuerza tiene que regresar al polvo?

32 He callado, ¿Qué cosa debo decir sobre eso? Apenas llego a hablar de lo poco que sé. Una criatura de arcilla, ¿cómo puede ser justa? ¿Y qué responderé si no me instruyes?, ¿qué diré

34 si no lo revelas antes a mi corazón? ¿Cómo puedo yo caminar derecho en el camino si tú no afirmas mis pies?,

35 ¿cómo pueden mis pasos estar firmes si tú no los afianzas?,

36 ¿cómo puedo alzarme si tú [no me levantas?].

Himno 24

Columna XIII

1 Desde siempre tú eres el Santo [el otro].

2 En las maravillas de tus misterios […]

3 Mostraste tu mano […] por medio de tus obras. En ellas […].

4 Obras de verdad.

5 Para la condescendencia eterna […] para todos; para la totalidad de la ruina […].

6 Una gloria eterna, un gozo perpetuo en sus edificaciones

7 Las que tú has establecido.

8 Todas las cosas las adjuntas al ejército de los espíritus y a la asamblea de tus santos.

9 Está en tus manos todo lo que existe: la tierra y todo lo que contiene, los mares con lo que bulle en sus abismos.

10 Los tienes bajo tus ojos perpetuamente, pues los has establecido desde antes de la eternidad.

11 Las obras describen tu gloria, resaltan tu poder, porque les has hecho ver lo que nadie antes había visto, creando

12 cosas nuevas, cambiando lo que había antes, instaurando lo que será eterno.

13 Porque tú, Señor, subsistes para siempre. Has hecho entrar en los misteriosos planes de tu inteligencia estos sucesos para manifestar tu adorable ser. En verdad, ¿cuánto supera todo esto lo que el miserable ser carnal puede comprender?

14 ¿Cómo podemos pretender entrar en tus grandes y maravillosos secretos? ¿Qué cosa es el nacido de mujer entre todas tus gigantescas obras?

15 ¿Qué es un polvillo amasado en agua, una basura de pecado, una vergonzosa desnudez

16 dominada por un espíritu perverso, que si se empeña en la iniquidad ahí se queda despreciado, como monumento para las generaciones futuras?

17 Sólo con tu ayuda graciosa el hombre es justificado, salvado de veras por tu abundancia,

18 glorificado sólo por tu esplendor. Su gozo en el Shalom eterno [...].

Himno 25

Columna XIV

1 [... que se encuentre en tu pueblo]
2 [...] como hombre firme en la verdad
3 [...] de mucha misericordia. Fuente de espíritus purificados [...].
4 Aquellos que se han fortificado hasta el tiempo de tus juicios.
5 Tú afirmas tus estatutos para hacer
6 [brillar] tu santidad por generaciones eternas y ayudar
7 a los hombres de tu visión.

Himno 26

8 Te doy gracias, Señor, porque en mi corazón has puesto inteligencia

9 para que yo sea fortificado contra la impiedad; para que pueda bendecir tu nombre;

10 para que sepa escoger lo que de veras amas, odiar lo que detestas en

11 el hombre. Pues en conformidad con los espíritus del

12 bien y del mal son sus acciones. Eres tú quien me lo hace saber, ya que

13 por tu benevolencia he entrado en tu Alianza. Por medio del espíritu de santidad me vas metiendo en tu entender y

14 cuanto más camino, más me enciendo en contra de los que obran lo malo; en contra de los hombres de mentira. Todos los que de veras están junto a ti no se levantan contra lo que sale de tu boca.

15 Los que te conocen no pueden odiar tus palabras, porque eres justo; tus elegidos tienen que ser fieles. Toda injusticia está

16 destruida por ti para siempre. Tu justicia se mostrará a los ojos de todas tus criaturas.

17 Yo sé lo que es malo ante tus ojos. Lo sé confrontándolo con la abundancia de tu largueza hacia mí. Con juramento me he prometido a mí mismo jamás pecar contra ti.

18 No lo haré. En esto estoy firme. Hay gente que cree en mí (lit. «de mi consejo»). Yo los he traído a la comunidad,

19 según el grado de conocimiento de cada uno. Amaré a cada cual según su don recibido, según su participación en la herencia. No voy a adular al malvado. No conservaré regalos de los impíos.

20 No venderé la verdad por la riqueza ni me [apartaré] de tus juicios por don alguno. En la mediad en que cada uno esté cerca de ti,

21 lo amaré. En la medida en que se aleje de ti, lo detestaré.

22 No entraré en consejo con los hombres de Belial porque se separaron de tu pacto.

Himno 27

23 Te doy gracias, Señor, por la grandeza de tu fuerza y la eterna y renovada donación de tu riqueza. ¡Qué grande es tu misericordia, 24 que perdona al que se aleja del pecado! Juzgas la iniquidad de los impíos, amas a los que dan con generosidad 25 de corazón. Odias la injusticia, Yo, tu siervo, he sido favorecido con el espíritu de conocimiento 26 para detestar la maldad. Te amaré generosamente, con todo mi corazón, 27 recordando las misericordias que vienen solamente de tu mano.

Himno 28

Columna XV

9 Señor, todos los días 10 te amaré, con total entrega, con todo el corazón, con toda el alma. He purificado [mi corazón para alejarme] 11 de todo lo que has condenado. [He decidido] adherirme a los «grandes» 12 para ya nunca abandonar tus decretos. Con tu iluminación he comprendido, sí, que no puede el 13 hombre por sí mismo purificar sus senderos ni consolidar sus caminos. Sé que en tu mano está el destino de cada espíritu y que cada uno de sus [pasos] lo has 14 determinado aun antes de haberlo creado. ¿Cómo podría alguien cambiar tu palabra? Tú creaste 15 al justo. Desde el seno lo afirmaste, lo estableciste según tu beneplácito en el ámbito del pacto para que se encaminase por tus senderos. Quisiste tener misericordia de él; 16 en la muchedumbre de tus misericordias [dispusiste] darle salvación eterna, ¡librástele de toda angustia! Paz perfecta para él. Hiciste surgir

17 su cuerpo para la gloria. A los impíos desde el seno materno los señalaste para el exterminio en tu favor.

18 Porque caminan por el mal camino; desprecian tu pacto. Abominaron tu Ley. No hallaron gusto en lo que habías ordenado.

19 ¡Eligieron exactamente lo que aborreces! Ahora deben llevar sobre sí el peso de tus justos juicios

20 a los ojos de todas las criaturas. Signo para las generaciones eternas, para que todas conozcan tu gloria, tu

21 gran fuerza. ¿Qué es la carne para que pretenda conocer tus misterios? Siendo polvo, ¿cómo consolidar sus pasos?

22 Tu formaste el espíritu, [vigilas] también mi actividad; de ti procede el camino de todo viviente.

23 Yo sé que no hay riqueza que iguale la verdad. Yo sé que los has escogido entre todos.

24 Ellos te servirán para siempre. Tú no aceptas dones inicuos, ni recibes recompensa por las obras de los malos,

25 porque tú eres un Dios de verdad. Destruyes toda injusticia. [El mal] no habrá de existir más en tu presencia. Yo sé

26 que de ti viene toda justificación.

… … … … … … … … … … … … … … …

31 Tú harás a los hombres volver a la gloria de Adán.

Himno 29

Columna XVI

… … … … … … … … … … … … … … … … … …

2 [Yo te doy gracias, Señor, porque me has hecho comprender] por tu espíritu santo

3 la plenitud de tu bondad. He comprendido que todo el universo, los cielos, la tierra, resplandecen con el brillo de tu gloria.

4 Por tu voluntad haces permanente compañía al hombre, tu entrega durará para siempre.

5 Hay un lugar adecuado al hombre. Tú se lo señalaste, para que ahí se pueda conservar firme en tus juicios.

6 Porque yo conozco todas estas cosas; proclamo un albergue lejos de mí. Querer disimular [con eso] mis transgresiones [sería una falta]. [Lo que deseo] es buscar tu espíritu de verdad.

7 Enardeciéndome en tu espíritu santo. Adhiriéndome a la lectura brillante de tu Alianza [...], sin hinchazón, sin inhibición. Mi corazón chisporrotea en el amor de nombre.

Himno 30

8 Bendito seas, Señor, autor del universo, manantial de vida, poderoso en las obras. ¡Tuyo es el multiplicarse de la creación! Gracias porque has decidido usar conmigo

9 de benevolencia y favorecerme con la cosecha de tus misericordias y con la riqueza de tu gloria. Sólo a ti pertenece la justicia, pues tú eres el que sin esfuerzo haces todo.

10 Trato de purificar mi cuerpo porque sé que tú has puesto una señal en el espíritu justo. Descarto todo atropello. Odia tu siervo toda clase de injusticia.

11 Sé bien que nadie es justo fuera de ti. Por eso comparezco tranquilo delante de ti, [apoyado] en el espíritu que has derramado en mí.

12 Compagino tus bondades tratando de efectuar tus deseos. Purificándome con el espíritu de santidad. Me acerco a ti, en tu beneplácito, atraído por tu inmensurable ternura, [siempre]

13 [...] conmigo [...] en tu amor [...] en la parte que has escogido para los que te aman [...] para los que observan tus preceptos y puedan estar en tu presencia para siempre.

14 Tu siervo [buscará] participar en el espíritu de todas sus obras.

15 [...] Que no cavile ninguna trasgresión fuera de tu Alianza [...]. Porque [...]

16 gloria [...] [Señor] misericordioso [abundante] en tu compasión y perdón [...] Aquel que perdona la iniquidad

17 y grande indulgencia para los que observan los preceptos [...] y se convierten de corazón y con integridad

18 para servirte y para dar cumplimiento a lo que es bueno delante de tus ojos. No apartes tu rostro de tu siervo y no [rechaces] al hijo de tu sierva.

19 Y yo confiaré en tu palabra [...].

Himno 31

Columna XVII

1 Los pequeños, sin medida [...]
2 manifiestan su ciencia [...el mal]
3 que devora [...que sale de]
4 un lugar árido [... inhóspito]
5 entrando en lucha improvisadamente [...]
6 el rigor de tu espíritu lo busca,
7 arrojará el precepto de un espíritu [de fortaleza]
8 en los apuros [...]
9 a causa de las cosas escondidas que no han podido conseguir.
10 A causa del juicio y de los pensamientos de impiedad [...],
11 a causa del juicio [...] para purificar a tu siervo de todas sus transgresiones [...]
12 como has dicho por medio de Moisés [...] la trasgresión y el pecado expiando la infidelidad
13 [conmoverás] los cimientos mismos de las montañas [...] y el fuego devorará hasta lo hondo del Sheol [... si faltan]
14 tus juicios [...] a todos lo que te sirven con fe para que su posteridad perdure delante de ti todos los días [...] y suscitarás [...]
15 arrojando lejos todas [sus iniquidades] y haciéndoles partícipes
16 de toda la gloria de Adán y de la muchedumbre de generaciones...

Himno 32

17 [Yo te doy gracias, Señor], por los espíritus que has puesto en mí. [Quisiera encontrar] respuestas en mi lengua para narrar tus justas acciones y la longanimidad
18 de tus juicios. [Cantaré] las obras poderosas de tu derecha y los perdones de mis pecados anteriores. Suplicaré
19 [por mis pecados] y por la perversidad de mis obras, por la perversión de mi corazón. Me he comprometido con la iniquidad. [He caminado] fuera de tus consejos. No me he adherido [...].
20 Sólo a ti pertenece la justicia y a tu nombre la eterna bendición. Según tu justicia redimes a tu siervo
21 [serán destruidos los impíos]. Yo entendí que haces perfecto el camino de los que escogen seguir la sabiduría.
22 [Salvas] al que se inclina a pecar contra ti, con la humillación y por medio de correcciones dolorosas [...] a tu corazón [...].
23 [...] A tu siervo [le impides] pecar contra ti y vacilar en tus caminos, [le das fuerza] para que resista y permanezca en tu agrado,
24 en los caminos rectos, en todo lo que tú amas, lejos de todo lo que tú desprecias y haciendo el bien delante de tus ojos [... por tu amor]
25 dentro de mí porque mi espíritu busca el de tu siervo [...].

Himno 33

26 Yo te doy gracias, Señor, porque has derramado sobre mí tu Espíritu Santo. Me purificaste de [de toda iniquidad].
27 [Me afirmaste] en tu Alianza. De lo humano me guardaré [...]. ¿Quién me encontrará?
28 Todos aquellos que buscan, todos aquellos que aman [...] desde la eternidad para siempre [...].

Columna XVIII

1 Tú estableces la luz,

2 la luz que centellea para siempre

3 Porque contigo está la luz sin fin y

4 has abierto el oído hecho de lodo,

5 [elevando] el ánimo de tu siervo, que busca la firmeza

6 perpetua para siempre [...]. Tus maravillosos [secretos] brillen

7 a los ojos de todos los que oyen tus palabras. Me sostuviste con tu mano poderosa

8 para guiarme con la fuerza de tu derecha.

9 No escondas tu mano a tu pueblo, para que todo el que se adhiera al pacto

10 esté para siempre delante de ti. [Un manantial] abriste en la boca de tu siervo

11 y en su lengua has grabado [tus mandatos], para que al comprenderlos él mismo los haga perceptibles a los hombres, para que interprete esto

12 a los humildes como yo. Abriste el seno para hacer salir la criatura de arcilla. Los caminos, las culpas

13 del nacido de mujer [...] a causa de sus obras. Atrajiste hacia la fuente de verdad a la criatura que tú has cosechado con tu poder

14 para que ella misma sea mensajera de tu paz, anunciando la buena nueva a los pobres, según tus misericordias,

15 [llevándolos a beber] a la fuente de [santidad], consolando a los de espíritu contrito o a los afligidos, con gloria eterna.

16 Aquel que nació de mujer [... se gloría].

17 En tu justicia [... anuncia esto]

18 a los que no vieron semejantes cosas [...].

19 [¿Cómo lo podré conocer] si tú mismo no revelas esto a mis ojos?

20 ¿Cómo puedo oír eso si tú no lo haces sonar en mis oídos? Me he quedado de una pieza al saber que ha sido comunicada al oído incircunciso la Palabra.

21 En el corazón del hombre [se ha mostrado tu verdad]. Me he dado cuenta de que es por tu misma voluntad, Dios mío, que te mueves a realizar todo esto.

22 ¿Qué es el hombre [para que tú realices en él] todas estas maravillas? ¡Cómo te has mostrado fuerte en tus designios! ¡Cómo has establecido todo esto para tu gloria!

23 Tú creaste el ejército de [los espíritus], conocimiento para narrar a los hombres tus gestas y los mandatos establecidos

24 para el nacido [de mujer]. [Permanezco] en tu Alianza [...] contigo [...] al corazón de polvo a fin de que se protejan

25 [de todo mal] y huyan de los engaños, del criterio falso, conforme a tus misericordias.

26 Yo soy una criatura de barro; mi corazón, de piedra: ¿por qué he de ser juzgado si no he tenido nada que ver con esto?

27 Pues [en tus designios] maravillosos pusiste en mis orejas de polvo tus decretos eternos. Sí, ¡esculpidos en el corazón de piedra!

28 Lo hiciste regresar para introducirlo en la Alianza contigo y hacerlo perseverar

29 [en tu pacto], en permanencia eterna, a la luz de una aurora perpetua.

30 En períodos determinados de paz.

31 Yo soy una criatura de polvo [...]

32 abriré … … … … … … … … … … … … …

FRAGMENTOS DE HIMNOS

Frag. I

1 [...]. En los altos cielos

2 [...] él es maravilloso, mas ellos no podrán [...].

3 [...]. Ellos no llegaron a conocerte, yo sí que te he conocido.

4 [...]. Al polvo. Yo soy un hombre inicuo envuelto en [...].

5 [...] culpabilidad, impiedad [...]. Yo, en los tiempos determinados para la cólera [...]

6 [...]. Lo mostrarás triunfante, en medio de los tormentos

7 [...] porque aún hay esperanza para mí [...]

8 [...]. Yo, criatura de arcilla, ¿en quién me apoyo?

9 [...] quien va hacia la verdad [...]

10 [...] retroceden [...]. Yo, cuando llegue la hora, sabré resistir [...]

11 [...] en el puesto en que me has colocado porque

12 [...] el hombre que has hecho [... del polvo para...] regresar [...]. En ellos [...].

Frag. II

... ...

3 [...] en la tierra y en las de tus hijos y los hijos de tus hijos [...]

4 [...] para alabar y honrar tu majestad [...]. ¿Yo qué cosa soy?, del polvo sacado [...]

5 [...]. Para tu gloria me has hecho [...], concediéndome la abundancia de tus benevolencias [...]

6 [...]. Siempre me acompañarán los intérpretes [...] de [...] hasta la liberación [...] los que deciden la verdad [...]

7 [...] pues qué cosa es [...] o la criatura como un poco de ceniza en tu mano [...]

8 [...] de arcilla en tu beneplácito, me has examinado con mayor cuidado que con el que se examinan las piedras preciosas [...]

9 [...] en el [polvo] derramaste el espíritu de santidad [...]

10 [...] en el [...] en comunión con los hijos del cielo [...]

11 [...]. Sin regreso has determinado el camino de las tinieblas [...]

12 [...]. Revelaste la luz

13 [...]. Derramaste [...] para expiar la culpa [...] para

14 [...] aquellos que están firmes en tu ejército [...]

15 [...] en tu presencia [...] pues que consolidas la verdad [...]. Que me has consolidado [...].

16 Cosas suceden a tu siervo [...] por [...].

17 Esperaré en tu benevolencia todos los días de [...].

18 No me abandonaré en el tiempo marcado [...].

19 En tu gloria [...].

Frag. V

… … … … … … … … … … … … … … … … … …
2 […]. Los dispersas […] de su lugar […]
3 con la asamblea de todos los santos, con acciones maravillosas
[…],
4 con espíritus de impiedad […] los arrojas afuera […]
5 no existirán más, no encontrará su lugar […]
6 los espíritus impíos que abruman a los oprimidos
7 para las generaciones eternas orgullo […] impiedad […],
8 que su duelo se prolongue hasta el exterminio delante de todas las
criaturas […]
9 tus bondades para conocer tu gloria […]
10 el oído de tu verdad. Tú me abriste el oído carnal
11 en tu corazón […] hiciste comprender al hombre que ha llegado
el tiempo del testimonio […]
12 a los habitantes de la tierra […] en la tierra para que […]
13 tinieblas juzgarás para declarar […]
14 sin haber dispersado a la santidad […] bendición.

18. Una Liturgia Bautismal (4Q414)

El texto refiere, evidentemente, a la organización de un ritual de bautismo o ablución. La formula de la liturgia: «y dirás en respuesta, «Bendito eres Tu...» establece una clara relación entre estas líneas y otros textos referidos a la purificación como por ejemplo el rollo «Un Ritual de Purificación».

Una Liturgia Bautismal

F.2 Col.1
(... y dirá) (en respuesta) «Bendito *(eres Tu, ...)   Los impíos de los festivales de (...) Tuyo (...) y para hacer penitencia por nosotros (...*

ser) puro ante ti (...) en cada cosa (...) purificarse a uno mismo antes de que (...) Tu nos haces (....)».

F.2 + 3. Col.2

Y lo limpiará por tus ordenanzas sagradas (...) para el primero, el tercero y el sexto (...) en la verdad de Tu alianza (...) que nos limpia de la abominación (...) y entonces entrará en el agua (...). Y dirá en respuesta «*Bendito tu eres (...) pues lo que sale de Tu boca (...) hombres de la impureza (...)*».

F.10

Alma (...) él es (...) a ti mismo como un pueblo puro (...). Y también (...) el día en el que (...) en tiempos de pureza (...) el *Yahad*. La comida pura en Israel (...) y morarán (...). Y ocurrirá en el día en que (...) una mujer y ella dará las gracias (...).

F.12

Pues Tú me has hecho (...) Tu voluntad es lo que nos limpia antes de que (...) y establecerá para si un monumento a la penitencia (...) y de estar en la pureza de los justos y te bañarás en el agua y te sacudirás (...) (...) Y entonces retornará del agua (...) limpiando Su gente en las aguas bautismales (...) por segunda vez en su época. Y dirá en respuesta: «*Bendito eres Tu (...) (...). Tu purificación en Tu Gloria (...) (...) eternamente. Y hoy (...)*».

19. La Nueva Jerusalén (1QJNar-1Q32, 2Qexc-2Q4, 4QJMa-4Q554-5, 5QJNar-5Q15, 11QJN-11Q18)

Las descripciones de la nueva Jerusalén fueron escritas en arameo y son un reflejo de Ezequiel 40-43. Se piensa que un agrimensor de ese tiempo fue un visionario en la antigua Judea que proporcionó un retrato detallado de las dimensiones enteras de la ciudad. Ezequiel fue un profeta que aguardaba la restauración de Israel a una condición pretérita mejor. Otros paralelos como lo fueron Isaías y el libro de Tobías hablan de la ciudad y del Templo rejuvenecidos por el Señor. Las visiones son menos detalladas que la mensura real, pero es más vívido en representar una imagen celestial de la ciudad con referencias a las joyas, el oro, y a una corriente de cristal. Ezequiel cubre más que los preceptos que gobiernan el pueblo de Dios y la manera en la que las doce tribus de Israel deben dividirse la ciudad. El propósito a la comunidad de Qumrán es ofrecer un retrato de un lugar en donde seguir las leyes de Dios. «Él» se refiere a un ángel que va llevando a la persona en su visión.

Medidas Usadas. Cúbito: 0,44 metros; Vara: 3 pies. 0,84 metros; Codo: del codo a la punta de los dedos, 45 centímetros; Estadio: 400 codos, 180 metros.

La Nueva Jerusalén

Frag. 1 Col. 1

«[...]. Midió 35 estadios desde el norte al rincón meridional y denominó a la puerta, puerta de Simeón.
[Desde esta puerta midió 35 estadios a] la puerta intermedia que fue llamada la puerta de Leví.
Desde esta puerta él midió 35 estadios al sur la que fue llamada puerta de Judá.

Desde esta puerta él midió al rincón [sudeste] y luego al oeste 35 estadios y llamó esta puerta, puerta de Joseph.

[midió] 24 estadios de aquí al centro y llamó a la puerta, puerta de Benjamín.

Desde aquí midió 24 estadios a la [tercera] puerta y le llamó puerta de Rubén.

Desde aquí [al rincón occidental midió 24 estadios] y entonces Col. 2 [hacia el norte] 35 estadios y llamó esta puerta la puerta de Isacar.

El midió 24 estadios de esta puerta al centro y la denominó, puerta de Zabulón.

Desde aquí midió 24 estadios a la tercera puerta y llamó a ésta la puerta de Gad.

Desde aquí midió al rincón septentrional 35 estadios y entonces hacia el este 35 estadios llamando a esta puerta, puerta de Dan.

El midió desde aquí al centro 24 estadios y llamó esta puerta la puerta de Neftalí.

Desde aquí midió a la tercera puerta 24 estadios y la llamó puerta de Aser.

El midió de aquí al rincón oriental 24 estadios.

Entonces me llevó a la ciudad para medir todas sus manzanas. Midió la longitud y la anchura de las manzanas para que sean de 51 X 51 varas [5] Frag. [4Q554 5Q15, cuadrado. 1 col. I] (357 cúbitos de cada lado). El pórtico de la calle midió 3 varas (21 cúbitos ()). Me mostró las medidas de todas las manzanas. Cada calle entre los bloques medía 6 varas de ancho (42 cúbitos). Dos calles mayores que corrían en dirección este-oeste midieron 10 varas (70 cúbitos), El ancho de la tercera calle (que corría a la izquierda del Templo) medía 18 (126 cúbitos).

Las dos calles que corren de sur a norte midieron 9 varas, 4 cúbitos de ancho (67 cúbitos) Con la principal al medio que midió en 13 varas y 1 cúbitos (92 cúbitos). Todas las calles de la ciudad estaban pavimentadas de piedra blanca, alabastro y ónice. [ ] Él [...] ochenta postigos entonces fueron medidos: cada 2 varas (14 cúbitos). Con jambas de piedra que medían una vara (7 cúbitos). Me mostró la dimensión de las doce [puertas].

Su ancho era de 3 varas (21 cúbitos). Cada puerta tenía dos jambas que medían 1½ varas (10½ cúbitos). A ambos lados de cada una de las puertas se alzaban torres. Su altura y ancho era de 5 varas por 5 (35 cúbitos). Una escalera corría por la puerta interior, subir a la altura de las torres era de 5 cúbitos de ancho. Las torres y las escaleras medían 5 varas por 5 cúbitos cuadrados (40 cúbitos por cada lado de la puerta) [...] Me mostró que los porches de las manzanas eran de 2 varas (14 cúbitos) de ancho.

Midió la cima de cada umbral con sus jambas, siendo ésta de 13 (de longitud) por 10 cúbitos (de ancho). Entonces me llevó al vestíbulo donde había otro umbral y la puerta en el lado derecho de la pared interior. La pared era proporcional a la puerta exterior, y medía 4 cúbitos de ancho por 7 cúbitos de alto. Midió la puerta del cuarto, siendo éste de una vara de ancho. Col. II (7 cúbitos). La longitud de la entrada era de 2 varas (14 cúbitos), con una altura de 2 varas (14 cúbitos). La puerta tenía las mismas dimensiones del cuarto. A la izquierda que me mostró un hueco de la escalera de dimensiones idénticas, 2 varas por 2 (14 cúbitos). Las puertas al frente eran del mismo tamaño. Un pilar en el medio de la escalera medía 6 por 6 cúbitos.»

[5Q15 555 4Q] «La escalera, que sube al lado de ello, tenía una medida de 4 cúbitos de ancho y sube 2 varas hasta [....] Me llevó al interior de las manzanas de la ciudad y me mostró las casas entre las puertas, quince en todo. Ocho estaban en dirección hacia una de las puertas y siete en dirección a la otra puerta. Las casas medían 3 varas (21 cúbitos) de largo por 2 varas (14 cúbitos) de ancho. Todas tenían la misma distribución interior, y cada una de 2 varas (14 cúbitos) de alto. Cada puerta de dos varas (14 cúbitos) al centro de la casa. Midió los interiores de las casas [... ¿Una característica del interior fue?...] 4 cúbitos de largo y una vara (7 cúbitos) de alto. El sitio tenía 19 cúbitos de largo y 12 de ancho. La casa tenía 22 camas, y once ventanas de celosía encima de [...]. En el lado de... había un canal exterior [...] la ventana, 2 cúbitos de alto [...] El espesor y la anchura de la pared [...] la plataforma, 19 cúbitos de ancho [y 12] cúbitos de largo. [...] Su altura [...] 2 varas (14 cúbitos). [... una ancho] de 3 cúbitos. y una longitud de 10 [cu....] 1½ cúbitos. [...]».

4Q554

Frag. 2 Col. 2

«[...] su fundación. Era de 2 varas (14 cúbitos) de ancho y 7 (49 cúbitos) de alto. Todo fue construido en electrum, zafiro y calcedonia con rayos de oro. Tenía 1432 torres cuya longitud era igual a su ancho y altura, de 10 varas (70 cúbitos).»

20. El Rollo del Templo (11QT)

Este pergamino fue encontrado en la cueva 11 de Qumrán; se trata un manuscrito tan delgado que no supera una décima de milímetro de espesor. Aunque se conserva una gran parte del mismo, varios fragmentos se han perdido. El rollo tiene una longitud de 8.75 metros, es el mas largo de los encontrados en Qumrán e incluye setenta y seis columnas de texto; por los tipos de letra fue redactado por dos copistas diferentes.

La copia pertenece al periodo herodiano tardío, mediados del siglo I d.C., pero el original puede ser más antiguo. Otros fragmentos se encontraron en la cueva 4 y se dataron entre los años 125 y 100 a. C. (pues están escritos en un formato asmoneo). De acuerdo a diversas alusiones históricas, su origen se situaría en la segunda mitad del siglo II a. C. Se escribió en hebreo con caracteres arameos cuadrados.

La obra contiene varios pasajes del Pentateuco, muchas veces redactado en primera persona, como si fuera el propio Yavé quien lo dictara (en la Biblia Dios aparece en tercera persona). A manera de ejemplo, en Números 3:4 dice: «Y si una mujer hace un voto a Yavé....», mientras que en el manuscrito: «Si una mujer me hace un voto....», se quiere enfatizar que es el propio Yavé quien dicta a Moisés, aparece de manera sutil: «Aarón tu hermano» (44:5). Es decir, la obra busca estar directamente dirigida por Dios a su pueblo, sin intermediarios.

Las contradicciones que puedan aparecer en el Pentateuco tratan de anularse produciendo una obra coherente, lo cual demuestra un gran conocimiento de los primeros cinco libros de la Biblia (Torá). Se indica con claridad cómo debe construirse el Templo y los sacrificios y leyes. No es éste el Templo de Herodes: es el Templo mesiánico, la Comunidad desearía que existiera con las normas de santidad que rigurosamente la Comunidad qumránica exigía.

La obra cubre normas referidas al rey (matrimonio, movilización de tropas, etc.), reglas de pureza ritual y de higiene, también la abstención de mantener relaciones sexuales dentro de la ciudad, el calendario y las fiestas, los votos y juramentos, leyes referidas a la idolatría y al sacrificio de los animales, así como a la apostasía, etc.

Se han encontrado únicamente dos copias del texto, algo curioso, pues aparentemente debería haber tenido gran importancia para la Comunidad, pero lo cierto es que otros manuscritos de Qumrán no lo citan, por lo que su importancia debió ser relativa, o pertenecer a un grupo paralelo al de Qumrán (en el Documento de Damasco, se prohíbe a los judíos un segundo matrimonio; no obstante, en el Rollo del Templo se permite al Rey tomar una mujer en matrimonio si la primera esposa fallece).

Los temas, que en la Torá aparecen de forma cronológica, aquí están ordenados temáticamente:

1. Alianza de Yavé con Israel.

2. El edificio del Tabernáculo, y sus medidas, los apartados y sus lugares, etc. (3-7).

3. Descripciones del contenido del Tabernáculo (incluyendo el asiento de la misericordia, los querubines, el velo, la mesa, la lámpara de oro en pie y otros objetos) (7-11).

4. Descripciones del altar y de las pautas para las ofrendas (11-12).

5. Ofrendas para ser ofrecidas a diario, semanalmente, mensualmente y ofrendas del festival. (13-29).

6. Edificios del patio de Tabernáculo: el matadero, la casa que contiene el «laver» (un lavabo grande usado para las abluciones ceremoniales), la escalera, la casa para los recipientes de Yavé y otros edificios (30-35).

7. Los patios de Tabernáculo (uno para los sacerdotes, uno para los hombres judíos por arriba de veinte años, y uno para mujeres y niños. (36-45).

8. Regulaciones para la pureza del Tabernáculo y de la ciudad entorno a la casa de Yavé (46-48).

9. Regulaciones para la pureza de las ciudades de Israel (48-51).

10. Jueces y oficiales (51).

11. Leyes referentes a animales ofrecidos e idolatría (51-53).

12. Regulaciones para los votos y juramentos (53-54).

13. Leyes contra la apostasía (54-55).

14. Leyes para el oficio de sacerdote, para los levitas y para los estatutos referentes al rey judío (56-59).

15. Leyes referentes a deudas sacerdotales, testigos, guerra, ídolos, crímenes castigables por la muerte, relaciones incestuosas, y de hijos rebeldes (60-66).

Rollo del Templo (Extractos)

Columna 2

Pues, yo, YHWH, haré una Alianza. Expulsé ante ti a los Amoritas, los Cananitas, hititas, Girgashitas, Perizzitas, Hivitas y el Jebusitas. Guárdate de no pactar una Alianza con los habitantes del país en el que debes entrar para que no sean una trampa para ti. Debes destruir sus altares, destrozareis sus estelas y reducirás sus árboles sagrados y quemarás sus ídolos con el fuego. No debes desear la plata y el oro para no caer en una trampa por ellos; pues será abominable para MÍ. No debes traer ningún ídolo abominable en tu casa y venir bajo interdicción junto con ella. Detéstalo y abomínalo pues es anatema. No adorarás a otro dios, porque YHWH, tiene por nombre celoso. Ten cuidado de no pactar una Alianza con los habitantes del país, se prostituyen tras sus dioses y sacrifican a sus dioses para que no te inviten y comas de sus sacrificios y tomes sus hijas para tus hijos; sus hijas se prostituirán tras sus dioses y harán prostituir a tus hijos...

Columna 15

...cada día… siete corderos de un año y un cabrito «según lo prescrito. Para la ordenación del sacerdote (sacerdotes), un carnero para cada día, y cestas de pan... Dividirán los carneros y las cestas para los siete días de la ordenación, uno por cada día; según sus divisiones, ofrecerán a YHWH el muslo derecho del carnero como holocausto y la grasa que cubre las entrañas y los dos riñones y la grasa que hay sobre ellos y en el lomo y la cola cortada desde cerca de la espina dorsal y el lóbulo del hígado y su ofrenda y libación como está prescrito. Tomarán una torta ácima de la cesta y una torta de pan con aceite y una oblea, y lo pondréis todo sobre la grasa junto al ofrecimiento del muslo derecho. Los que ofrecen agitarán los carneros y las cestas del pan elevándolos como ofrecimiento a YHWH; es un holocausto, un ofrecimiento por el fuego, por el aroma que aplaca a YHWH. Se quemará todo en el altar sobre el holocausto, para consagrar sus almas durante los siete días de la ordenación. Si el Sumo Sacerdote consagrado a YHWH, para ponerse las vestiduras sucediendo a su padre, ofrecerá un novillo toro para todo el pueblo y otro para el sacerdote (sacerdotes). Él ofrecerá el que es para los sacerdotes primero.

Columna 16

Los ancianos del sacerdote impondrán sus manos en su cabeza y después de ellos, el Sumo Sacerdote. Matarán el toro ante YHWH. Las ancianos del sacerdote tomarán la sangre del toro y lo colocarán con su dedo en los cuernos del altar y verterán la sangre alrededor de las cuatro esquinas de la repisa del altar… y tomarán de su sangre y la pondrán en el lóbulo derecho del oído y en el pulgar de su mano derecha y en el dedo gordo de su pie derecho...

Columna 25

….En el séptimo mes, en el primer día del mes, tendrás un descanso, un memorial del toque de trompetas, una asamblea santa. Ofrecerás un holocausto, un ofrecimiento por el fuego, del aroma que aplaca a YHWH. Ofrecerás un novillo, un carnero, siete corderos de un año sin defecto y un macho cabrío para el sacrificio expiatorio correspondiente y las ofrendas y libaciones según lo prescrito (además del holocausto perpetuo y del holocausto de la Luna Nueva). Ofrecerás luego este holocausto en la tercera parte del día, preceptos eternos para todas las generaciones dondequiera que estén vuestros poblados. Alégrate ese día. En él no harás ningún trabajo. El décimo día de ese mes es el día de la expiación. Mortifícate, pues cualquiera que no se mortifique en ese día será excluido de su pueblo. Ofrecerás en él un holocausto a YHWH: un novillo, un carnero, siete corderos añales, un macho cabrío para el sacrificio expiatorio. Además del sacrificio expiatorio, de las ofrendas y libaciones según lo prescrito para el novillo, los corderos, el cabrito y el sacrificio expiatorio del día de la expiación, ofreceréis dos carneros para el holocausto. Uno lo ofrecerá el Sumo Sacerdote por sí mismo y por la casa de su padre.

Columna 26

..... El Sumo Sacerdote echará las suertes sobre los dos machos cabríos, una porción para YHWH y otra para Azazel. Matará a la cabra que haya tocado en suerte a YHWH y llevará su sangre en el barreño de oro que tiene en su mano y hará con su sangre como hizo con toda la sangre del novillo que era para él mismo, y expiará con él por todo el pueblo de la asamblea. Su grasa y la ofrenda de su libación la quemará en el altar de los holocaustos, pero su carne, piel e intestinos se quemarán al lado del novillo. Es el sacrificio de expiación por la asamblea y serán perdonados. Lavará sus manos y sus pies de la sangre del sacrificio expiatorio e irá al macho cabrío vivo y confesará sobre su cabeza todas las iniquidades de los hijos de Israel, con todas las culpas de todos sus pecados; los pondrá sobre la cabeza del macho cabrío y lo enviará a Azazel, al desierto, de la mano del hombre señalado. Y el macho cabrío se llevará consigo todas las iniquidades de los hijos de Israel.

Columna 27

....y serán perdonados. Ofrecerá luego el novillo, el carnero, y los corderos, según el estatuto referente en el altar del holocausto, y el holocausto será aceptado para los hijos de Israel, es un precepto eterno para sus generaciones. Una vez al año este día será para ellos un memorial. No harán ningún trabajo en él. Quienquiera que haga un trabajo o no se mortifique será extraído de su pueblo. Tendréis una asamblea santa en ese día y lo santificaréis como memorial en todos vuestros poblados y no haréis ningún trabajo servil. En el décimo quinto día de ese mes

Columna 35

...el Santo de los Santos... todo hombre que no... todo hombre que no... santo... y todo que no es sacerdote, será ejecutado , y todo aquel que... sacerdote que entre... sin revestir las vestiduras sagradas con las que fue consagrado, también ellos serán ejecutados. No profanarán el Templo de su Dios incurriendo en un pecado culpable de muerte. Santificarán todo lo que rodea al altar, al santuario, al caldero y al pórtico. Es sacrosanto para siempre jamás. Al Oeste del Santuario construirás un lugar circular, un pórtico de columnas. Las columnas para el sacrificio expiatorio y para el sacrificio por las culpas, separadas unas de otras, para el sacrificio expiatorio de los sacerdotes, para los machos cabríos, para los sacrificios expiatorios del pueblo y para sus sacrificios por las culpas. Nadie pasará de una a otra, porque sus sitios estarán separados unos de otros para que pequen inadvertidamente los sacerdotes con ninguno de los sacrificios expiatorios del pueblo, ni con ninguno de aquellos sacrificios por las culpas, incurriendo en pecado culpable...

Columna 43

...en los días de las primeras frutas del maíz, del vino y del aceite, y en el festival del ofrecimiento de la leña. Será comido en esos días y no quedará de un año para el siguiente. Lo comerán así: el grano lo comerán desde la fiesta de las primicias de grano de trigo hasta el año siguiente, hasta el día de la fiesta de las primicias; el vino, desde el día del festival del mosto hasta el primer día del festival del mosto del año siguiente; y el aceite, desde el día de su festival hasta el año siguiente, hasta el festival del día de la ofrenda del nuevo aceite sobre el altar. Lo que sobre de los festivales debe ser apartado y quemado por el fuego, no se comerá porque es santo. Los que viven a unos tres días de distancia del tabernáculo traerán lo que pueden traer. Si no pueden llevarlo, lo venderán y comprarán maíz, vino, aceite, ganado y ovejas, y los comerán en los días de los festivales.

En los días laborables no comerán de esto, para fortalecerse porque es santo; será comido en los días santos, y no será comido en los días laborables.

Columna 45

...Ningún hombre que haya tenido una polución nocturna entrará en el tabernáculo hasta transcurridos tres días. Lavará su ropa y se bañará en el primer día y en el tercer día, y después de la puesta del sol, entrará en el tabernáculo. Pero no entrará en mi tabernáculo con su sucia impureza para profanarlo. Ningún hombre que haya tenido cópula sexual con su esposa entrará en toda la ciudad del Templo, donde yo inscribiré mi nombre. Ningún ciego entrará en ella durante toda su vida; no profanará la ciudad en cuyo centro yo habito porque yo, YHWH, habito en medio de los hijos de Israel por siempre jamás. Todo aquel que se purifique de su gonorrea contará siete días hasta su purificación. El día séptimo lavará sus vestidos y bañará todo su cuerpo en aguas vivas. Después entrará en la ciudad del tabernáculo. Nadie que haya tenido contacto directo con un cadáver entrará allí sin haberse purificado. Ningún leproso y plagado entrará allí hasta haberse purificado y haya ofrecido...

Columna 48

… el cormorán, la cigüeña, cada clase de garza, el hoopoe y el palo… Puedes comer los insectos alados siguientes: cada clase de langosta, langostas dolicocéfalas, cada clase de langosta verde, y cada clase de langosta del desierto. Éstas se encuentran entre los insectos voladores que puedes comer: los que se arrastran en cuatro patas y con patas articuladas sobre sus pies para saltar con ellos en la tierra y alas para volar. No comerás el cuerpo muerto de ningún pájaro o bestia, sino vendedlo a un extranjero. No comerás ninguna cosa abominable, porque eres el pueblo de YHWH, tu DIOS. No os haréis incisiones ni os rapareis entre vuestros ojos por un muerto ni haréis incisiones en vuestra carne por un difunto, ni os pintaréis tatuajes porque tú eres un pueblo santo para YHWH, tu DIOS. No profanaréis tu tierra. No harás como hacen los demás pueblos; entierran a sus muertos en todas partes, incluso en sus casas. Fijarás área aparte para enterrar a tus muertos. En cada ciudad dispondrás áreas para los infectados de lepra, plagas y sarna, para que no entren en tus ciudades y las contaminen, y también para los que tienen gonorrea; y para las mujeres que están menstruando, y las mujeres después del parto. El leproso que sufre de lepra o de sarna crónica, y al que ha declarado impuro el sacerdote.

Columna 50

..... Quienquiera que toque el hueso de una persona muerta en los campos, o uno muerto por la espada, o un cadáver o la sangre de una persona muerta, o una tumba, se purificará según la regla de este precepto. Pues si él no se purifica según esta ordenanza, la impureza está aún en él. Quienquiera que lo toque lavará su ropa, y se bañará y estará limpio por la tarde. Si una mujer está embarazada y el niño muere en su matriz, mientras que esté en ella, ella será impura como una tumba. Toda casa en la que entre será impura con todos sus utensilios por siete días. Quienquiera que la toque, será impuro hasta la tarde. Si cualquier persona entra en la casa con ella, será impuro por siete días. Lavará su ropa y se bañará con agua en el primer día. En el tercer día asperjará y lavará su ropa y se bañará. En el séptimo día asperjará una segunda vez y lavará su ropa y se bañará. A la puesta del sol estará limpio. En cuanto a todos los utensilios, ropa, pieles y todos los materiales hechos del pelo de la cabra, los tratarás según la ordenanza de esta ley. Todos los recipientes de loza de barro serán rotos pues son impuros y no pueden purificarse. Todas las criaturas que reptan en la tierra serán impuras: la comadreja, el ratón, cada clase de lagarto, la salamandra, el eslizón, el camaleón y la lagartija...

Columna 53

… Pero todos tus regalos devotos y donaciones votivas traerás cuando vienes al lugar en donde hago respetar mi nombre, y los ofrecerás allí ante mí, como los has dedicado y has hecho con tu boca. Cuando haces un voto, no tardes en satisfacerlo, porque lo requeriré seguramente de ti y te harás culpable de un pecado. Mantendrás la palabra pronunciada por tus labios, porque tu boca ha hecho voto libremente. Cuando un hombre me hace un voto o toma un juramento es una obligación vinculante, no debe romper su palabra. Lo que ha sido pronunciado por su boca, él hará. Cuando una mujer me hace un voto, o toma sobre si una obligación vinculante por medio de un juramento en la casa de su padre, en su juventud, si su padre oye hablar de su voto o de la obligación vinculante que ella ha tomado sobre sí y sigue siendo silenciosa, todos sus votos quedarán en pie y todos los vínculos con los que se ligó quedarán en pie. Pero si su padre la desautoriza el día en que la oye, todos sus votos y todos los vínculos con que se ligó formalmente no quedarán en pie; y yo le perdonaré porque la desautorizó.

Columna 54

...Si un profeta o un intérprete de sueños surge en medio de ti, y te da un signo o un prodigio y el signo se cumple o el prodigio del que te habló diciendo «vayamos y sirvamos otros dioses que no conocéis», no escuches la palabra de ese profeta o de ese intérprete de sueños, porque yo os pongo a prueba para saber si amáis a YHWH, YHWH, el Dios de tus padres, con todo corazón y alma. Es a YHWH, tu DIOS, a quien debes seguir y servir, y es a ÉL quien debes temer y SU voz la que debas obedecer, y a ÉL serviréis. Matarán al profeta o al intérprete de sueños, pues él ha predicado la rebelión contra YHWH, tu DIOS, que te sacó de la tierra de Egipto y te redimió de la esclavitud, para extraviarte de la senda que te he ordenado que sigas. Te librarás de ese mal...

Columna 57

Ésta es la ley que escribirán para él... que dirán el día que lo designen rey, a los hijos de Israel de veinte a sesenta años de edad según sus banderas. Instalará en las cabezas de familia jefes de millar, jefes de centuria, jefes de cincuentena y jefes de decena en todas sus ciudades. Entre ellos seleccionarás mil por cada tribu para estar con él: doce mil guerreros que no lo dejarán solo para ser capturado por las naciones. Todos los hombres seleccionados serán hombres de verdad, temerosos de YHWH, enemigos del soborno y guerreros poderosos. Estarán con él siempre, día y noche. Lo guardarán de cualquier pecado, y de cualquier nación extranjera para no ser capturado por ellos. Los doce príncipes de su pueblo estarán con él, y doce sacerdotes, y doce levitas; se sentarán junto con él para el juicio y para la ley. No apartarás tu corazón de ellos, y no harás nada sin ellos en lo referente a ningún asunto. No tomarás como esposa a ninguna hija de las naciones, sino tomarás a una esposa para sí de la casa de su padre, de la familia de su padre. No tomará otra esposa además de ella, pues ella sola estará con él toda su vida. Pero si ella muere, él puede casarse con otra de la casa de su padre, de su familia. No desviará el juicio; no tomará ningún soborno para torcer un juicio justo y no deseará un campo o un viñedo, riquezas, la casa, o cualquier objeto deseable en Israel.

Columna 60

....Cuando entres en la tierra que te doy, no aprendas a practicar las abominaciones de esas naciones. Si encuentras a uno que haga pasar a su hijo o hija a través del fuego, un adivino, un astrólogo, o un hechicero, o uno que hace encantos por cualquier medio, magos o quien consulte un espíritu. Son todas abominaciones ante mí, y debido a estas abominaciones los desposeeré ante ti. Serás perfecto hacia YHWH, tu DIOS.

Columna 61

Cuando de entre estas naciones ése... pronuncia una palabra en mi nombre que no he ordenado que pronuncie, o que hable en nombre de otros dioses, ese profeta debe ser ejecutado. Si dices en tu corazón, «¿cómo conoceremos la palabra que YHWH ha pronunciado?» Si el profeta habla en nombre de YHWH y la palabra no se cumple, es palabra que no he pronunciado. El profeta ha hablado de forma arrogante; no le temáis. No se alzará un solo testigo contra un hombre por ninguna culpa ni por ningún pecado que haya cometido; por el testimonio de dos testigos o por el testimonio de tres testigos se resolverá el asunto. Si se alza contra un hombre un testigo falso para acusarle de apostasías, los dos hombres entre los que está el litigio comparecerán ante mí, ante los sacerdotes y ante los jueces que haya en aquellos días, y los jueces investigarán, y si el testigo ha atestiguado falsamente contra su hermano, le harás lo que él propuso hacer a su hermano. Te librarás del mal. El resto oirá hablar de él y será atemorizado y tal cosa nunca más será hecha. No tendrás ninguna misericordia de él: vida por vida, ojo por el ojo, diente por el diente, mano por mano, pie por pie...

Columna 63

... Cuando salgas a la guerra contra tus enemigos, y yo los ponga en tus manos, y captures a algunos de ellos, si tú ves entre los cautivos a una mujer bonita y la deseas, puedes tomarla como esposa. La traerás a tu casa, afeitarás su cabeza, y cortarás sus uñas. Desecharás la ropa de su cautiverio y morará en tu casa, y llorará a su padre y madre por un mes completo. Puedes ir luego a ella, y será tu esposa. Pero ella no tocará lo que es puro para ti por siete años, ni el sacrificio pacífico hasta pasados los siete años, luego podrá comer.

Columna 64

Si un hombre tiene un hijo desobediente y rebelde que rechace escuchar a su padre y madre, ni cuando lo regañan, su padre y la madre lo traerán a los ancianos de su ciudad, a la puerta de su lugar y dirán a los ancianos, «este hijo nuestro es desobediente y rebelde; él no nos escucha; es glotón y borrachín.» Todos los hombres de su ciudad lo apedrearán y morirá, y te librarás de mal. Todos los niños de Israel oirán hablar de él y serán atemorizados. Si un hombre acuchilla a su gente y la entrega a una nación extranjera y hace mal a su gente, lo colgarás en un árbol y morirá. Con el testimonio de dos testigos y en el testimonio de tres testigos lo sentenciarán a muerte y lo colgarán de un árbol. Si un hombre es culpable de un crimen capital y huye al extranjero a las naciones, y maldice a su gente, y a los niños de Israel, lo colgarás también en el árbol, y morirá. Pero su cuerpo no permanecerá durante la noche en el árbol: lo enterrarás el mismo día. Pues él que cuelga en el árbol es maldito de YHWH y de hombres. No contaminarás la tierra que te doy para heredar. Si ves el buey de tu pariente o las ovejas o burro que se pierden, no los descuides; llévalos a tu pariente. Si tu pariente no vive cerca de ti, y no sabes quién es él, traerás el animal a tu casa y estará contigo hasta que él lo demande.

Columna 65

..... Cuando un hombre toma a una esposa, copula con ella y luego la aborrece y la cubre de palabras injuriosas, arruinando su reputación, y dice, «tomé esta mujer al acercarme a ella, y no encontré prueba de la virginidad en ella», el padre o la madre de la muchacha tomarán la prueba de la muchacha de la virginidad y la traerán a las ancianos, en la puerta. El padre de la muchacha dirá a los ancianos, «di a mi hija para ser esposa de este hombre, y he aquí que la odia y le ha traído una carga infundada. Aquí está la prueba de la virginidad de mi hija.» Separarán la ropa ante los ancianos de la ciudad. Los ancianos tomarán a ese hombre y lo regañarán. Multarán al marido con cien ciclos de plata y se la darán al padre de la muchacha, porque ocasionó una mala reputación a una virgen de Israel.

Columna 66

..... Cuando otro hombre en la ciudad encuentre a una virgen prometida en matrimonio con un hombre y ambos mientan, los traerán a ambos a la puerta de la ciudad y los apedrearán hasta morir: a la mujer, pues no gritó por ayuda, aunque estuviera en la ciudad, y a el hombre porque deshonró a la esposa de su vecino. Así extirparás el mal de en medio de ti. Si el hombre ha encontrado a la mujer en los campos en un lugar distante ocultado de la ciudad, y la ha violado, sólo a él que ha yacido con ella lo ejecutarán. A la muchacha no harán nada, puesto que ella no ha cometido ninguna culpa mortal, pues es igual al hombre que ataca a su vecino y lo asesina... Cuando un hombre seduce a una virgen que no está comprometida, y le conviene según la ley, y se acuesta con ella y lo descubren, el que ha yacido con ella dará al padre de la muchacha cincuenta ciclos de plata y ella será su esposa. Pues él la ha deshonrado, y no podrá despedirla en toda su vida. Un hombre no tomará a la esposa de su padre. Un hombre no tomará a la esposa de su hermano y no descubrirá el miembro de su hermano, del hijo de su padre o el hijo de su madre, pues es una impureza. Un hombre no tomará a su hermana, la hija de su padre o la hija de su madre, pues es una abominación. Un hombre no tomará a la hermana de su padre o la hermana de su madre, pues es inmoral. Un hombre no tomará a la hija de su hermano o a la hija de su hermana pues es abominable...

21. Regla de la Comunidad (1QS)

Confeccionado a finales del siglo I a. C. Conocido originalmente como un manual de disciplina, estas reglas contienen un grupo de normas que regulan la vida de los miembros de la Comunidad.

El fragmento conservado cita las advertencias y castigos a aplicar a los que no cumplieran con las normas de conducta, la forma de acceder a la comunidad, las relaciones entre sus miembros, su forma de vida y creencias religiosas. La secta divide a la humanidad entre los malvados, los honestos y justos, a la vez que manifiesta que todo cuanto ocurre a la humanidad está predestinado. La parte final del pergamino contiene diversos cantos a Dios. Su contenido se puede describir como sigue:

    a. Prologo: misión de la Comunidad (1:1-15)
    b. Procedimientos de admisión a la Comunidad (1:16-3:12)
    c. Fundamentos doctrinales de la Comunidad (3:13-4:26)
    d. Ordenanzas y Regulaciones (5:1-6:23)
    e. Código penal para la Comunidad (6:24-7:25)
    f. Los ideales (8:1-9:11)
    g. Instructivos y guías para la Comunidad (9:12-26)
    h. Himnos que sintetizan la misión de la Comunidad (10:1-11:22)

«...[respetar a Dios y a los hombres; vivir de acuerdo con la regla de la comunidad; buscar a Dios, [el Dios de sus padres, y] hacer lo bueno y lo recto a ojos de él, según lo mandó por medio de Moisés y de todos sus siervos los profetas; amar todo lo que él ha escogido y aborrecer todo lo que ha repudiado; alejarse de todo lo malo y aplicarse a toda buena obra; practicar la verdad, la integridad y la justicia en el país; no andar más en la obstinación de un corazón culpable y de ojos lujuriosos practicando toda clase de maldad; incluir en un pacto de amorosa lealtad a todos los que estén dispuestos a cumplir con los estatutos de Dios; identificarse con los planes de Dios y conducirse delante de él irreprochablemente, de conformidad con todo lo revelado en cuanto a las festividades señaladas para su testimonio; amar a todos los hijos de luz, a cada uno según el lugar que le ha tocado en los planes de Dios, y aborrecer a todos los hijos de las tinieblas, a cada uno según su grado de culpabilidad» en la vindicación de Dios.

Todos los que se han dedicado voluntariamente a su verdad deberán aportar a la comunidad de Dios todos sus conocimientos, sus fuerzas y sus bienes, a fin de purificar sus conocimientos por su fidelidad a los estatutos de Dios, normar sus fuerzas de conformidad con sus perfectos caminos, y disponer de sus bienes según sus justos designios. No habrán de dar ni un solo paso fuera de los mandatos de Dios en cuanto a los plazos que se les fijan ni adelantar las fechas o posponer ninguna de sus festividades. Tampoco habrán de apartarse de sus verdaderos estatutos, yéndose a diestra o a siniestra de ellos.

Ingreso a la comunidad

Todos los que ingresen en la regla de la comunidad pasarán a formar parte del Pacto en presencia de Dios, comprometiéndose a hacer todo lo que él ha ordenado y a no desistir de seguirlo por causa de cualquier temor, terror o prueba «sufridos estando bajo el dominio de Belial. Y cuando entren en el Pacto, los sacerdotes y los levitas bendecirán al Dios de la salvación y todos los hechos de su fidelidad. Y todos los que entran en el Pacto dirán después de ellos: "¡Amén! ¡Amén!" Los sacerdotes narrarán los actos justicieros de Dios mostrados en sus obras poderosas y proclamarán todos los actos de su amorosa y leal misericordia para con Israel. Los levitas por su parte relatarán las iniquidades de los israelitas y todas sus culpables rebeliones y pecados, cometidos bajo el dominio de Belial. [Y todos] los que entran en el Pacto harán, después de ellos, su confesión, diciendo: «Hemos sido inicuos, [nos hemos rebelado, hemos pecado, hemos cometido iniquidad nosotros, y nuestros padres antes de nosotros, con[du]ciéndonos [en contravención del pacto de la] verdad y la rectitud. [Y el Dios de la salvación ha ejecutado] su juicio sobre nosotros y nuestros pa[dres], pero siempre y para siempre nos ha otorgado la misericordia de su amorosa lealtad».

Luego los sacerdotes bendecirán a todos los que pertenecen a la heredad de Dios, aquellos que se comportan con integridad en toda su conducta, diciendo: «Dios te bendiga con toda clase de bien, te guarde de todo mal, ilumine tu mente con la sabiduría que da vida, te favorezca con el eterno conocimiento y con amorosa solicitud te dé perpetua paz». A su vez, los levitas maldecirán a todos los que pertenecen a la heredad de Belial, diciendo como responso: «Maldito seas por todos los hechos inicuos de que eres culpable. Dios haga de ti objeto de horror, a manos de todos los Ejecutores de la Venganza, y te castigue enviando tras ti exterminio a manos de todos los que dan en pago lo merecido. Maldito seas sin compasión alguna conforme a tus tenebrosos hechos, y maldecido seas con la densa oscuridad del fuego eterno. No se compadezca Dios de ti cuando clames ni te perdone dando por no cometidas tus iniquidades. Levante su rostro airado para vengarse de ti, y ni siquiera te salude deseándote paz ninguno de los que siguen fieles a nuestros antepasados». Y todos los que entran en el Pacto dirán, después de los que han pronunciado las bendiciones y maldiciones: «¡Amén! ¡Amén!».

Los sacerdotes y los levitas continuarán diciendo: «Maldito sea por pasar con los ídolos de su corazón el que entra en este Pacto y pone ante sí como estorbo su propia iniquidad, la cual lo hace apostatar. Sucederá que al escuchar las palabras de este Pacto, se bendecirá a sí mismo para sus adentros, diciéndose: "¡Bien me vaya, 'aunque yo me comporte con una mente obcecada!" Mas su espíritu, esté sediento o esté saciado, [pe]rezca sin perdón. ¡La ira de Dios y la venganza de su justicia lo consuman en eterna destrucción! ¡No se despegue de él ninguna de las maldiciones de este Pacto, y sepárelo Dios para su mal! ¡Segréguelo de en medio de todos los hijos de la luz, por haberse apartado de Dios a causa de sus ídolos y del estorbo de su iniquidad! ¡Dios le dé su parte entre los eternamente maldecidos!» Y todos los que entran en el Pacto dirán como responso: «¡Amén! ¡Amén!»

Así se hará, año tras año, todo el tiempo que dure el dominio de
Belial: Los sacerdotes pasarán, por regla, en primer lugar, según su
espíritu, uno después de otro; los levitas pasarán después de ellos,
y en tercer lugar, todo el pueblo, uno después de otro, conforme al
millar, centena, cincuentena y decena a que pertenezcan. De este
modo, todo hombre en Israel sabrá cuál es el puesto que le corresponde en la comunidad de Dios, «por eterno designio, a fin de que
nadie baje o suba a ocupar otro puesto que el que le ha tocado.
Porque todos habrán de vivir en comunidad de fidelidad, virtuosa
humildad, amor, lealtad y rectas intenciones, cada uno para con su
prójimo, en un santo propósito, como hijos de la sociedad eterna.

Los excluidos

Mas todo el que rehúse ingresar [en la comunidad de Di]os, para
vivir según su propio capricho, no podrá [entrar en la comu]nidad
de sus fieles, puesto que su alma detesta los fundamentos del conocimiento de las leyes justas, no se esfuerza por cambiar de vida,
de modo que no se le podrá contar entre las personas rectas. No
podrá, pues, aportar su saber, sus fuerzas y sus bienes al consejo de
la comunidad, porque cultiva terreno de maldad y su cosecha es de
impurezas. No será absuelto de culpa mientras vague a su capricho.
No ve sino tinieblas en los caminos de la luz. No se le contará entre
los íntegros. No se purificará con ninguna expiación. No se limpiará
con aguas lústrales. No se santificará con océanos en ríos. No se
purificará con baño ninguno. Inmundo, inmundo será por todo el
tiempo que desprecie las ordenanzas de Dios y rechace la disciplina
en la comunidad de su consejo.

Porque por el espíritu del verdadero consejo de Dios respecto a la
conducta del hombre son expiadas todas las iniquidades de éste, a
fin de que pueda contemplar la luz de la vida; por el santo espíritu de
la comunidad, en su verdad, es purificado de todas sus iniquidades;
por el espíritu de rectitud y humildad es expiado su pecado; por la

humildad de su alma para con todos los estatutos de Dios es purificado su cuerpo, al ser rociado con aguas lústrales y santificado con aguas limpias. Y afirmará sus pasos para transitar perfectamente por todos los caminos de Dios, conforme él lo ha mandado en cuanto a las fechas fijas de sus testimonios, sin desviarse a diestra o a siniestra, y sin «transgredir nı una sola de sus palabras. Entonces será aceptado mediante expiaciones agradables a Dios y esto será para él un pacto de la comunidad eterna.

Instrucción sobre los dos espíritus

Para el entendido, a fin de que instruya y enseñe a todos los hijos de la luz sobre la naturaleza de todos los hombres, sobre todas las clases de espíritus que tienen, con sus características, sobre sus obras en sus respectivas generaciones y sobre la visitación en que serán castigados, así como sobre los períodos en que serán recompensados. Del Dios del conocimiento procede todo lo que es y lo que será. Y antes de que vinieran a la existencia, él había establecido todos sus designios, y cuando han cobrado existencia para llevarlos a cabo, cumplen su obra conforme al glorioso designio divino, sin cambio alguno. En sus manos están las normas para todos, y es él quien los sustenta en todas sus necesidades. El ha creado al hombre para dominar sobre el mundo, y ha dispuesto para él dos espíritus con los cuales camine hasta el tiempo señalado para su visitación: son el espíritu de la verdad y el de la injusticia.

En la morada de la luz está la generación de la verdad, y de una fuente de tinieblas procede la de perversidad. En manos del Jefe de las Luces está el dominio sobre todos los hijos de la rectitud; caminan por los caminos de la luz. Y en manos del Ángel de las Tinieblas está todo el dominio sobre los hijos de la perversidad; caminan por los caminos de las tinieblas. Al Ángel de las Tinieblas se deben las apostasías de todos los hijos de la rectitud. Todos sus pecados, sus iniquidades, sus culpas, sus actos de rebeldía, se deben a su dominio, conforme a los misteriosos designios de Dios, hasta el término fijado por él. Todos los golpes que sufren, todas sus épocas de angustia, son debidas al predominio de su enemistad. Y todos los espíritus que le pertenecen están dedicados a hacer tropezar a los hijos de la luz.

Pero el Dios de Israel y su Ángel de la Verdad ayudan a todos los hijos de la luz, pues es él quien creó a los espíritus de la luz y de las tinieblas, y sobre ellos basa todas las acciones, y en los cami]nos del uno [y en los caminos del otro] todos los servicios. A uno de ellos Dios lo ama ' eternamente y en todas sus acciones se complace para siempre. Del otro abomina la compañía y todos sus caminos los odia eternamente.

Y estos son los caminos de ellos en el mundo:

Los designios del espíritu de la verdad son ¡luminar la mente del hombre, allanar delante de él todos los caminos de la verdadera rectitud, hacerle reverenciar de corazón las leyes de Dios, e infundirle espíritu de humildad, longanimidad, abundante compasión, perpetua bondad, prudencia, discernimiento, sólida sabiduría que tiene fe en todos los actos de Dios y se apoya en su abundante y amorosa lealtad; espíritu de conocimiento en todo proyecto de acción, celo por las leyes justas, propósitos santos con firme determinación, abundante y leal amor hacia todos los hijos de la verdad, una pureza radiante que abomina todos los ídolos inmundos, conducta cuidadosa y prudente en todo, y discreción para guardar fielmente los misterios del conocimiento. Tales son los íntimos designios de dicho espíritu para con los hijos de la verdad en el mundo. La visitación de todos los que andan con ese espíritu consiste en salud, abundancia de bienestar, larga vida y fecundidad, con bendiciones sin fin, gozo perpetuo en la vida eterna, y una corona gloriosa con magníficas vestiduras en la eterna luz.

Mas al espíritu de perversidad pertenecen la concupiscencia, la negligencia en el servicio de la rectitud, la maldad y la falsedad, el orgullo y la arrogancia, la simulación y el engaño, la crueldad y la grave impiedad, la iracundia, la excesiva idiotez y los celos insolentes, las obras abominables cometidas al impulso de la pasión sexual, la conducta impura al servicio de la inmundicia, en la lengua blasfema, los ojos ciegos y los oídos sordos, la dureza de cerviz y el endurecimiento del corazón, que hacen transitar por todos los caminos de las tinieblas y de la astucia malvada. La visitación de todos los que andan con ese espíritu consiste en la abundancia de azotes a manos de los ángeles de la destrucción, la fosa eterna por la vehemente ira del Dios de las venganzas, el Perpetuo terror y la eterna vergüenza, con el oprobioso exterminio por el fuego de las regiones tenebrosas. Y todas las épocas de sus generaciones transcurrirán en atormentada lamentación, amarga desgracia y sombría ruina, hasta quedar exterminados, sin ningún remanente ni quien haya escapado.

En estos dos espíritus transcurren las generaciones de todos los humanos, y en sus divisiones reciben su heredad todas sus huestes, de generación en generación, y por sus caminos transitan. Y toda la recompensa de sus obras la reciben en esas divisiones, según la heredad, grande o pequeña, de cada uno, en el curso de todas las épocas de la eternidad. Pues Dios ha dispuesto estos espíritus por partes iguales hasta la época postrera y ha puesto entre sus divisiones una eterna enemistad. Son una abominación para la verdad los hechos de la perversidad, y son para la perversidad una abominación todos los caminos de la verdad. En pleito feroz se enfrentan respecto a sus respectivas normas, puesto que no marchan de acuerdo.

Pero Dios, en los arcanos de su inteligencia y de su gloriosa sabiduría, ha fijado un plazo a la existencia de la perversidad, y en el momento señalado de su visitación la destruirá para siempre. Y entonces surgirá para siempre la verdad en el mundo, pues éste se ha contaminado en los caminos de la maldad, bajo el dominio de la perversidad, hasta que llegue el tiempo señalado; para el juicio que se ha decretado. Entonces Dios purificará con su verdad todas las acciones del hombre, y refinará para sí la estructura humana a fin de acabar con todo espíritu de perversa maldad en lo íntimo de su naturaleza y purificarlo con el espíritu de santidad de toda acción malvada. Y lo rociará con espíritu de verdad, como con aguas lústrales, para limpiarlo de toda engañosa abominación y librarlo de su encenagamiento en el espíritu de la impureza, a fin de instruir a los rectos en el conocimiento del Altísimo y en la sabiduría de los seres celestiales, y de enseñar a aquellos cuya conducta es perfecta. Porque Dios los ha elegido para un pacto eterno, y de ellos es toda la gloria humana. No habrá más perversidad, y toda obra falsa será puesta en vergüenza.

Hasta el presente contienden en el corazón del hombre el espíritu de la verdad y el espíritu de la perversidad; los hombres caminan con sabiduría y con insensatez. Conforme a la heredad que tenga un hombre en la verdad y la rectitud, así odia la perversidad, por ella comete maldad y abomina de la verdad. Porque Dios ha dispuesto ambos espíritus hasta el término designado, el de hacer todo nuevo. Y él conoce lo que merecen sus obras en todos [los tiempos], y los ha repartido entre los humanos a fin de que conozcan el bien [y el mal. El e]chó la suerte para todo viviente, según el espíritu que hay en éste cu[ando venga la] visitación.

Reglas para los iniciados

Esta es la regla para los miembros de la comunidad que voluntariamente decidan apartarse de todo mal y adherirse a todo lo que Dios ha mandado según su beneplácito, separándose de la congregación de los perversos para pertenecer a la comunidad de la ley y de bienes. Deberán acatar las decisiones de los hijos de Sadoc, los sacerdotes guardianes del pacto, y de la mayoría de la comunidad que se mantienen firmes en él. De la decisión de éstos dependerá la resolución de todo asunto referente a la ley, los bienes y el derecho. Deberán practicar la verdad, la unidad, la humildad, la rectitud, la justicia y el amor leal, y comportarse prudentemente en toda su conducta, sin que nadie proceda con obstinación descarriándose en pos de sus propias determinaciones, su propio parecer y el designio de sus instintos. [Al con]trario, en la comunidad habrán de circuncidarse del instinto y de la contumacia, para ponerle a Israel, a la comunidad del pacto eterno, un cimiento de fidelidad, a fin de hacer expiación por todos los que voluntariamente se han dedicado a la santidad, en el sacerdocio de Aarón, y a la casa de la verdad en Israel, y por los que se han asociado con ellos en la vida en común, en los procesos y en la administración de justicia, para sentenciar a todo el que traspase los estatutos.

Esta es su norma de conducta en lo referente a todos los siguientes preceptos, al agregarse a la comunidad:
Todo el que acuda al consejo de la comunidad, ha de ingresar en el pacto de Dios a la vista de todos los voluntarios, y deberá comprometerse, obligándose bajo juramento, a convertirse a la ley de Moisés, conforme a todo lo ordenado por él, de todo corazón y con toda el alma, de acuerdo con todo lo que de ella se ha revelado a los hijos de Sadoc, los sacerdotes guardianes del pacto y que procuran el beneplácito de Dios, y a la mayoría de los miembros de su pacto, los que están voluntariamente unidos y dedicados a su verdad y a conducirse con el beneplácito divino. Quien se comprometa así bajo pacto, deberá apartarse de todos los perversos que observan «una conducta malvada, puesto que no se les cuenta en el pacto, en vista de que no procuran ni buscan a Dios en sus estatutos, a fin de saber de qué ocultas maneras se han descarriado culpablemente y contra cuáles de las cosas reveladas se han alzado con insolencia. De ese modo han suscitado la ira divina conducente al juicio y a la ejecución de la venganza, por medio de las maldiciones del pacto, y han atraído sobre sí severas sentencias de eterno y completo exterminio.

No entren éstos en el agua para alcanzar la purificación de los santos, pues no serán purificados a menos que se conviertan de su maldad. Porque totalmente impuro es quien viola su palabra. Nadie se asocie con él en el trabajo ni en cuanto a los bienes, no sea que tenga que cargar con la culpa de una iniquidad, antes aléjese de él en todos respectos, ya que está escrito así: «Aléjate de todo lo que sea falso». Y ninguno de los miembros de la comunidad deberá responderles cuando lo interroguen sobre cuestiones de la ley y el derecho. Nadie coma ni beba de los bienes de ellos ni acepte de su mano absolutamente nada, como no sea pagándoselo, conforme a lo que está escrito: «Dejaos de confiar en el hombre, cuya vida es un soplo, pues ¿en cuánto ha de estimársele?» Pues todo aquel que no es contado en su pacto será separado con todo lo que le pertenece. Ningún hombre santo se apoye en obra fútil alguna, pues fútil es todo el que no conoce su pacto, y a todo el que menosprecie su palabra lo extirpará él del mundo, pues todas sus obras son impuras ante él, e impureza hay en todos sus bienes.

Examen de los candidatos a iniciación

Cuando una persona ingresa en el pacto, para cumplir con todos estos estatutos y unirse a la santa congregación, investigarán su espíritu en la comunidad, distinguiendo entre él y los demás, en lo concerniente a su conocimiento y su práctica de la Ley. Esto se hará conforme al parecer de los hijos de Aarón, que de buena voluntad se dedican en común a mantener el pacto de Dios y a vigilar el cumplimiento de todos los estatutos que él ordena poner en práctica, y conforme al parecer de la mayoría de Israel, que también voluntariamente se vuelven en unidad a su pacto. Entonces se les inscribirá por orden, uno después de otro, según el conocimiento y los hechos de cada uno, a fin de que cada cual obedezca al otro, el menor al mayor. Año tras año se investigarán el espíritu y los hechos de cada uno, y se les ascenderá de acuerdo con su conocimiento y la perfección de su conducta, o se les degradará según se hayan descarriado. Mutuamente deberán amonestarse con sinceridad y humildad, y con amor recíproco y leal. Nadie hable a su [prójimo] con cólera, enfado, inso[lencia, arrogancia o] espíritu impío ni lo odie [con in-circunciso] corazón, antes amonestándolo con toda oportunidad no tendrá que cargar con ninguna culpabilidad. Tampoco deberá nadie presentar acusación ante el pleno de la comunidad si no lo ha amo-nestado antes en presencia de testigos.

La vida en comunidad

Dondequiera que vivan, siempre que uno se encuentre con su com-pañero, éstas son las normas con que deben conducirse:

El menor debe obedecer al mayor, ya se trate del trabajo o del dine-ro. Tengan en común sus comidas, actos de culto y deliberaciones. Dondequiera que se hallen diez hombres pertenecientes al consejo de la comunidad no debe faltar entre ellos un sacerdote. Y cada cual se sentará ante él según su respectiva categoría, y en ese orden se les pedirá su opinión sobre cualquier asunto. Y cuando se disponga la mesa para comer o el vino para beber, el sacerdote extenderá pri-meramente la mano para bendecir la primera porción del pan o del vino. Y dondequiera que haya diez no debe faltar uno que estudie la Ley de día y de noche continuamente, en cuanto a las buenas rela-ciones de cada uno con su prójimo. La comunidad en pleno deberá velar en común la tercera parte de todas las noches del año para leer el Libro, estudiar el derecho y celebrar culto juntos.

Reglamento de las sesiones

Este es el reglamento para la sesión del pleno de la comunidad: Cada uno debe ocupar su puesto respectivo. Los sacerdotes serán los primeros en ocupar su asiento; luego, en segundo lugar, los an-cianos, y después el resto del pueblo se sentará, cada uno según su categoría. Y en ese orden se les interrogará sobre el derecho y en cuanto a todo consejo y asunto que se someta al pleno, a fin de que cada uno pueda aportar su opinión al consejo de la comunidad. Nadie debe hablar mientras habla uno de sus compañeros, o sea, antes de que éste termine de hablar. Tampoco debe nadie hablar antes de que le corresponda según su categoría, anticipándose al que está inscrito antes que él. El interrogado debe hablar cuando sea su turno. En la sesión del pleno nadie hablará una sola palabra sin el consentimiento de la asamblea. Cuando el que funge como superintendente de ella, o cualquier otro que tenga algo que decir al pleno pero no se halla en la posición de quien puede pedir el consejo de la comunidad, se pondrá en pie y dirá: «Tengo algo que decir a la asamblea». Si le dicen que lo haga, hable.

Candidatos y novicios

Todo aquel de Israel que tenga voluntad de adherirse al consejo de la comunidad deberá ser examinado en cuanto a su conocimiento y sus actos por el inspector que encabeza el pleno de la asamblea. Si da lugar a la disciplina, admítalo en el pacto, para que se vuelva a la verdad y se aparte de todo mal. E instrúyalo en todas las normas de la comunidad. Y después, cuando comparezca ante el pleno, todos deliberarán l sobre su caso, y según los votos que salgan conforme a la decisión del pleno, será admitido o rechazado. Siendo admitido al consejo de la comunidad, no podrá tener acceso al estado de pureza del pleno de la asamblea hasta que lo hayan examinado en cuanto a su espíritu y sus actos hasta completársele un año entero, y tampoco podrá aportar sus bienes al fondo común de la asamblea. ' Una vez completado su año dentro de la comunidad, se discutirá su caso por el pleno de ella, en cuanto a su conocimiento y su práctica de la Ley. Y si los votos fueren en favor de admitirlo al seno de la comunidad, por acuerdo de los sacerdotes y la mayoría de los miembros de su pacto, también serán admitidos sus bienes y el salario de su trabajo, los cuales se pondrán en manos del intendente que administra los ingresos de la comunidad, el cual los acreditará en una cuenta a disposición del neófito, sin que puedan gastarse a beneficio de la comunidad. Pero éste no podrá participar en el banquete comunitario hasta que haya l completado un segundo año entre los miembros de la comunidad. Terminado éste, deberá ser examinado de acuerdo con el pleno de la asamblea y si los votos son en favor de ser admitido en la comunidad, se le inscribirá en el orden de categoría que le corresponda entre sus hermanos para lo referente a la Ley, el derecho, la purificación y la comunidad de bienes, y la comunidad podrá contar tanto con su consejo como con su juicio.

Disposiciones penales

Estas son las ordenanzas conforme a las cuales se habrá de juzgar en la investigación de la comunidad según los siguientes casos:
Si se hallare en ella alguno que haya mentido en lo concerniente a los bienes, y lo haya hecho además a sabiendas, deberá separársele durante un año de la purificación del pleno de la asamblea, y se le castigará privándolo de la cuarta parte de su ración alimenticia.
Si alguno responde a su prójimo con insolencia y le habla con irritación tal que le[sio]ne la base misma de su compañerismo, desacatando las órdenes de un compañero inscrito como superior suyo, [o se hace jus]ticia por su propia mano, será castigado [excluyéndosele de la comunidad por u]n año.
Quien, al hablar de algo, mencione el Nombre venerado sobre todo l[o creado], 'sea que fuere maldiciendo o atemorizado en un aprieto o por cualquiera otra causa, al estar leyendo el Libro o bendiciendo, deberá ser separado y jamás se le readmitirá al consejo de la comunidad. Y si ha hablado airadamente a uno [de] los sacerdotes que están inscritos en el Libro, será castigado durante un año, en confinamiento solitario, sin participar en la purificación del pleno de la comunidad. Pero si habló por inadvertencia será castigado sólo seis meses.
El que haya mentido deliberadamente será castigado seis meses.

El que injusta y conscientemente insulte a su prójimo será castigado un año y separado.

El que hable a su prójimo con arrogancia o lo engañe intencional-mente será castigado durante seis meses.

Si alguno se mostrare negligente para con su prójimo, será castigado durante tres meses. Pero si fuere negligente para con los bienes de la comunidad, ocasionando su pérdida, deberá restituirlos por entero. Y si no le alcanzan sus recursos para hacerlo, será castigado sesenta días.

Quien sin ninguna justificación guarde rencor contra su hermano, será castigado durante seis meses, y de la misma manera quien se vengue personalmente por cualquier motivo.

El que profiera alguna palabra insensata, tres meses. Y por hablar cuando otro está hablando, diez días.

El que se recueste y se duerma durante una sesión plenaria, treinta días, y de la misma manera, para quien durante una sesión plenaria se escurra sin permiso y ociosamente hasta tres veces en una misma sesión, el castigo será de diez días. Pero si se sale cuando apenas se está dando por terminada la sesión su castigo será de treinta días.

El que, sin ser inevitable, anda desnudo ante su prójimo, recibirá un castigo de seis meses.

El que escupa en una sesión plenaria será castigado con treinta días.

El que al sacar la mano de debajo de sus ropas, por estar éstas ras-gadas hace que se vean sus órganos genitales, será castigado treinta días.

El que se ría tonta y ruidosamente será castigado treinta días.

Quien saque la mano izquierda para hacer ademanes con ella será castigado diez días.

El que ande calumniando a su prójimo será separado durante un año de la purificación de la comunidad, y castigado. Pero el que ca-lumnie a la comunidad, será expulsado de ella ' y no volverá jamás a ella. Aquel que murmure contra la base misma de la comunidad, será expulsado y no volverá jamás, y si murmura injustamente contra su prójimo, será castigado seis meses.

Aquel cuyo espíritu se aparte por indecisión de la base de la comunidad, traicionando la verdad para ir en pos de su propio capricho, si cambia de actitud, será castigado dos años: el primero no tendrá acceso a la purificación comunitaria, y el segundo no podrá participar en el banquete de la comunidad, y deberá sentarse después de todos los miembros de ella. Cumplidos los dos años, su caso será examinado por el pleno, y si se decide readmitirlo, se le inscribirá en la categoría correspondiente, después de lo cual ya podrá pedírsele de nuevo su opinión en cuanto a las normas de la comunidad. Todo hombre que haya estado en el consejo de la comunidad durante diez años cumplidos, «pero entonces, por defección de su espíritu, traiciona a la comunidad, saliéndose a la vista de todos sus miembros para seguir su propio capricho, no será readmitido jamás al consejo de la comunidad. Y cualquiera de los miembros de e[lla que com] parta con él su purificación o sus bienes s[u autorización del] pleno, recibirá la misma sentencia que él: se[rá expulsado de la comunidad.

Organización de la comunidad

Habrá] en el consejo de la comunidad doce laicos y tres sacerdotes, perfectos en todo lo que de la Ley ha sido revelado para la práctica de la verdad, la justicia, el derecho, el amor leal y la consideración para con el prójimo, para guardar la fidelidad en la tierra con firmeza de carácter y contrición de espíritu, y para expiar la iniquidad practicando la justicia y sufriendo en el crisol de la prueba, a fin de caminar con todos a la medida de la verdad y conforme a la reglamentación establecida del tiempo.

Cuando esto sea en Israel,
el consejo de la comunidad se afirmará en la verdad,
como una eterna plantación,

sagrada casa para Israel,
santísima cofradía para Aarón.
Son los testigos de la verdad en el Juicio,
los elegidos por favor divino
pana hacer expiación por la tierra
y que recaiga sobre los impíos su merecido.
Son el muro bien probado,
la piedra angular preciosa,
cuyos cimientos no se cimbrarán
ni se escurrirán de su sitio.
Son morada santísima para Aarón
por el conocimiento que todos tienen,
por un pacto de justicia
y por sus ofrendas de agradable olor a Dios.
Casa de perfección y de verdad en Israel,
para establecer un pacto según los estatutos eternos.
Por favor de Dios harán expiación por la tierra
y apresurarán el juicio contra la impiedad,
de modo que ya no haya más iniquidad.
Cuando éstos hayan sido confirmados en los fundamentos de la comunidad dos años en cuanto a la integridad de su conducta,
serán apartados como santos entre los hombres que forman el consejo de la comunidad, y todo lo que se ha mantenido oculto para los laicos, pero que ha sido hallado por quien investiga no se les deberá ocultar a ellos, por temor al espíritu de apostasía. Cuando sucedan estas cosas para la comunidad en Israel de acuerdo con estos preceptos establecidos, deberán separarse de en medio de la habitación de los injustos, para retirarse al desierto a preparar el camino de El, como está escrito:

«¡En el desierto preparad un camino..! ¡Trazad derecha en la estepa una calzada a nuestro Dios!»
Tal es el estudio de la Ley [que] Dios ordenó por conducto de Moisés, a fin de practicar todo lo que se ha revelado de tiempo en tiem-

po, y según lo que los profetas revelaron inspirados por el santo espíritu de Dios.

Todo hombre de los miembros de la comunidad, esto es, de los que hayan suscrito el pacto de la comunidad, que se aparte deliberadamente, en algún respecto, de cualquiera de los mandamientos, no podrá ponerse en contacto con la purificación de los varones santos se le dará a conocer ninguno de sus acuerdos hasta que sus acciones sean purificadas de toda injusticia de manera que pueda observar una conducta perfecta. Entonces podrá ser readmitido al consejo, según la decisión del pleno, y después se le reinscribirá en la categoría que le corresponda. Esta regla se aplicará a todo el que ingrese en la comunidad.

Estas son las normas que deberán seguir entre sí los varones de santidad perfecta:

Todos los que ingresen en el santo consejo deberán observar una conducta perfecta conforme a lo que esta mandado. Todo aquel de ellos que traspase alguna palabra de la ley de Moisés deliberadamente o por negligencia será expulsado del consejo de la comunidad y no podrá ser readmitido. Ninguno de los santos varones participará de los bienes o el consejo de él en ningún respecto. Mas si lo que ha hecho ha sido por inadvertencia, se le separará de la purificación y del consejo. Esta regla se interpretará en el sentido de que no se juzgará a nadie ni se le pedirá su parecer sobre ningún asunto durante dos años, hasta ver si su conducta es intachable en las sesiones, en el estudio y en el consejo, [según la decisión del pleno], con tal de que no haya vuelto a faltar por inadvertencia durante esos dos años «completos. Pues por una falta por inadvertencia será castigado dos años, pero si la ha cometido deliberadamente ya no será readmitido. Sólo el que ha faltado por inadvertencia será puesto a prueba durante dos años en cuanto a la perfección de su conducta y consejo, según lo decida el pleno, y después se le reinscribirá en la correspondiente categoría de la santa comunidad.

Cuando en Israel acontezcan estas cosas, según todas estas disposiciones, para cimentar el espíritu de santidad en la verdad eterna, se obtendrá la expiación de las culpables rebeldías y la pecaminosa infidelidad, y se alcanzará el favor divino para el país, más que por la carne de los holocaustos y la grasa de los sacrificios por el tributo de alabanza hecho en conformidad con la justicia y por el suave olor de la rectitud e integridad de conducta, como ofrenda voluntaria aceptable a Dios. En ese tiempo los miembros de la comunidad se dividirán en una santa Casa de Aarón, que unidos constituirán la santidad suprema, y una Casa de la Comunidad de Israel, formada por aquellos cuya conducta sea intachable. Solamente los hijos de Aarón tendrán autoridad en materias del derecho y de los bienes. Según su parecer será la decisión que toque en suerte a los miembros de la comunidad. En cuanto a los bienes de los santos varones que observan una conducta perfecta, no deben mezclarse con los de los engañadores que no han purificado su conducta separándose de la injusticia para llevar una vida perfecta. Hasta el advenimiento del Profeta y de los Mesías de Aarón y de Israel, no deberán apartarse de ningún consejo de la Ley ni salir a conducirse conforme a su soberano capricho, sino que ajustarán sus juicios a las ordenanzas originales en que los miembros de la comunidad fueron instruidos al comenzar.

Deberes del varón entendido

Estos son los preceptos para el entendido, a fin de que conforme a ellos se conduzca en sus relaciones con todos los vivientes, según lo establecido para cada tiempo y lo que cada hombre valga:
Ha de poner en práctica la voluntad de Dios de acuerdo con todas las revelaciones recibidas de tiempo en tiempo.
Ha de repartir todo conocimiento encontrado según los tiempos, así como lo decretado para determinado tiempo.
Ha de separar y pesar el valor de los hijos de la rectitud según su espíritu.

Ha de mantenerse firmemente unido a los elegidos de los tiempos, según la voluntad de Dios y lo que él ha mandado.

Ha de administrar la justicia a cada hombre según el espíritu de éste. Ha de admitir a cada uno según su pureza de manos y de promoverlo según sea su entendimiento. Según sea su amor así también será su odio.

No deberá amonestar a los hijos de perdición ni litigar con ellos, y entre injustos deberá ocultar los consejos de la Ley. Pero sí deberá amonestar a los que han elegido el Camino, impartiéndoles el conocimiento verdadero y la justa rectitud. A cada uno según su espíritu y lo establecido para determinado tiempo, deberá guiarlo en el conocimiento e instruirlo así en los maravillosos misterios y en la verdad entre los miembros de la comunidad, a fin de conducirse sin tacha cada uno para con su prójimo en todo lo que se les ha revelado.

Este es el tiempo de «preparar el camino» al desierto y de instruirlos en todo lo que se ha encontrado que debe hacerse en este tiempo, así como de separarse de todo aquel que no haya apartado sus pasos de toda injusticia.

Estas son las normas de conducta del entendido en estos tiempos en cuanto a lo que ha de amar y lo que ha de odiar: odio eterno, en el espíritu de la reclusión, a los hombres de perdición, abandonándoles los bienes y el producto del trabajo manual, como el siervo a su amo, pero mostrará humildad ante el que lo gobierna. Ha de ser celoso en cuanto al estatuto y el tiempo de cumplirlo, para el Día de la Venganza, haciendo la voluntad de Dios en todo lo que emprenda y en todo lo que esté bajo su jurisdicción, conforme a lo ordenado por Dios, y habrá de aceptar espontáneamente y con beneplácito todo lo que Dios haga con él.

Cántico final

Nada sino la voluntad de Dios ha de desear el hombre, y [en todas] las palabras de sus labios habrá de deleitarse. No deseará otra cosa que lo que Dios ordena, y pondrá atención constante en la ordenan-

za de Dios. [En todo extremo en que] esté bendecirá a su Hacedor,
y en todo lo que suceda, pro[clamará] su gloria, bendiciéndolo con
el tributo de sus labios.
M ....).
de conformidad con los tiempos decretados por [Dios]:
al comienzo del imperio de la luz, en su circuito,
y cuando se retira a la morada que se le ha asignado;
al comienzo de las vigilias de la oscuridad,
cuando él abre sus tesoros y los opone a la luz,
y cuando en su circuito se retiran ante ella;
cuando los luminares brillan desde su alta y santa morada,
y luego se retiran a su mansión gloriosa;
cuando las estaciones entran en los días de novilunio,
uniéndose la una a la otra por la sucesión de sus circuitos.
Cada vez que se renuevan,
grande es su esplendor para el Santísimo,
y una señal pe[renne] para abrir el acceso
a su lealtad eterna y amorosa.
Al comienzo de las estaciones en todo tiempo futuro, al comienzo
de los meses para sus estaciones, y en los días santos de fecha establecida para conmemoración de las festividades, lo bendeciré con
tributo de labios, conforme al precepto grabado para siempre. Al
principio de los años y en el circuito de sus estaciones.
cuando se cumple el estatuto establecido para ellas,
en el día por él determinado
para sucederse la una a la otra:
de la estación de la cosecha al verano,
de la estación de la siembra a la de la pastura,
de las estaciones de los años a las semanas de años,
y del comienzo de éstas
al festival de la emancipación;
durante toda mi existencia
el precepto grabado estará en mi lengua,

cual fruto de alabanza
y ofrenda de mis labios.
Cantaré con entendimiento,
y toda mi música será para gloria de Dios.
Mi cítara y mi arpa sonarán para su santo orden,
y a tono con su justicia
pondré la flauta de mis labios.
A la entrada del día y de la noche
ingresaré en el pacto de Dios,
y cuando se retiren la tarde y la mañana
recitaré sus estatutos.
Donde ellos fijan los límites
pondré yo los míos sin retractación.
Aceptaré la amonestación de justicia
conforme a mis iniquidades,
y tendré mis rebeliones ante mis ojos
como un precepto grabado.
Diré a Dios: «¡Tú eres para mí la Rectitud!»
y al Altísimo: «¡Tú eres el Apoyo de mi bien,
Manantial del conocimiento.
Fuente de la santidad,
Cumbre de la gloria.
Omnipotencia de eterna majestad!»
Elegiré lo que él me enseñe
y me complaceré en la manera en que él me juzgue.
Al emprender algún trabajo o algún viaje.
bendeciré su nombre.
Al iniciar mis idas y venidas,
lo mismo que al sentarme o levantarme,
y aun en mi lecho al acostarme
lo aclamaré con gritos de alegría.
Y lo bendeciré con el tributo salido de mis labios,
desde la mesa dispuesta para el hombre,

«antes de llevarme a la boca la mano
para hartarme con los suculentos
y deliciosos productos del mundo.
Cuando empiece a sentir miedo y terror,
y ahí donde la angustia y la desolación habitan,
yo lo bendeciré con especial acción de gracias.
En su poder meditaré, y todo el tiempo
en su amorosa lealtad me apoyaré.
Sé que en su mano el juicio está
de todos los vivientes
y que todas sus obras son verdad.
Le rendiré alabanza
cuando la angustia se desencadene,
e igualmente lo alabaré con gritos de alegría
cuando él me otorgue salvación.
A ningún hombre pagaré lo que merece el mal,
más para hacerle bien iré tras él,
porque a Dios corresponde juzgar a todo ser viviente,
y es él quien pagará a cada cual lo que merece.
A nadie envidiaré con espíritu maligno
ni la riqueza obtenida con violencia
codiciará mi alma.
Tampoco me enzarzaré en pleito
con los hombres de perdición
sino que esperaré hasta el Día de la Venganza.
Pero no sustraeré mi cólera de los perversos
ni quedaré satisfecho
hasta que Dios afirme su justicia.
No guardaré rencor alguno
contra el que se arrepiente de su rebeldía,
pero tampoco tendré misericordia
de nadie que se desvíe del camino
ni consolaré a los castigados

hasta que su conducta sea perfecta.
No protegeré a Belial en mi corazón
ni dejaré oír de mi boca
insensateces ni se hallarán nunca
en mis labios culpable engaño, falsedades y mentiras.
Frutos de santidad habrá en mi lengua
y en ella no se encontrarán abominaciones.
En acciones de gracias abriré mi boca
y mi lengua narrará de continuo los actos justos de Dios
y la infidelidad de los humanos hasta que sus rebeldías
tengan fin.
Haré que cesen de mis labios las palabras vacías
y que mi mente desconozca las impurezas y las villanías.
Con reflexión prudente mantendré en secreto el conocimiento,
y con aguda sabiduría lo rodearé de un cerco [impenetrable,
lindero sólido para guardar así la fidelidad
y las normas estrictas de acuerdo con la rectitud de Dios.
D[ividir]é en su aplicación el precepto,
usando la cuerda de medir de los tiempos
[y practicando la verdad
y las normas de la] rectitud del amor leal hacía los humillados,
dando ánimo y ayuda a los desalentados,
enseñando] discernimiento a los desconcertados,
instruyendo en la doctrina a los inconformes,
y respondiendo humildemente ante los soberbios,
y con espíritu contrito a los que empuñan garrote,
los que amenazan con el dedo,
profieren palabras que lastiman y son dueños de riquezas.
En cuanto a mí, Dios es quien me hace justicia,
en su mano está la perfección de mi conducta,
con él está la muralla de mi corazón,
y él borra con su rectitud mi rebelión.
Porque del manantial de su conocimiento hace brotar su luz;

mis ojos contemplan sus maravillas
y la luz de mi corazón alumbra el misterio venidero.
El Ser Eterno es el apoyo de mi diestra;
sobre sólida roca está el camino de mis pasos,
la cual ante nada perderá su firmeza,
pues la roca bajo mis pasos es la verdad de Dios
y su potencia es la que sostiene mi diestra.
De la fuente de su rectitud proceden las normas que iluminan mi corazón;
por los misterios maravillosos que hay en el Ser Eterno
mis ojos contemplan la sabiduría
que le ha sido escondida al hombre;
el conocimiento y el agudo ingenio
que a los humanos se han ocultado;
una fuente de rectitud y aljibe de potencia,
junto con la mansión de gloria,
ocultos a la compañía de los hombres ordinarios.
A quienes Dios ha elegido
les ha dado todo esto en posesión eterna
y los ha hecho partícipes
de la heredad de los consagrados a él,
uniendo con los hijos del cielo su compañía
al consejo de la comunidad,
y la compañía del santo Edificio
será una plantación eterna
durante todo el tiempo que está por venir.

22. Algunos Preceptos de la Torá (Miqsat Ma`ase ha-Torah-4Q396, MMTc)

Se trata de un documento extraordinario en formato de carta, que resume las leyes religiosas de la secta, en oposición a la liturgia practicada por el Templo en Jerusalén. Esta copia se puede datar entre finales del primer siglo a. C. y comienzos del primer siglo d. C.

«Hasta la puesta del sol en el octavo día. Y concerniendo [la impureza] del [muerto] somos de la opinión que cada hueso, si tiene su carne en él o no, debe ser (tratado) según los preceptos de los muertos. Y con respecto a los casamientos mezclados que son realizados entre las personas, hijos de la santa [semilla], como está escrito, Israel es santo. Y con respecto al aseo de un animal, está escrito que no se debe permitir que se aparee con otra especie; y con respecto a las ropas [está escrito que ellos no deben] mezclarlas; y uno no debe sembrar su campo y la viña con especies mezcladas. Pues (Israel) es santo, y los hijos de Aarón son [lo más sagrado]. Pero debes saber que algunos de los sacerdotes y [el laicado entremezclado] [Y ellos] se unen uno al otro y se contamina la semilla santa así como ellos (los sacerdotes') poseen [la semilla] con mujeres corruptas. Pues [los hijos de Aarón deben....].»

23. Guerra de los Hijos de la Luz contra los Hijos de las Tinieblas (1QM)

Establece las reglas para una guerra escatológica de la comunidad contra los Kittim (los romanos) y otras naciones: cómo se efectuarán las batallas, disposición del ejército, edades de los asignados a cada servicio. Refiere a la actuación de los sacerdotes con la marcha de la guerra, descripciones de las armas; textos de las arengas, y el himno de acción de gracias a cantar al momento de la victoria. Se describe con claridad la última gran batalla escatológica, compuesta de siete fases. Los «hijos de la luz» (qumranitas) contra «los hijos de las tinieblas», tendrían el apoyo de los ejércitos celestiales; el ejército de las tinieblas será a su vez apoyado por Belial (Satanás). La guerra será liderada por Miguel (observar Daniel

11-12). Destruidos «los hijos de la tiniebla», sería establecido el Reino de Dios. El texto habría sido escrito entre los años 50 a. C. y 65 d.C.

Guerra de los Hijos de la Luz contra los Hijos de las Tinieblas

[Esta es la regla de los hombres de] guerra:

Prólogo

La guerra comenzará cuando los Hijos de la Luz lancen su ataque contra la heredad de los Hijos de las Tinieblas, contra el ejército de Belial, contra las guerrillas de Edom, de Moab y de los amonitas, contra los ejércitos de Sidón y de los filisteos, y contra las guerrillas de los quíteos de Asiría y su gente, que acudirán en auxilio de los violadores del pacto. Los descendientes de Leví, de Judá, los exiliados del desierto, combatirán contra ellos, contra to[do su ejército] y todas sus guerrillas, cuando los exiliados Hijos de la Luz vuelvan del desierto de los pueblos para acampar en el desierto de Jerusalén. Y después de la batalla avanzarán de allí con[tra todas las tropas] de los quíteos que se hallan en Egipto. Y cuando él considere el momento oportuno, saldrá con grande cólera a combatir contra los reyes del norte para exterminar y destruir completamente el poder de [Belial. E]se será el tiempo de la salvación del pueblo de Dios, el tiempo señalado para que asuman el dominio todos cuantos pertenecen a Dios y para la aniquilación eterna de todos los que pertenecen a Belial. Habrá un pánico e[norme entre] los descendientes de Yefet. Asiría caerá sin nadie que la socorra. La dominación de los quíteos desaparecerá al ser venci[da] la maldad, sin dejar ningún resto, y [de todos los Hijos de la]s Tinieblas no habrá ningún superviviente.

[La verdad y la recti]tud alumbrarán todos los confines del mundo, y seguirán alumbrando hasta que termine por completo la era de las tinieblas. Luego, en la era de Dios, expenderá su eminente majestad por todos los tiempos de [la eternidad] para bienestar, bendición, honor, gozo y longevidad de todos los Hijos de la Luz. El día que caigan los quíteos habrá un encuentro y tremenda carnicería ante el Dios de Israel. Porque ese es el día designado por él desde mucho antes para la guerra de exterminio de los Hijos de las Tinieblas. En él chocarán con gran carnicería la congregación de los seres divinos y la asamblea de los hombres. Los hijos de la Luz y los del partido de las tinieblas lucharán en apretados bloques, el día del desastre, con estruendo de enorme gentío y los gritos de guerra de los seres divinos y de los hombres, para poner de manifiesto el poder de Dios. Será tiempo de angustia y a[premio] para el pueblo redimido por Dios. De todas sus angustias ninguna será como ésta, desde que se desencadene súbitamente hasta que culmine en la eterna redención.

El día de su batalla contra los quíteos sal[drán a la matan]za. En esa batalla, tres veces los Hijos de la Luz tendrán la suerte de imponer su fuerza y propinar golpes a la maldad. Pero tres veces también el ejército de Belial reunirá suficiente fuerza para repeler al pueblo de [Dios. Los escuadrones de infantería harán perder el ánimo, pero el poder de Dios infundirá for[taleza] a los [Hijos de la Luz]. La séptima vez la poderosa mano de Dios someterá a I[la heredad de los Hijos de las Tinieblas, a todos los ángeles de su dominio y a todos los miembros de [su pacto. ....] [La gloria de Dios, en la compañía de] los santos, refulgirá en la ayu[da impartida a los Hijos de la Luz, varones fi]eles, para aniquilación de los Hijos de las Tinieblas, her[edad de Belial. .... multi]tud enorme. .... .darán mano. ....

Servicios religiosos de campaña

..... jefes de familia de la congregación, cincuenta y dos. A los jefes de los sacerdotes se les asignará rango después del sacerdote en jefe y de su segundo, doce jefes sacerdotales que oficiarán continuamente delante de Dios. Los jefes de servicios serán veintiséis y oficiarán en sus respectivos deberes. Después de ellos, vendrán los jefes de los levitas, para oficiar de continuo, en número de doce, uno por cada tribu, y los jefes de sus servicios oficiarán cada uno en su puesto. Vendrán después de ellos los jefes de las tribus y los jefes de familia de la congregación, los cuales estarán apostados continuamente en las puertas del santuario. Los jefes de sus servicios, con los alistados bajo su mando, asumirán sus puestos para atender lo relativo a sus festividades, sus novilunios, los días de reposo y todos los demás días del año, y deberán ser de cincuenta años arriba de edad. Estos deberán prestar servicio para los holocaustos y sacrificios, preparando el incienso agradable para beneplácito de Dios, ofreciendo expiación por la congregación de Dios, y alimentándose siempre delante de él en la gloriosa mesa. Todas estas reglas, sin embargo, se aplicarán sólo en el tiempo establecido del año de la condonación de deudas (Dt. 15.1).

Movilización y planes de campaña

En los treinta y tres años restantes de la guerra, los varones de renombre serán convocados a reunión solemne, y todos los jefes de familia de la asamblea se escogerán guerreros para todos los países de los gentiles. De todas las tribus de Israel deberán reclutar anualmente soldados que salgan a campaña de acuerdo con las estipulaciones de la guerra. Pero durante los años de la condonación no deberán ser movilizados para la campaña, por ser tiempo sabático de reposo para Israel. En el año trigésimo quinto de servicio se harán los preparativos de guerra, que durarán seis años, con la asamblea entera participando en ellos. Durante los veintinueve años restantes la guerra se llevará a cabo en campañas por separado. El primer año se combatirá contra Aram Najarayin; el segundo, contra los habitantes de Lod; el tercero, contra el resto de los de Aram, y contra Us, Jul, Togar y Mesa, que están allende el Éufrates; el cuarto y el quinto, contra los habitantes de Arpaxad; el sexto y el séptimo, contra todos los asirios, los persas y los orientales, hasta el gran desierto; el octavo, contra Elam; el noveno, contra los ismaelitas y los quetureos. En los diez años restantes, la guerra se dividirá en campañas contra todos los descendientes de Jam, según [todos los territorios donde ha]bitan. Y en los diez años que quedan, la guerra se dividirá en campañas contra todos [los pueblos donde ha]bitan. ....[trompe]tas el toque de atención para todas sus tareas .... para su inspección .... y piquetes al toque de trompetas] ....

Reglamento para las trompetas

Orden de batalla, y toques de reunión de las trompetas cuando se rompan las hostilidades con el avance de la infantería, y los toques de trompeta para el ataque, la emboscada, la persecución cuando el enemigo haya sido derrotado, la reunión y el regreso de la batalla.
En las trompetas que toquen a reunión de la asamblea se inscribirá: Convocados por Dios.
En las que toquen a reunión de jefes se inscribirá: Oficiales de Dios.
En las de reclutamiento: Filas de Dios. En las de los varones de renombre: Jefes de familia de la asamblea. Cuando se reúnan en la casa de reuniones: Prescripciones de Dios para el santo consejo. En las de los campamentos: Paz de Dios en los campamentos de los consagrados a él. En las de levantar el campo: Poderosos actos de Dios para desbaratar al enemigo y poner en fuga a los que aborrecen la rectitud, y retiro de sus actos de bondad en el caso de los adversarios de Dios. En las trompetas para la formación de batalla se inscribirá: Formaciones de los escuadrones de Dios para la venganza de su ira sobre todos los Hijos de las Tinieblas. En las de reunión de la infantería, cuando se rompan las hostilidades, para avanzar contra las líneas enemigas: Recordatorio de la venganza en el tiempo fijado por Dios. En las del ataque: La mano poderosa de Dios en la batalla para hacer caer muertos a todos los infieles. En las de la emboscada: Los misterios de Dios para la destrucción de la maldad. En las de la persecución: [Dios] ha derrotado a todos los Hijos de las Tinieblas;

su ira no se retirará hasta acabar con ellos. En las de la retirada, cuando regresen de la batalla para realinearse: Dios reúne. Y en las del camino de regreso de la batalla contra el enemigo, para entrar en la asamblea de Jerusalén: Júbilo de Dios por haber vuelto en triunfo.

Reglamento para los estandartes

Regla para los estandartes de toda la asamblea, por secciones de reclutamiento:

En el gran estandarte que va a la cabeza de todo el ejército se inscribirá: Pueblo de Dios, junto con los nombres de Israel y Aarón, y los nombres de las doce tri[bus de Israel] en el orden de su genealogía. En los estandartes de los jefes de los campamentos de las tres tribus se inscribirá: .... [e]n el [estan]darte de la tribu: Bandera de señales de Dios, y el nombre del comandante de .... sus clanes. .... nombre del comandante de la división y los nombres de los je[fes] .... jefes de sus compañías. En el estandarte ....
En el estandarte de Merari, se inscribirá: Tributo para Dios, el nombre del jefe de Merari y los nombres de los jefes de sus batallones. En el de cada ba[ta]llón: ira de Dios, con furor, contra Belial y los de su heredad para que no les quede ningún superviviente, el nombre del jefe del batallón y los nombres de los jefes de sus compañías. En el de cada compañía: De parte de Dios viene el poder de la batalla contra todo pecador, el nombre del jefe de la compañía y los nombres de los jefes de sus pelotones. En el de cada pelotón: Ha cesado la resistencia de los malvados, [por] la potencia de Dios, el nombre del jefe del pelotón y los nombres de los jefes de sus piquetes. Y en el estandarte de cada piquete: Epinicio de Dios, acompañado con arpa decacorde, el nombre del jefe del piquete y los nombres de los nueve hombres adscritos a su mando.

Cuando marchen a la batalla inscribirán en sus estandartes: Verdad de Dios, Rectitud de Dios, Gloria de Dios, Juicio de Dios, Hora de Dios, Pánico de Dios, Matanza de Dios, y después con exactitud todos sus nombres. Cuando regresen de la batalla, inscribirán en ellos: Sublimidad de Dios, Grandeza de Dios, Elogio de Dios, Gloria de Dios, con todos sus nombres exactamente.

Regla para los estandartes de la asamblea:

Cuando salgan a campaña inscribirán en su primer estandarte, Asamblea de Dios; en el segundo, Campamentos de Dios; en el tercero, Tribus de Dios; en el cuarto, Clanes de Dios; en el quinto, Escuadrones de Dios; en el sexto, Congregación de Dios; en el séptimo, Convocados por Dios; en el octavo, Ejércitos de Dios, e inscribirán también con exactitud sus nombres, en el debido orden. Cuando se aproximen ya a la batalla, inscribirán en ellos: Guerra de Dios, Venganza de Dios, Pleito de Dios, Retribución de Dios, Fuerza de Dios, Recompensa de Dios, Potencia de Dios, Aniquilación, por Dios, de todas las fútiles naciones. Y además, con exactitud, todos sus nombres se inscribirán en ellos. Cuando regresen de la batalla, inscribirán en ellos: Salvación de Dios, Victoria de Dios, Ayuda de Dios, Apoyo de Dios, [gio de Dios, Gracias a Dios, Alabanza a Dios, Paz de Dios.

[Regla para las medid]as: El estandarte de toda la asamblea tendrá catorce codos de largo; el de. .... [di]ez codos;........ doce codos. .... once; di[ez].................. [nueve codos .... codos; el estandarte del piquete .... En el escudo del jefe de toda la asamblea inscribirán su nom[bre y los] de Israel, Leví y Aarón, así como los de las doce tribus de Israel en el orden de su gen[ea]logia y los de sus doce respectivos jefes.

Formación de batalla

Regla para el orden de los escuadrones de combate, una vez que se hayan completado sus efectivos:

Para la formación de un frente completo de batalla, la línea se cerrará con mil hombres, dispuestos en siete filas del frente, formadas cada una en tal orden que los hombres queden colocados uno tras otro. Todos ellos estarán equipados con escudos de bronce, pulidos como espejos. El escudo estará cercado por un borde festoneado y artísticamente diseñado como un entrelazado guarnecido de oro, plata, bronce y piedras preciosas, semejando un mosaico policromo, obra de experto orfebre. El largo del escudo será de dos codos y medio, y su ancho de uno y medio. En la mano portarán una lanza y una espada. La lanza tendrá siete codos de largo, de los cuales la punta, incluyendo su casquillo, será de medio codo. El casquillo llevará tres anillos cincelados en forma de festón, como el borde del escudo, guarnecido de oro, plata y bronce, finamente diseñado como un entrelazado. El diseño del anillo, por ambos bordes, llevará un cerco de piedras preciosas de colores variados, obra de experto orfebre, y una espiga. Entre los anillos, el casquillo irá estriado a manera de una columna hecha con arte. La punta será de hierro blanco brillante, obra de experto orfebre. La espiga de oro puro irá en el centro de ella, apuntando hacia '' el extremo superior.

Las espadas serán de hierro puro, refinado en el crisol y pulidas al blanco de modo que parezcan espejos, obra de experto for[ja]dor. Con figura de espiga llevarán por uno y otro lado de su hoja una aplicación de oro puro, así como dos estrías rectas dirigidas hacia la punta. El largo de la espada será de codo y medio, y su ancho de cuatro dedos. El ancho de su curvatura será de cuatro pulgares; la longitud hasta la curvatura será de cuatro palmos, y de ahí hasta la punta la curvatura

...cinco palmos más. La empuñadura de la espada será de hueso puro, artísticamente trabajada, con un diseño policromo de oro, plata y piedras preciosas.

Maniobras de los combatientes

Cuando se pongan en pie los [sacerdotes] ....se alinearán siete filas, una tras otra. De ahí. ....[tr]einta codos, lugar en que estarán los varo[nes]........... hacia los [hombres] del frente ....siete veces, y regresarán a sus posiciones. Después de ellos avanzarán tres escuadrones de infantería y tomarán posiciones entre las formaciones. El primer escuadrón lanzará [con]tra la formación enemiga siete jabalinas de combate. En la punta de la primera jabalina se inscribirá: Relámpago de la lanza de la potencia de Dios; en la de la segunda: Dardos sanguinarios para hacer que caigan muertos por la ira de Dios, y en la de la tercera: Llama de la espada que devora a los pecadores heridos por la justicia de Dios. Todos éstos lanzarán sus armas siete veces y luego volverán a sus posiciones. Después de ellos avanzarán dos escuadrones de infantería y tomarán posiciones entre las dos formaciones. El primer escuadrón irá equipado con lanza y escudo, y el segundo con escudo y espada para hacer que caigan muertos enemigos por la justicia de Dios, y para doblegar la línea enemiga por la potencia de Dios, para dar a todas las fútiles naciones el pago que merece su maldad. Y así será para el Dios de Israel la soberanía real, y entre los consagrados de su pueblo hará proezas.

También siete escuadrones de caballería ocuparán posiciones a la derecha y a la izquierda de la línea de batalla; sus efectivos se situarán a uno y otro flancos, setecientos jinetes de un lado y setecientos del otro. Doscientos jinetes avanzarán con mil hombres de la línea de la infantería, y así tomarán posiciones por todos los la[dos] del campamento. El total será de cuatro mil seiscientos. Habrá, además, mil cuatrocientos caballos asignados a los oficiales de las líneas, cincuenta para cada una, de modo que los soldados de caballería junto con los oficiales a caballo, sumarán seis mil, quinientos por tribu.

Todos los caballos que entren en batalla acompañando a la infantería deben ser enteros, veloces, suaves de boca, de largo aliento, que hayan cumplido la edad requerida, adiestrados para la guerra, que no se asusten con ninguna clase de ruido ni con cosa alguna que vean. Los que los montan deben ser valientes y aguerridos, jinetes diestros, de comprobada edad entre los treinta y los cuarenta y cinco años. Pero los oficiales montados de las líneas deberán tener entre cuarenta y cincuenta años de edad. Ellos .... [coraz] as, cascos y musleras, y equipados con rodelas y lanzas con una longitud de. .... y arco, flechas y jabalinas de combate. Todos ellos preparados pa[ra]. .... [Di]os y para derramar la sangre de los que han de ser muertos a causa de su culpa. Estos serán. ....

Los oficiales deberán tener entre cuarenta y cincuenta años de edad; los prefectos de los campamentos, entre cincuenta y sesenta; los comisarios, entre cuarenta y cincuenta también, y los encargados de despojar a los muertos, recoger el botín, limpiar el terreno, cuidar el bagaje, y preparar las provisiones, deberán tener todos ellos entre veinticinco y treinta años de edad.

A ningún jovenzuelo o mujer se permitirá entrar en el campamento desde la salida de Jerusalén a campaña hasta el regreso. Tampoco podrá ningún cojo, ciego, baldado, que tenga alguna tara corporal permanente o esté afectado por alguna impureza física, acompañar al ejército a la guerra. Todos deben ser hombres alistados voluntariamente para la guerra, intachables en cuerpo y espíritu y aprestados para el Día de la Venganza. Ningún hombre que no se haya purificado de una emisión seminal podrá acompañarlos en el ataque el día de la batalla, porque los santos ángeles van con su ejército. Además, debe haber una distancia entre todos sus campamentos y el sitio que sirva de letrina corno de unos mil codos, de modo que ninguna indecorosa desnudez pueda verse en los alrededores de ninguno de ellos. Cuando los escuadrones de combate se formen para enfrentarse con el enemigo, una línea frente a la otra, del espacio central de la formación general avanzarán al lugar que media entre las líneas, siete sacerdotes descendientes de Aarón, ataviados con vestiduras de lino blanco, una túnica de lino y calzones de la misma tela, y ceñidos con una faja de lino fino torcido, de púrpura violeta, púrpura roja, grana y carmín, de diseño policromo, artísticamente trabajada. Y en la cabeza llevarán turbantes. Estas son vestiduras para la guerra, que al santuario no deben introducirse. Uno de los sacerdotes avanzara al frente de todos los hombres de la formación para darles ánimo en la batalla. Los otros seis tendrán en la mano las trompetas de reunión, las del Recordatorio, las de atención, las de persecución y las de retirada. Cuando los sacerdotes avancen a situarse entre las líneas, con ellos avanzarán siete levitas llevando en la mano siete cuernos de carnero, y tres intendentes de entre los levitas irán delante de los sacerdotes y los levitas. Entonces los sacerdotes tocarán las dos trompetas de reu[nión. .... ba]talla sobre cincuenta escuderos. Entonces cincuenta soldados de infantería avanzarán desde uno de los espacios entre las líneas .... levitas intendentes. Y con todos, línea tras línea, avanzarán al igual que todos los pre[fectos ....infantes procedentes de los espacios entre las líneas, [y tomarán posiciones entre las dos [líneas]. .... la ba[talla].

Desarrollo del combate

Las trompetas seguirán sonando para dirigir a los honderos hasta que hayan terminado de lanzar siete veces. Después los sacerdotes les darán con las trompetas el toque de retirada, y ellos volverán al lado de la línea de combate primera, para ocupar de nuevo allí sus posiciones. Los sacerdotes tocarán luego las trompetas de reunión, y entonces avanzarán tres escuadrones de infantería saliendo de los espacios intermedios, y ocuparán posiciones entre las líneas, y en sus flancos se situarán jinetes a derecha e izquierda. Entonces los sacerdotes darán con las trompetas un toque prolongado para disponerse en orden de batalla, y las columnas se desplegarán a sus respectivas líneas, cada una a su posición. Y una vez que hayan tomado posiciones en tres líneas, los sacerdotes les darán un segundo toque de guerra, esta vez suave y sostenido, para emprender la marcha al paso acercándose a las líneas enemigas. Echarán mano entonces a sus armas, y los sacerdotes darán con las seis trompetas de ataque un toque agudo e intermitente para dirigir la batalla. Los levitas y todo el cuerpo de tocadores de cuernos lanzarán, por su parte, un formidable toque de guerra para intimidar al enemigo, y a su señal saldrán disparadas las jabalinas para hacer caer muertos. Luego cesará el toque de los cuernos, pero con las trom[pe]tas los sacerdotes seguirán dando el toque agudo e intermitente para dirigir la batalla hasta que se hayan atacado las líneas enemigas siete veces, después de lo cual los sacerdotes darán con sus trompetas de retirada un toque suave, prolongado y sostenido.

Este es el reglamento según el cual los sa[cer]dotes darán los toques de trompeta a los tres escuadrones. Al primer ataque, los [sacerdotes, levitas y todo el cuerpo de tocadores de cuer]nos darán un toque de guerra formidable para dirigir la ba[talla]. .... y los sacerdotes les [tocarán] con las trompe[tas ....
.. y ocupa]rán sus posiciones en la formación .... y ocupa[rán .... los] muertos. Comenzarán a hacer caer muertos en lucha cuerpo a cuerpo. Todo el ejército dejará de alzar sus gritos de guerra, pero los sacerdotes continuarán tocando con las trompetas la señal de ataque, para dirigir la batalla hasta que el enemigo haya sido derrotado y obligado a volver la espalda. Los sacerdotes continuarán dirigiendo la batalla. Y cuando el enemigo haya sucumbido ante ellos, tocarán las trompetas de reunión, y entonces acudirán a ellos los de la infantería, saliendo de entre las líneas del frente. Seis escuadrones tomarán posiciones con

el escuadrón que ha entablado combate, formando así un total de siete líneas, veintiocho mil combatientes además de seis mil jinetes. Todos ellos perseguirán al enemigo para exterminarlo, en el combate de Dios, con destrucción eterna. Los sacerdotes les darán con sus trompetas el toque de persecución, y las tropas se distribuirán] a manera de poder atacar al enemigo en su totalidad, persiguiéndolo hasta exterminarlo. La caballería por su parte lo obligará a volver a donde se libra la batalla hasta su completa destrucción. Mientras caen los muertos, los sacerdotes seguirán dando los toques a distancia. No deben penetrar entre los muertos a contaminarse con la impura sangre de éstos. Porque los sacerdotes son santos y no deben profanar el óleo con que fueron ungidos como sacerdotes con la sangre de gentiles que nada valen.

Regla para los cambios en el orden de batalla de los escuadrones de combate, para formar la posición. .... para. .... semicírculo con torres, arco con torres, arco ligeramente tenso con columnas salientes y alas [sobresalientes por ambos] flancos de la línea [para in]timidar al enemigo. Los escudos de las torres tendrán tres codos de largo, y sus lanzas serán de ocho codos de l[ar]go. Las t[o]rres avanzarán saliendo de la línea. La torre tendrá cien escudos de un lado y cien del otro, así que con el tercero, el del frente, quedará circundada por trescientos escudos. La t[o]rre deberá tener dos espacios intermedios, uno en su línea de la derecha y otro en la de la izquierda. todos los escudos de las torres se pondrá una inscripción: en los de la primera, Miguel; [en los de la segunda, Gabriel; en los de la tercera], Sariel, y en los de la cuarta, Rafael. Miguel y Gabriel a la [derecha; Sariel y Rafael a la izquierda] .... y [les] pondrán emboscada.

Liturgia de campaña

.... para purificar nuestro campamento y preservarlo de toda indecencia y maldad, ya que (Moisés) nos enseñó que tú estás entre nosotros, oh Dios grande y terrible, para convertir en botín a todos nuestros enemigos delante de no[sotros]. Y desde entonces nos enseñó para todas nuestras generaciones, diciendo: «Cuando estéis próximos a entablar combate, el sacerdote se pondrá en pie y le hablará al pueblo así: 'Oye, Israel. Estáis próximos hoy a entablar combate contra vuestros enemigos. No tengáis miedo ni se acobarde vuestro corazón. No os entre pánico ni os atemoricéis de ellos. Porque vuestro Dios marcha con vosotros a pelear por vosotros contra vuestros enemigos, a fin de daros la victoria». Nuestros comisarios hablarán a todos los que se preparan para la batalla, con bien dispuesto corazón, para fortalecerlos con la potencia de Dios, y hacer que se retiren todos los acobardados e infundir ánimo a todo el conjunto de esforzados combatientes. Es como tú di[jis]te por conducto de Moisés': «Cuando en vuestro país entréis en guerra contra el adversario que os ataque, tocaréis alarma con las trompetas, para que se os recuerde delante de vuestro Dios, y se os libre de vuestros enemigos».

¿Quién como tú, oh Dios de Israel,
en los ci[el]os y en la tierra, que iguale tus poderosas obras
y tu formidable poder?
¿Quién como tu pueblo Israel, al cual escogiste para ti de los pueblos de todos los países?
¿Pueblo de los santos del pacto, instruido en el estatuto, entendido en jui[cio y saber], obediente a la voz de la Majestad, que ha visto '' a los ángeles santos, cuyo oído está abierto y escucha cosas profundas? [Tú, oh Dios, has creado] la extensión de los cielos, la hueste de los luminares,
las tareas de los espíritus, el dominio de los santos, los almacenes esplendorosos del tesoro de] las nubes. Tú eres quien creó la tierra y las leyes que la dividen
en páramo y en estepa,
y todo lo que produce,
con los cauces que abren sus aguas

la circunferencia de los mares,
el depósito de los ríos,
y la división de los océanos
las formas animales y de aves, la figura del hombre, las gene[raciones
de su lina]je; la confusión de las lenguas, la dispersión de los pueblos, la residencia de los clanes,
y las heredades de los países,
las santas festividades,
el ciclo de los años
y los tiempos eternos;
éstas tus [maravillas]
las hemos sabido por la comprensión de ti
que [por gracia nos has concedido].
[inclina, te rogamos, tu oí]do
a nuestro gemido, porque. ....
.... a. .. tu templo gl[orioso]

Porque tuya es la guerra, y por la fuerza de tu mano han sido des-
trozados sus cadáveres sin que haya quién los sepulte. Y a Goliat el
de Gat, poderoso guerrero, entregaste en manos de David tu siervo,
porque éste confiaba en tu gran nombre y no en la espada ni la lanza.
Porque tuya es la guerra, y él a los filisteos derrotó muchas veces
por tu santo nombre. También muchas veces nos has librado por
mano de nuestros reyes, a causa de tu misericordia y no conforme a
nuestras obras que inicuamente hemos cometido ni a nuestros actos
de rebeldía.

Tuya es la guerra, y de ti viene la potencia.
No es de nosotros ni de nuestra fuerza ni de la fortaleza de nuestra
mano el realizar hechos poderosos,
sino por tu fuerza y por el poder
de tu potencia formidable.
Co[mo] nos lo declaraste desde antaño:
Un astro ha salido de Jacob,

un cetro se levanta de Israel.
Traspasa las sienes de Moab,
la coronilla de todos los hijos de Set.
Domina desde Jacob y extermina
a los supervivientes [de la] ciudad.
El enemigo se convierte en posesión,
e Israel se muestra poderoso.

Por medio de tus ungidos, que contemplan tus decisiones, nos revelaste la hofra] de las batallas que emprende tu poder para que seas
glorificado triunfando de nuestros enemigos, al abatir a las cuadri-
llas de Belial, las siete naciones fútiles, por medio de los pobres a
quienes has redimido, dándoles respiro y bienestar en tu admirable
potencia. El corazón acobardado se ha abierto a la esperanza. Hiciste con los enemigos lo que con el faraón y los oficiales de sus carros
en el mar de los Jun[eos]. A los de espíritu quebrantado os harás
arder como antorcha en paja, consumiendo la maldad sin detenerse
hasta que el pecado haya sido aniquilado. Desde la antigüedad nos
anun[ciaste la hora señalada para la poderosa acción de tu mano
contra los quíteos, diciendo: «Caerá Asiria, mas no por espada de
hombre: una espada no de hombre la devorará». Pues entregarás en
manos de los pobres a enemigos de todos los países, y por medio de
los postrados hasta el polvo, abatirás a los poderosos de los pueblos,
para hacer recaer el merecido de los malvados sobre [la cabeza].
....
ejecutar en todos los humanos
el justo juicio de tu verdad,
y hacerte de un nombre eterno
entre el pueblo. ....
.... las batallas.
Demostrarás tu grandeza y santidad
a los ojos del resto de las naciones,
para conocimiento. ....

[ejecutarás tus sentencias contra Gog y toda su asamblea, la lla[mada]. .....
...... pues los combatirás desde los cie[los].
.... sobre ellos para su confusión........
Pues la multitud de los santos está en los cielos, y los ejércitos de ángeles en tu santo dominio, para a[labar el nombre tu]yo. Y a los elegidos de un pueblo santo los has constituído para ti en [comunidad]. La lista de los nombres de todos sus ejércitos la tienes tú en tu santa morada, y los án[geles del cíe]lo están en tus gloriosos dominios.

Con un buril vivo has grabado para ellos
los generosos beneficios de tu ben[dición]
y tu pacto de paz; que tú serás [su] rey
por todas las épocas de la eternidad;
que dirigirás los ejércitos de tus escogidos,
sus batallones y sus divisiones,
junto con tus santos
[y con el ejército de] tus ángeles,
y que predominarás s en la batalla
[para subyugar] a los rebeldes de la tierra
cuando entables tus juicios,
y los escogidos de los cielos
reciban tus bendiciones]. Tú, oh Dios, te levantas]
en la gloria de tu reinado,
y la asamblea de tus santos ¡
está entre nosotros para ayuda eterna. -
Expresa]mos desprecio por los reyes, . burla y desdén por los poderosos.
Porque el Señor es santo,
y el Rey glorioso está con nosotros,
el pueblo de sus santos.
Los gue[rreros] del ejército angélico
están entre nuestros reclutados,

el Poderoso Guerre[ro] está con nuestra asamblea,
y la hueste de sus espíritus
con nuestra infantería y nuestra caballería.
[Son como] un banco de nubes, como nubes de rocío que vienen a cubrir la tierra,
y como aguacero copioso que riega juicio sobre todo lo que en ella crece.
Levántate, oh Poderoso! ¡Llévate tus cautivos, Varón glorioso! Toma tu botín, Hacedor de proezas. Pon tu mano sobre la cerviz de tus enemigos, y tu pie sobre los montones de muertos. Destroza a las naciones tus adversarias y tu espada devore los cuerpos de los culpables. Llena de gloria tu tierra y tu heredad de bendición. Haya multitud de ganados en tus parcelas, plata, oro y piedras preciosas en tus pal[a]cios.
Oh Sión, alégrate muchísimo, y muéstrate entre cantos de alegría, oh Jerusalén. Exultad, todas vosotras, ciudades de Judá. Mantén abierta siempre [tus] puertas para que pueda entrar en ti la riqueza de las naciones. Sírvante sus reyes y prostérnense ante ti cuantos te humillaron, para el polvo [de tus pies lamer. Oh hijas de] mi pueblo, alzad la voz con cantos de alegría, enjoyaos de espléndidas joyas y regid los r[e]in[os hasta que aparezca el rey de l]srael para reinar eternamente.
.... guerreros valerosos.
Jerusalén. ....
.... sobre los cielos,
Señor. ....
y sus hermanos los sacerdotes y levitas, y todos los ancianos de la regla con él. Ocupando su puesto, bendecirán al Dios de
Israel, y todas sus fieles obras, y maldecirán allí mismo a [Beli]al y a todos los espíritus de su partido. Tomarán la palabra para decir: ¡Bendito sea el Dios de Israel por todos sus santos designios y por sus fieles obras! Y benditos sean todos los que lo sirven con rectitud y lo conocen por la fe.

¡Mal[di]to sea Belial por sus designios hostiles, y execrado por su culpable dominio! Y malditos sean todos los espíritus de su partido por sus designios malvados, y execrados por todas las impuras obras de su inmundicia. Pues ellos son la heredad de las tinieblas, pero la heredad de Dios está destinada a la luz [eter]na. [T]ú eres el Dios de nuestros antepasados.
Bendeciremos tu nombre para siempre.
Somos pueblo de [D]i[os].
[Hiciste pacto con nuestros antepasados
y lo has mantenido con sus descendientes
para todas las épocas, a perpetuidad.
En todas sus gloriosas decisiones
ha habido recuerdo de tu [reinado] entre nosotros
para socorrer al remanente de tu pueblo
y a los supervivientes de tu pacto,
para que [refieran] tus fieles obras y los actos de justicia de tu poder maravilloso.
Tú, [oh Dios, nos has redimi]do para ti, a fin de que seamos un pueblo eterno, y nos has distinguido como heredad de luz,
conforme a tu fidelidad. Desde la antigüedad comisionaste al Jefe de la luz para ayudarnos, y esco[giste a los hombres rec]tos y a todos los espíritus fieles para ponerlos bajo su dominio.
Pero hiciste a Belial,
el ángel de la enemistad, para la fosa,
y lo escogis[te con sus ayudan]tes y su consejo
para ser causa de maldad y culpa.
Y todos los espíritus de su heredad'
son ángeles de destrucción,
siguen las leyes de las tinieblas,
y a éstas se dirigen a una sus [de]seos.
Pero nosotros, los de tu fiel heredad,
nos alegraremos por tu mano poderosa,
nos regocijaremos por la victoria que nos das,

nos llenaremos de júbilo por tu ayu[da
y saltaremos de alegría por tu p]az.

¿Quién, oh Dios de Israel, te iguala en fuerza? Asiste a los pobres tu
mano poderosa. ¿Qué ángel y qué jefe puede prestar la ayuda que tú
das con tus he[chos? Pues desde la antigüedad te designaste el día
del encuentro. .... para hacer tu verdad [prevalecer, destruir
la culpa, abatir las tinieblas hacer prevalecer la luz y .... [en
la comunidad de Di]os, en su eterno puesto, aniquilar a todos los
Hijos de las Tinieblas y llevar gozo a [tod]os [los Hijos de la Luz].
...............[pues tú destinaste a. .... como el fuego de tu furor
contra los ídolos de Egipto.

Y después, cuando hayan vuelto de la mortandad, de regreso en el
campamento, todos deberán cantar alegremente el Himno del Regreso. A la mañana siguiente lavarán bien sus vestidos, se limpiarán
la sangre de los cadáveres de los culpables, y volverán a ocupar el
puesto de la línea, en el cual estaban formados antes de que cayeran
los muertos del enemigo. Allí bendecirán todos al Dios de Israel y
enaltecerán su nombre.

Bendito sea el Dios de Israel, que se ha mantenido leal a su pacto
y las promesas de salvación hechas al pueblo que ha redimido. Ha
convocado a los que titubean a [realizar proezas admira]bles, pero
juntado a la asamblea de los gentiles para destruirlos sin que nadie
quede de ellos. Ha encumbrado en el juicio a los que habían perdido
el ánimo, y abierto la boca de los mudos para cantar alegremente
sus pro[ezas. Las manos] débiles ha adiestrado para la guerra, dado
fuerzas a los de rodillas vacilantes para que se mantengan firmes en
su puesto, y fortalecido la cintura de los de espaldas encorvadas. Por
medio de los pobres en espíritu [derretirá y destrui]rá los corazones
duros, Y por medio de los de conducta intachable todas las naciones
malvadas tendrán fin, sin quedar un pie uno solo de sus guerreros.

Nosotros, el re[manente de tu pueblo, alabaremos] tu nombre, oh
Dios leal y amoroso, que guardas el pacto hecho con nuestros padres, y que en todas nuestras generaciones has otorgado tu amorosa
lealtad al rema[nente de tu pueblo]. Bajo el dominio de Belial y de
todos los secretos designios de su enemistad, no logró arrojarnos de
tu pacto. Tú has repelido de delante de nosotros a los espíritus de
su [he]redad, y [mientras se daban a la maldad los hombres sujetos
a su dominio, tú protegiste a tus redimidos. Tú levantaste con tu
fuerza a los caídos, pero a los encumbrados destrocaste con tu po-
der]. Nadie podrá salvar a ninguno de sus guerreros ni habrá refugio
para sus más veloces hombres. A sus colmados de honores les darás
como pago la deshonra, y su va[na] existencia [se convertirá en na]
da. Mas nosotros, en cambio, tu pueblo santo, alabaremos tu nombre por tus fieles obras.

Y por tus hechos poderosos exaltaremos continuamente tu. ....]
los tiempos y temporadas de tus eternos testimonios, al venir el día
y la noche, y a la partida de la tarde y de la mañana. Pues grandio-
so es [el ademán de tu ma]no, y maravillosos los misterios en tus
alturas; desde el polvo levantas hasta ti, y haces caer desde el sitio
de los dioses. ¡Levántate, levántate, oh Dios de dioses, y álzate por
tu po[der]. .... [a todos los Hijos de las Tinieblas. La luz de tu
majestad .... Sol ardiente, para que[mar]. Pues será
un tiempo angustioso para lsra[el, declamación de guerra contra todos los gentiles. La heredad de Dios tendrá la redención eterna, pero
todas las naciones malvadas serán exterminadas.

Maniobras para la batalla final

Toda la gen[te que salga] a la guerra se pondrá en marcha y acampa-
rá frente al rey de los quíteos y de todo el ejército de Belial reunido
con él para el día del (encuentro, en que será castigado] por la espada de Dios. Entonces el sacerdote en jefe se pondrá en pie, con
sus hermanos [sacerdotes] y los levitas ante él, así como todos los
oficiales, y les leerá la oración para tiempo de gue[rra, según el li]

bro de la regla para la ocasión, y todas las palabras de sus himnos. Luego formará allí mismo todas las líneas, de acuerdo con to[do lo que está escrito por el reglamento. Entonces las recorrerá el sacerdote elegido para el tiempo de la venganza por decisión unánime de sus hermanos y alentará a los [combatientes] tomando la palabra y diciendo:

«Tened ánimo, sed fuertes y portaos como valientes guerreros. No tengáis miedo ni os aco[bardéis ante vuestros enemi]gos. Que el temor no os haga huir despavoridos ante ellos. No retrocedáis ni os [intimidéis]. Porque son una asamblea malvada, todas sus obras se hallan en tinieblas, y a ellas tienden por instin[to. De nada sirve] su refugio, su fuerza es como el humo que se desvanece, y toda la concentración de su [m]uchedumbre .... no se hallará más, y toda la sustancia de su ser se marchitará prontamente [como f]lor.......... Esforzaos en la guerra de Dios, porque hoy es tiempo de guerra para Dios] contra todos los. .... contra todo ser humano. El Dios de Israel alza su mano con su maravillosa [poten] cia [contra]todos los espíritus malva[dos]. .... [Los guerreros divinos se aprestan a la batalla y los escuadrones de los santos [se prepa|ran para el día .... Dios de l[srae]l ....para deshacerse de Bel[ial). .... en su destrucción de vi[das]........................... hasta acabar por completo con la fuente [de las tinieblas. Porque] el Dios de Israel ha llamado una espada sobre todas las naciones, y por medio de los santos de su pueblo realizará proezas».

Se pondrá en práctica toda la presente regla [en ese] día, cuando tomen posiciones frente a los campamentos de los quíteos. Y después los sacerdotes les tocarán las trompetas del Recordatorio, y se romperán las hostilidades]. Avanzará la infantería, las columnas tomarán posiciones entre las líneas y los sacerdotes les darán el toque de formación. A este toque de las trompetas, las columnas [se desplegarán] hasta formarse cada uno en su puesto. Entonces les tocarán los sacerdotes por segunda vez, [dando la señal de acerca]rse. Cuando se hallen a suficiente distancia de la línea de los quíteos para tirar, cada soldado echará mano a su arma. Los seis [sacerdotes tocarán entonces las trompe]tas de ataque, con un toque agudo e intermitente para dirigir la batalla. Los levitas y todo el cuerpo de tocadores de cuernos lanzarán, por su parte, un formidable toque de guerra. Y tan pronto suene dicho toque los combatientes comenzarán a hacer que caigan muertos de los quíteos. Todo el ejército suspenderá entonces [sus gritos] de guerra. Sólo [los sacerdotes seguirán tocando las trompetas de ataque y la batalla contra los quíteos continuará. Cuando [Belíal] se apreste para acudir en socorro de los Hijos de las Tinieblas, comenzarán a caer muertos de la infantería, según los misteriosos designios de Dios, para así someter a prueba a los designados para el combate, y los sacerdotes darán con sus trompetas el toque de reunión para que en sustitución salga otra línea a combatir, la cual tomará posiciones entre las líneas. Y a los que se encontraban empeñad[os en el com]bate les darán el toque de retirada.

Luego, el sacerdote principal se acercará, y puesto en pie frente a la línea, los animará por [el poder de Dios a escorzarse en su batalla. Tomará la palabra y dirá:

« .... corazón de su pueblo, poniendo a prueba. .... y no. ..... vuestros corazones, porque desde la antigüedad habéis oído de los misteriosos designios de Dios .... ellos a un[a]. ....' como su merecido .... ! y les ha dado su pago, como llam[a en espigas recién cortadas, poniéndolos] a prueba en el crisol. Ha afilado sus armas, y no serán vencidas antes de [ser aniquiladas todas las naciones] malvadas. Vosotros recordad la sen[tencia sufrida por Nadab y Abí]hú, hijos de Aarón, por la cual Dios mostró su santidad a los ojos de todo el pueblo. Pero a Eleazar e Ithamar los confirmó [al mismo tiempo] en el pacto [e]terno.

Vosotros, pues, tened animo y no tengáis miedo de ellos. [Nada] son. Ambicionan lo que es sólo vacio y confusión, y se apoyan en lo que no existe. Porque no saben que del Dios de Israel proviene todo lo que es, lo que ha sido (y lo que será), y que Di[os conoce] todos los acontecimientos de la eternidad. Hoy es el tiempo señalado por él para humillar y abatir al jefe de los dominios de la maldad, y él enviará eterno socorro a la heredad de sus [re]dimidos por medio del poder del ángel majestuoso del dominio de Miguel, en eterna luz, para hacer irradiar de gozo a la fa[milia de I]srael, y traer bienestar y bendición a la heredad de Dios. Dios enaltecerá entre los dioses el dominio de Miguel, y el reinado de Israel entre todos los seres humanos. La rectitud se alegrará [en] las alturas y todos los hijos de la verdad de Dios se regocijarán en el conocimiento eterno. Vosotros, los hijos de su pacto, cobrad ánimo estando en el crisol de Dios, hasta que él agite la mano para dar por terminadas las pruebas a que sus misteriosos designios han sometido vuestra existencia».

Después de estas palabras, los sacerdotes les darán el toque para que los escuadrones se formen en línea. Al toque de las trompetas, las columnas se desplegarán hasta que cada hombre venga a quedar en su debido pues[to]. Los sacerdotes darán luego con sus trompetas un segundo toque, dando la señal de acercarse. Cuando se hayan acercado los hombres. ..... [a las lí]neas de los quíteos a suficiente distancia para tirar, cada uno echará mano a su arma. Entonces los sacerdotes tocarán las trompetas de ataque. ..... y todo el cuerpo de tocadores de cuernos lanzarán un toque de guerra. La infantería lanzará su acometida contra el ejército de los quíteos, y al oír el [to]que, empezarán a herirlos. Cuando todo el ejército suspenda sus gritos de guerra, los sacerdotes los continuarán ....
.... caerán heridos ante ellos. Y al tercer turno hacer(los) caer [por los misteriosos designios de Dios. ....
cuando la mano poderosa de Dios se alce para asestar a Belial y a todo el [ban]do bajo su dominio el golpe definitivo, ... y el grito de guerra de los santos en la persecución de Asiría, los hijos de Jafet

caerán sin poder volver a levantarse, y los quíteos serán derrotados sin [remedio]. .... La mano del Dios de Israel se alzará contra toda la horda de Belíal. En esa ocasión los sacerdotes darán el [to]que del Recordatorio, y todas las líneas de batalla acudirán a ellos, y luego se dividirán para atacar todos los campamentos de los quíteos a fin de destruirlos por completo. [Cuan]do el sol se apresure ese día a ponerse, el principal sacerdote se pondrá en pie, con los sacerdotes y [levi]tas que lo acompañan, los jefes de las líneas de combate y los miembros de la regla, y bendecirán allí mismo al Dios de Israel, elevando su voz y diciendo:

¡Bendito sea tu nombre, oh Dios de [dio]ses, porque te has mostrado grande con tu pueblo realizando maravillas. Desde antaño has guardado tu pacto con nosotros, y nos has abierto muchas veces las puertas de la salvación, en virtud [de tu] pacto —tan humillados como estábamos— y conforme a tu bondad para con nosotros. Tú, oh Dios, eres recto, y lo has hecho para hacer honor a tu nombre. ..... nos [has] favorecido con tu poder maravilloso, y desde antaño nunca había acontecido nada semejante. Porque tú has sabido nuestra hora y te has mostrado hoy a nosotros, ... dejándonos ver tu mano leal y amorosa, dándonos eterna redención. Alejaste para siempre, con mano poderosa, la [dominación del en]emigo y. .... a nuestros enemigos y un golpe aniquilador. Y ahora, el día nos apremia en la persecución de sus hordas, porque tú .... [descorazonaste y entregaste a (sus) guerreros de modo que ya no hubo quien de ellos resistiera. Tuyo es el poder, en tu mano está la guerra, nadie puede [librar de tu mano. .... los tiempos señalados según tu beneplácito y la he[re]dad. .... pero humillas el dominio. ....
[para los] guerreros. Porque nuestro Soberano es santo, y el Rey glorioso está con nosotros, y la hues[te de sus espíritus con nuestra infantería y nuestra caballería, como un banco de nubes, como nubes de ro]cío que vienen a cubrir la tierra, y como aguacero copioso que riega juicio sobre to[do lo que en ella crece. ¡Levántate, oh Poderoso! ¡Llévate a tus cautivos, Varón glorioso! Y to]ma tu botín,

Hacedor de proezas. Pon tu mano sobre la cerviz de tus enemigos, y tu p[ie sobre los montones de muertos.

Destroza a las naciones tus adversarias y tu espada devore cuerpos. Llena de gloria tu tierra y tu heredad de bendición. Ha[ya multitud de ganados en tus parcelas, plata, oro y piedras preciosas] en tus palacios. Oh Sión, alégrate muchísimo, y exultad, todas vosotras, ciudades de Ju[dá. Manten abiertas tus puertas para que pueda entrar en ti] la riqueza de las naciones. Sírvante sus reyes y prostérnense ante ti [cuantos te humillaron, para el polvo de tus pies lamer continuamente. Oh hijas] de mi pueblo, prorrumpid en cantos de alegría, enjoyaos de espléndidas joyas. y re[g]id los reinos. .... e Israel para un reinado [e]terno. .... esa noche para el descanso hasta la mañana, y al venir ésta acudirán al lugar de la formación .... los guerreros de los quíteos y las hordas de Asiría y todo el ejército de las naciones [que se congregan con e]líos. .... cayeron muertos allí por la espada de Dios. El prin[cipal] sacerdote se acercará. .... guerra,

todos los jefes de la formación y [sus] hombres reclutados .... [los que caye]ron [mujeríos de los quíte[os, y a]labarán allí [a]l Dios [de Israel] ....

24. Manual de Disciplina para la futura Congregación de Israel («Regla Mesiánica», 1QSa)

El texto presenta normas de comportamiento de la Comunidad durante los días del conflicto final y la era del Mesías. Se establece el orden jerárquico social en la era mesiánica. Originalmente fue un apéndice de la «Regla de la Comunidad» (1QS), las ordenanzas aquí son diferentes en varios aspectos:

- Su visión de la unificación de Israel bajo el liderazgo de los sacerdotes descendientes de Sadoc.

- Considera al matrimonio e hijos nacidos y criados en la comunidad.
- Describe a Israel como una confederación de tribus organizadas de acuerdo a la ley mosaica.
- Concluye con un banquete en común, en el cual el pan y el Nuevo vino serán bendecidos primeros por el sumo sacerdote y luego por el Mesías de Israel.

Se puede datar como perteneciente al siglo II a. C.

Manual de Disciplina para la futura Congregación de Israel

Columna I

1 Esta será la Regla para toda la asamblea de Israel cuando se reúna en los últimos días.

Se congregarán para conducirse conforme los juicios 2 de los hijos de Sadoc. Esto es, de los sacerdotes y de los hombres de su Alianza que se separan para no ir con el pueblo común.

3 Son ellos, los hombres de su Consejo, los que observarán la Alianza en medio de la impiedad, a fin de que [se apresure la venida del Mesías].

4 Cuando lleguen esos días, ellos deben reunir a todos los que se presenten, desde las criaturas pequeñas hasta las 5 mujeres, para hacerles oír los preceptos de la Alianza y para instruirlos en todas sus leyes. No suceda que se pierdan en la impiedad.

6 He aquí, a continuación, las disposiciones que deben ser observadas por todos los miembros de la asamblea.

Todo auténtico hijo de Israel, desde el adolescente hasta el de edad adulta, se debe prestar 7 para que sea instruido en el libro de Hegou (Libro de Estudio) y para que, de acuerdo con su edad, sea llevado a reflexionar sobre las leyes de la Alianza, a fin de 8 que saque de sus preceptos las debidas conclusiones.

Hasta la edad de diez años permanecerá entre los menores. Cuando alcance los veinte 9 será incorporado a los celadores, para participar de las decisiones de su familia, siempre de acuerdo con la familia santa.

No se debe acercar a una mujer para «conocerla» según 10 el uso del varón. Si lo hiciere, y por otra parte ya tuviere sus veinte años y se pueda probar también 11 su mala acción, ella tendrá derecho a testimoniar contra él en la asamblea, conforme a las disposiciones de la ley, y aun de presentarse ante el tribunal para conseguir veredicto.

12 Cuando haya cumplido veinticinco años vendrá a presentarse a los jefes de la reunión santa para servir 13 en la Alianza. A los treinta años se presentará para 14 el combate. Se inscribirá entre los jefes de las centenas y de los millares, o en los grupos de cincuenta 15 o de diez. También podrá prestar servicio como juez o como vigilante de su tribu sobre todas sus familias conforme a las determinaciones de los hijos de Aarón: 16 los sacerdotes, los padres de la asamblea, los jefes que deben presidir la congregación.

17 De acuerdo con su inteligencia, si su conducta fuere perfecta, será ocupado en el ejército o en otro trabajo, que desempeñará 18 en medio de sus hermanos.

El trabajo será mucho o poco, según el caso; en proporción será también su recompensa.

19 Cuando los años del hombre hayan aumentado, se le dará un cargo conforme a sus fuerzas entre los trabajos de la congregación.

20 Ningún hombre simple de espíritu podrá entrar en la congregación, ni podrá ser escogido para superior de la asamblea de Israel ni para decidir un conflicto de justicia o para hacer ejecutar 21 un decreto de la Alianza. No se presentará tampoco en el combate contra las naciones extranjeras. Solamente su familia será inscrita, según costumbre de la congregación, y a él se le 22 dará alguna parte en un trabajo sencillo, a la medida de su capacidad.

Los hijos de Leví se conservarán en su puesto, siguiendo 23 las instrucciones de los hijos de Aarón, para reglamentar el comportamiento de todos los hijos de la asamblea, cada uno conforme a su deber.

24 Estarán ellos a las órdenes de los jefes principales de la asamblea.

25 Y cuando haya una convocatoria dirigida a todos los miembros de la asamblea para celebrar un juicio, 26 o para una consulta, o para una declaración de guerra, se santificarán durante tres días para que sean iluminados los que vienen a la reunión.

27 Estas son las personas que deben ser convocadas para participar en el Consejo de la congregación reunido en pleno. A partir de la edad de veinte años 28 [integrarán] el grupo de los «letrados», de todos los que conocen perfectamente el camino. 29 Después los hombres de la tropa, los jefes de tribu, los jueces y sus vigilantes y los comandantes de grupo

Columna II

1 de mil, y de ciento, y de cincuenta, y de diez. También los levitas [durante el tiempo] en que están prestando su servicio.

2 Estos son los hombres del «nombre» que se presentarán para participar en el Consejo de la congregación de Israel 3 junto a los hijos de Sadoc, entre los sacerdotes.

Aquel que esté manchado con alguna de las impurezas 4 del hombre no entrará en la reunión. Tampoco los que estén manchados con alguna impureza de las que se prohíben en 5 la entrada a la asamblea, como sería toda persona con algún defecto corporal: los cojos, los mancos, 6 los tuertos, los ciegos, los sordos, los mudos, los que tengan algún defecto que les deforme la figura, o simplemente los demasiado viejos. 7 Ninguno de todos éstos debe tomar asiento en el Consejo de la comunidad.

8 Que ninguno de ellos entre a tomar parte en la reunión de los hombres del «nombre», 9 porque los ángeles de santidad están en cada uno de sus lugares.

Si alguno de ellos tuviere alguna cosa que comunicar a 10 la asamblea, que sea interrogado en particular; pero que no venga al Consejo porque está manchado.

11 Estas son las Reglas para la reunión del Consejo de los hombres del «nombre».

12 Si acaso el Mesías se llega a hacer presente en medio de ellos, entonces se levantará primeramente el jefe de la asamblea 13 y después todos los hijos de Aarón, los sacerdotes [levitas] que tienen en ese momento derecho de entrar en la asamblea de los hombres del «nombre».

Todos ellos se reunirán en la presencia de él (el Mesías) 14 siguiendo el orden estricto de precedencia, conforme a la dignidad de cada uno. Así que el Mesías de Israel tome asiento, se sentarán todos los demás, los jefes, en su presencia.

15 Siguiendo el orden del escalafón, hablará cada uno como se hace en los campos y observando lo que está prescrito para las reuniones.

16 Todos los jefes de la asamblea y todos los letrados expresarán su parecer en su presencia, conforme al escalafón.

El Banquete Ritual de Pan y Vino

17 Y cuando llegue la hora de tomar el alimento y beber el mosto que se debe haber preparado para el banquete de la Alianza, 18 que nadie tienda entonces la mano para partir el pan antes que el sacerdote, porque es él quien debe 19 partir el pan y distribuir el mosto y tender la mano el primero.

20 Inmediatamente el Mesías de Israel tenderá la mano para tomar el pan y después de él toda la asamblea hará lo mismo, 21 siguiendo el orden de sus respectivos puestos.

Del mismo modo se debe proceder también en otras ocasiones en las comidas, cuando haya por lo menos diez 22 personas.

25. Documento de Damasco (Documento Sadoquita, Brit Damesek 4Q271)

Confeccionado en el siglo I d.C., se trata de una colección de reglas e instrucciones que reflejan las prácticas de la comunidad. Se busca que la Comunidad permanezca fiel al grupo que huyó de Judea hacia la tierra de Damasco. Así mismo, recoge votos y juramentos, formas de tribunales, testigos y jueces, purificación del agua, leyes del Shabbat y diferentes rituales incomprensibles las partes ausentes del documento. En la primera parte aparece la única referencia histórica interna de los manuscritos, estableciendo la constitución de la comunidad 390 años después de la destrucción de Jerusalén por Nabucodonosor, es decir, a principios del siglo II a. C., llegando el Maestro de Justicia unos veinte años después.

Documento de Damasco

Columna I

1 Oíd ahora todos los que conocéis la justicia y comprendéis las obras 2 de Dios. Él abre proceso contra toda carne y fulmina su condenación contra todos los que lo desprecian. 3 A causa de la infidelidad que habían cometido al abandonarlo, 4 él los entregó a la muerte por el filo de la espada; pero acordándose del pacto que había hecho con los antiguos, 5 preservó un resto para Israel y no lo entregó a la destrucción.

6 Durante el período de cólera, trescientos noventa años después de haberlos entregado a Nabucodonosor, rey de Babilonia, 7 él los visitó e hizo surgir de Israel y de Aarón la raíz de una planta que heredase 8 su tierra y disfrutase de los productos de su suelo. 9 Ellos

reconocieron sus faltas y admitieron que eran culpables y semejantes a los ciegos que caminaron 10 a tientas durante veinte años.

El Maestro de Justicia

Dios consideró sus obras, y como ellos lo buscaban con corazón sincero, 11 entonces Dios suscitó entre ellos al Maestro de Justicia para que los condujese por el camino recto, según su corazón.

12 Hizo conocer a las generaciones nuevas lo que había hecho con la generación anterior, con la asamblea de los traidores, con aquellos que 13 se habían desviado. Este fue el tiempo del cual se había escrito antes: «como una vaca rebelde, 14 así se descaminó Israel» (Óseas 4, 16). También entonces se levantó el hombre de mentira. Él derramó sobre Israel 15 las aguas del engaño y los extravió por un laberinto sin salida.

16 Bajaron las alturas eternas, se alejaron de los caminos de la justicia, rompieron los límites que los antiguos habían fijado en su heredad. 17 De esta suerte atrajeron sobre sí las maldiciones de la Alianza. Dios los entregó a la espada que venga 18 el pacto.

Buscaron engaños. Escogieron imposturas. Rompieron brechas. 19 Se mostraron insolentes. Absolvieron al impío y condenaron al justo. Rompieron la Alianza. Transgredieron el precepto. 20 Atentaron contra la vida del justo. Abominaron a todos los que caminan por la senda de la integridad. 21 Espada en mano los persiguieron y se deleitaron en armar desórdenes entre el pueblo.

Columna II

1 Entonces se encendió la cólera de Dios en contra de su asamblea. Exterminó a toda su gente porque sus obras eran impuras en su presencia.

2 Oídme ahora todos los que entrasteis en la Alianza; yo abriré vuestros oídos para que sepáis conocer la conducta 3 de los impíos. Dios ama la ciencia y dispone delante de sí la sabiduría y la prudencia. 4 La inteligencia y el saber están a su servicio. Él posee la longanimidad, abundante misericordia 5 para perdonar a todos los que se arrepienten de su pecado.

Tiene fuerza, poder, ira terrible, 6 llamas de fuego, esto es: ángeles de destrucción para castigar a los que se alejan del camino y a los que odian el mandamiento justo.

7 No quedará nadie, ni un resto, ni un fugitivo, porque desde el origen del mundo Dios no los escogió. Antes mismo de que fueran creados, 8 él ya conocía sus obras. Desde siempre abomina las generaciones sanguinarias, por eso 9 ocultará su rostro a la tierra hasta que sean exterminadas estas gentes. Él conocía los años de sus existencias y la medida de sus tiempos

10 Conoce lo concerniente a todos los seres en todos los tiempos, todo lo que habrá de pasar durante todos los años del mundo.

11 Pero en todo tiempo escogió hombres, marcados por el «nombre», a fin de dejar para sí 12 un grupo de escogidos y repoblar la superficie de la tierra con su posteridad. Por medio de su ungido, les hace conocer el espíritu santo. 13 Él es la verdad, y en su nombre son salvados todos ellos.

Por el contrario, abandona al error a aquellos que abomina.

14 Ahora, hijos míos, oídme: Yo abriré vuestros ojos para que veáis y comprendáis las obras 15 de Dios; para que escojáis lo que es de su agrado y detestéis lo que él odia.

16 Yo os haré caminar por todos sus caminos, para no errar siguiendo los deseos de la inclinación malvada y los atractivos de la lujuria, 17 pues por ese camino cayeron muchos, aun de entre los más fuertes. Por ahí muchos se perdieron y así sigue siendo hasta hoy. 18 Los vigías celestes cayeron, fueron presa de la fornicación por no haberse mantenido firmes en los preceptos de Dios. 19 Sus hijos, que eran elevados como cedros, altos como montañas, también cayeron. 20 Toda carne que estaba sobre la tierra árida pereció. Vinieron a ser como si nunca hubieran existido. 21 Porque obraron como bien les pareció, no guardaron las leyes de su creador, y así continuaron hasta que su cólera se inflamó contra ellos.

Columna III

1 Así se extraviaron los hijos de Noé y sus familias. Por esa causa fueron aniquilados. 2 En cambio, Abrahán no se condujo de esta

manera y por eso fue elevado a la dignidad de amigo. 3 Él observó las prescripciones y no se dejó llevar por una voluntad caprichosa. 4 Él transmitió este ejemplo a Isaac y a Jacob, por él se guiaron y por eso merecieron también ser llamados amigos de Dios y poseedores de la Alianza por toda la eternidad.

5 Los hijos de Jacob se extraviaron y fueron castigados por sus errores. Los hijos de sus hijos marcharon en la obstinación de su corazón, 6 tomando partido contra los deseos de Dios, obrando como bien les parecía; comieron sangre. 7 Dios diezmó sus hombres en el desierto, cuando dijo en Cades: «Subid y tomad posesión del país» (Deuteronomio 9, 23). Pero ellos no escucharon la voz de su creador, 8 las instrucciones de su guía. Murmuraron en sus tiendas y la cólera de Dios se inflamó contra 9 su bando; por eso sus hijos perecieron y sus reyes fueron aniquilados.

10 Por eso sucumbieron sus valientes y su país fue devastado. Así los primeros miembros de la Alianza se hicieron culpables. 11 Fueron entregados a la espada por haber abandonado la Alianza de Dios. Prefirieron hacer su propia voluntad. 12 Anduvieron errantes en la obstinación de su corazón, siguiendo sus caprichos. Sólo algunos permanecieron fieles a las prescripciones, persistiendo en observarlas 13 porque sabían que Dios había hecho un pacto con Israel para siempre. A éstos 14 Dios les reveló las cosas escondidas, todo lo que se refería a la suerte futura de Israel. Les mostró en qué se habían equivocado, 15 pues les enseñó sus sábados sagrados, sus fiestas gloriosas, sus testimonios justos y sus 16 caminos verdaderos. Les mostró los deseos de su voluntad y cómo, si los cumplían, habrían de vivir.

17 Ellos excavaron una fuente de aguas abundantes, y todo aquel que la desprecie no vivirá.

Infidelidad de los Elegidos

Pero algunos se dejaron arrastrar por la debilidad humana, por caminos de impureza. 18 Dijeron: Somos libres. A pesar de esto, Dios, en sus maravillosos designios, les concedió la expiación de sus faltas y el perdón de sus pecados.

Los Sadoquitas

19 Edificó para ellos una casa sólida en Israel, como no hubo igual ni antes ni hasta ahora. 20 Los que permanezcan ligados a ella alcanzarán la vida eterna y les pertenecerá toda gloria humana. 21 Así lo estableció Dios cuando dijo por el profeta Ezequiel:

Columna IV

1 «Los sacerdotes y los levitas que observen las ceremonias de mi santuario cuando los hijos de Israel se extravíen, ellos se aproximarán a mí para servirme como ministros. Estarán en mi presencia para ofrecerme la grasa y la sangre».

2 Los sacerdotes son los penitentes de Israel, todos aquellos hombres que abandonaron el país de Judá. 3 Los levitas son los que vinieron con ellos. Los hijos de Sadoc son los elegidos de Israel, 4 los que fueron convocados por su nombre y desempeñarán sus funciones hasta el final de los tiempos.

5 Sus nombres fueron especificados, sus lugares fijados para el tiempo de su servicio; el número de sus tribulaciones 6 y los años de su exilio estuvieron bien limitados. Sus obras eran bien conocidas. Los primeros justos 7 que Dios perdonó llamaron justo al justo e impío al impío. Todos aquellos que lo siguieron 8 se condujeron conforme al mandato de la ley, en la cual fueron formados los primeros.

De esta manera se procederá 9 hasta que se haya completado el tiempo prefijado. Les será confirmado el puesto en la Alianza hecha por Dios con los primeros. 10 Dios les perdonará sus faltas. Les concederá la expiación. Cuando acabe este período y el número de sus años, 11 nadie necesitará más aliarse a la casa de Judá; antes al contrario, 12 cada uno deberá permanecer en su propia fortaleza. Para esto fue reconstruida la muralla de protección y fue agrandado el muro.

Apostasía de Israel

13 Durante todo este tiempo Belial andaba suelto en Israel, como Dios lo había anunciado por el profeta Isaías, hijo de Amós: 14 «Terror, fosa, red sobre ti, oh habitante del país».

15 La interpretación de esto se refiere a los tres lazos de Belial, de los cuales habló «Leví, el hijo de Jacob». 16 Con ellos, Belial capturó a los hijos de Israel presentándoles 17 tres atractivos. El primero es la lujuria, el segundo el licor, 18 el tercero la profanación del santuario. El que escapa del primero caerá en el segundo, 19 el que escapa del segundo caerá en el tercero.

20 Los que corren detrás de charlatanes (del charlatán se dijo: «Nunca deja de hablar») cayeron presos en los lazos de la lujuria, 21 pues desposaron dos mujeres estando las dos vivas, siendo que el principio de la creación es: «Hombre y mujer los creaste».

Columna V

1 Los que entraron en el arca entraron por parejas, de dos en dos. Del príncipe está escrito: 2 «No tendrá varias mujeres». David no pudo haber leído el libro de la ley porque entonces estaba todavía sellado 3 y guardado dentro del arca de la Alianza. Porque no había sido 4 abierto para Israel después de la muerte de Eleazar y de Josué. Este fue el motivo por el que 5 los antiguos sirvieron a Astarté. [El libro] fue conservado oculto hasta que se levantó Sadoc. Por eso, se alaban las obras de David. 6 Menos aquello de la sangre de Urías, aun cuando Dios lo haya perdonado.

La Profanación

Ellos profanaron también el santuario, pues no guardaron 7 la separación prescrita por la ley. Tienen comercio con aquella que ve correr su sangre. 8 Contraen matrimonio con la hija de su hermano y con la hija de su hermana. Sin embargo, 9 Moisés dijo: «No te aproximarás a la hermana de tu madre, porque es carne de tu carne».

10 La ley relativa a la impureza escrita para los hombres vale también para las mujeres. Por eso, si la hija del hermano 11 descubre la desnudez del hermano de su padre, hace cosa prohibida. 12 Mancharon el espíritu santo que está en ellos. Hablarán con lengua burlona de los preceptos de la Alianza de Dios diciendo: «No son verdaderos».

Peroración

13 Todos ellos no hacen otra cosa que encender el fuego y preparar sus flechas, 14 su veneno. Sus telas son telas de araña; su semilla, huevos de serpiente. 15 El que se acerca a ellos no quedará impune, ni tampoco su posteridad. Será destruido, ciertamente será aniquilado.

16 Porque Dios ya examinó sus obras y su cólera se inflama contra sus acciones. Así está escrito: 17 «No es un pueblo inteligente, no hay Dios en ellos», y, «es una nación desprovista de ideas, sin inteligencia».

Porque antes mismo de que 18 Moisés y Aarón hubiesen recibido sus funciones de príncipes de la luz, Belial suscitó a Janés 19 y a su hermano, llenándolos de malicia, cuando Israel se salvó la primera vez.

Causas que ocasionaron la Secta

20 Cuando llegó el tiempo en que el país fue entregado a la destrucción se levantaron unos hombres que cambiaron los límites 21 y que se habían propuesto extraviar a Israel. Devastaron el país porque incitaban a la revolución contra las órdenes de Dios, promulgadas por Moisés

Columna VI

1 y por su santo Ungido.

2 Anunciaban la mentira para desviar a Israel de Dios. Dios se acordó de la alianza concluida con los antiguos y suscitó de Aarón un grupo de inteligentes; y de Israel, un grupo de sabios. Los hizo dóciles a su voz: «Ellos excavaron un pozo. Los dignatarios del pueblo lo abrieron» (Números 21, 18).

4 Fueron los jefes del pueblo los que lo abrieron bajo la dirección del Conductor.

5 Es la fuente de la ley. Los que la abrieron son los penitentes de Israel que salieron de Judá y emigraron 6 a Damasco. A todos ellos Dios los llamó príncipes por haberse mantenido fieles en su seguimiento. 7 Jamás su nombre (de Dios) se alejó de la boca de alguno de ellos. 8 El Conductor es aquel que escruta la ley. De él es de quien Isaías dijo: «Él prepara el instrumento para su obra». 9 Los jefes del pueblo son aquellos que vinieron para trabajar en la excavación de la fuente, 10 según las órdenes que les fueron comunicadas por el Conductor.

A ellas se deben atener durante todo el tiempo de impiedad.

11 Sin eso jamás llegarán [a perseverar]. Hasta el día aquel en que se mostrará la oportunidad de la justicia al final de los tiempos.

Prescripción del Culto Legítimo

12 Todos los que han venido a formar parte de esta Alianza jamás deben volver a entrar al santuario para encender fuego en el altar; 13 esto sería cosa vana. Antes al contrario, que cierren la puerta. Así lo dijo Dios: «¿Quién de entre ustedes cerrará su puerta y no encenderá más en vano el fuego en mi altar?».

14 De este modo, se mantendrán sujetos a la verdadera interpretación de la ley, la que es válida para el tiempo de la impiedad. Esto es:

15 Que se separen de los hombres de perdición. Que se abstengan de las riquezas de iniquidad y de los bienes provenientes de los
votos de Corbán 16 y de los anatemas. Que se guarden de defraudar
a los pobres de su pueblo. 17 Que no se apropien de los bienes de las
viudas ni exploten la fortuna de los huérfanos. 18 Que distingan lo
impuro de lo puro, lo sagrado de lo profano. Que observen el día del
sábado conforme a la verdadera interpretación; 19 las festividades
y los días de ayuno, según el cómputo de los miembros de la nueva
Alianza, pactada en el país de Damasco 20 Que participen de las
cosas santas, siempre y cuando guarden las condiciones requeridas.
21 Que cada cual ame a su hermano como a sí mismo y que ayude
al pobre y sustente al mendigo y al extranjero.

Columna VII

1 Que procure cada uno estar en paz con su hermano. Que no se
vuelva culpable por uniones impuras. 2 Que se abstengan de la fornicación, según la ley. Que se corrijan uno a otro como está mandado. 3 Que no se guarden rencor entre sí. 3 Que se alejen de toda impureza conforme a las leyes. 4 Que no profanen el espíritu santo que
está en ellos, puesto que Dios los ha colocado aparte de los demás.
5 Todos los que se conduzcan de esta manera, según la perfección
santa, siguiendo todas las instrucciones de la alianza 6 establecida
para ellos, tendrán la garantía de vivir mil generaciones.

Derecho Familiar

Documento «A»

Si viven en el campo, conforme a la regla del país. 7 Si contraen matrimonio y tienen hijos, que se comporten según la ley y sus disposiciones.

8 Según las instrucciones de las reglas de la ley, como fue dicho: «Entre un marido y su mujer, 9 entre el padre y su hijo» (Números 30, 17).

Cuando Dios visite el país dará a los impíos 10 la retribución que merecen, a todos los que desprecian estos mandamientos. Entonces se cumplirá 11 la profecía de Isaías, hijo de Amós: «Vendrán para ti y para tu pueblo días 12 que nunca había habido desde que Efraín se separó de Judá» (Isaías 7, 17). Cuando las dos casas de Israel 13 se separaron, cuando Efraín se separó de Judá, todos los que no guardaron la ley fueron entregados a la espada.

14 Todos los fieles se refugiaron en la región Norte. Así lo había dicho Dios: 15 «Transportaré las tiendas de vuestro rey y de Kiyyum, vuestro ídolo, al otro lado de las tiendas de Damasco» (Amós 5, 21).

16 Los libros de la ley son la tienda del rey. Así él mismo lo dijo: «Yo restableceré las tiendas de David que se habían caído» (Amós 11, 11).

17 El rey es la comunidad, los Kiyyum o ídolos son los libros de los profetas, 18 cuyas palabras despreció Israel.

La estrella es el escrutador de la ley 19 que vino al país de Damasco, como estaba escrito: «Una estrella se levantó de Jacob 20 y un cetro se levantó de Israel».

El cetro es el príncipe de toda la asamblea, el cual cuando venga destruirá a todos los rebeldes.

Documento «B»

1 ...establecido para ellos, tendrán la garantía de vivir mil generaciones. Así está escrito:

2 «Él guarda su alianza y su misericordia con los que observan sus mandamientos, hasta mil generaciones».

Si habitan en el campo, conforme 3 a la regla del país, que existe desde el tiempo antiguo, que tome mujer conforme 4 a la ley y engendren sus hijos.

Que se conduzcan según las palabras de la ley y según las instrucciones de las reglas de la ley. 5 Así fue que él dijo: «Entre el marido y su mujer, entre el padre y el hijo» (Números 30, 17). 6 Cuando Dios visite el país dará su merecido a los que desprecian estos mandamientos, y a todos los impíos.

7 Entonces se cumplirá la profecía escrita por la mano de Zacarías, 8 profeta: «¡Espada, despierta contra mi pastor, contra el hombre que es mi amigo! Hiere al pastor y se dispersarán las ovejas. 9 Yo extenderé mi mano sobre los pequeños».

Documento «A»

Columna VIII

1 Los que se habían librado al tiempo de la primera visita serán pasados al filo de la espada. Igual suerte

2 tendrán todos los que habiendo entrado en la Alianza no perseveraron en sus preceptos.

3 Serán visitados para ser destruidos por la mano de Belial. [Como está escrito:]

«Sobre los príncipes de Judá se derramará mi cólera».

4 Ellos estaban demasiado podridos para poder ser salvados. Excedían a los más rebeldes.

5 Lejos de apartarse del camino de los traidores, se dejaron rodar cuesta abajo por los declives de la lujuria. Se permitieron el lucro indebido. Aceptaron la venganza.

6 Se alimentaron con el rencor. Esto hicieron para con su hermano y para con su prójimo. 7 Contrajeron matrimonios prohibidos. Juntáronse en acciones infames. Se enorgullecieron del lucro y de sus ganancias. Realizaron sus caprichos.

8 Se comportaron como les dictaba su corazón endurecido. No se separaron del pueblo. De modo insolente se marcharon por el camino de los impíos.

9 Se empeñaron en andar por aquellos caminos de los cuales dijo Dios: «Su vino es veneno 10 de dragón, veneno mortal de áspides» (Deuteronomio 32, 33).

Los dragones son los reyes de los goim. Su «vino» son 11 sus caminos.

Documento «B»

Columna VIII

10 Estos son los que quedaron al tiempo de la primera visita y que serán entregados a la espada cuando llegue la visita del 11 Mesías, que saldrá de Aarón y de Israel. Así hablará desde la primera vez 12 como fue dicho por Ezequiel: «Que se imprima una señal en la frente de los que gimen y de los que sufren» (Ezequiel 9, 4).

13 Los que quedaran sin señal fueran entregados a la espada vengadora de la Alianza.

Pero igual será la suerte 14 de los que entraron en la Alianza y no perseveraron en sus preceptos.

Serán visitados para ser destruidos por la mano de Belial.

15 Este será el día en que Dios haga su visita. Así está dicho: «Los príncipes de Judá son como los que alejan los límites. Sobre ellos se derramará mi ira como si fuese agua» (Oseas 5, 10).

16 En efecto, sé muy bien que si hubiesen entrado de veras 17 en la Alianza de penitencia, no se habrían apartado entrando en la fornicación.

Pero lo que sucedió fue que persistieron en la riqueza mal habida, en el rencor, 18 en el odio de cada uno para con su prójimo.

19 Se entrelazaron en matrimonios ilícitos, se unieron en acciones infames, se enorgullecieron del lucro y de sus ganancias. Hicieron su capricho. 20 Se comportaron como les dictaba su interesado corazón.

21 No se separaron del pueblo. De modo insolente se permitieron ir siguiendo las maldades de los impíos.

El veneno de áspides es el jefe de los reyes de Javán, que vino para ejercer venganza contra ellos.

22 De ellos dijo Dios: «Su vino es veneno de dragón, veneno mortal de áspides».

Deuteronomio 32, 33).
23 Los dragones son los reyes de los goim. Su «vino» son sus caminos.

24 El veneno de áspides es el rey de Javán, que vino a atarlos para ejercer en ellos su venganza.

Documento «A»

Segunda Etapa de la Apostasía

12 A pesar de este castigo, los que construyen la muralla y la fortifican con la argamasa no comprendieron, 13 porque aquel que da fuerza a los vientos y descubre la mentira los sedujo de nuevo, de modo que la ira de Dios se encendió contra toda la asamblea.

14 Esto es lo que Dios había dicho:
"No es por causa de toda justicia ni por tener el corazón justo por lo que tomaste posesión 15 de estas naciones, sino por causa del amor que Yahvé tiene a tus padres y por la fidelidad de él a su juramento".
16 Dijo a los penitentes de Israel que se alejaran del camino de la plebe.

17 El mismo amor que Dios mostró por los antiguos, mostró ahora por los que llamó a seguirlo en su pueblo, 18 porque es a éstos a quienes pertenece la Alianza de los padres.

Como Dios odia a los «constructores de murallas», su cólera se encendió [contra ellos].

25 A pesar de este castigo, los que construyen la muralla y la enderezan con argamasa no comprendieron, porque aquel que impulsa los vientos y prepara las tempestades infunde en los hombres la mentira. 26 De modo que la cólera de Dios [...].
Pero lo que Moisés dijo a Israel:
27 «No es a causa de tu justicia ni por la rectitud de tu corazón por lo que 28 heredaste estas naciones, sino por causa del amor de Yahvé a tus padres y por la fidelidad a su juramento».

Documento «B»

la plebe.
El mismo amor que Dios mostró a los antiguos, 30 que habían convocado al pueblo para que les siguiese, muestra ahora a estos que vienen después, 31 porque es a ellos a quienes pertenece la Alianza de los padres.
Pero su odio (de Dios) contra los «constructores de murallas» se inflamó y
32 su cólera contra todos los que los siguen.

Documento «A»   Documento «B»

Conminación General

19 Esta regla vale para todo aquel que   Esta regla vale también para todos los
rechaza los preceptos de Dios y los aban-   que desprecian a los sacerdotes 33 de Dios
dona para caminar en la terquedad de su   y para los que los abandonan para caminar
corazón.   según la dureza de su corazón.
20 Esta fue la palabra que Jeremías dijo
a Baruc, hijo de Nerías, y a Eliseo, y a Gue-
jazí, su siervo.

Documento «A»   Documento «B»

Ordenanzas posteriores a la muerte del
Maestro de Justicia

21 Todos los hombres que entraron en
la Alianza en la tierra de Damasco [. . .] y se
continuará procediendo hasta la venida del
Mesías, salido de Aarón y de Israel.

Lo mismo sucederá con todos los hombres que entraron en la Alianza en el país de
Damasco y se separaron.
Son los traidores, los que se alejaron de
las fuentes de agua viva. Éstos no deben ser
contados en la asamblea del pueblo ni tampoco inscritos en su libro. Así se procederá
desde el día de la desaparición del Maestro
de Justicia y se continuará procediendo hasta la venida del Mesías, salido de Aarón y
de Israel.

Columna IX

1 Aquel que dé al anatema a un miembro de la comunidad, entregándole a la justicia de los goim (gentiles), que sea condenado a muerte.

2 En cuanto a aquello que él dijo: «No te vengarás ni guardarás rencor a un hijo de tu pueblo», 3 aquel de entre los miembros de la Alianza que acuse a su prójimo sin haberlo reprendido delante de dos testigos, 4 o que haga su acusación movido por la cólera, o denuncie al hermano a sus superiores con el fin de que éstos lo desprecien, 5 éste es el que «se venga y guarda rencor».

Está escrito: «Solamente el Señor tomará venganza de sus enemigos y guardará rencor contra sus adversarios». 6 Si alguien guardó silencio de un día para otro y, todavía bajo el efecto de la cólera, hace una acusación de un crimen de muerte, 7 contra sí mismo está testimoniando, porque no guardó el precepto de Dios 8 que le ordena: «Reprenderás antes a tu hermano, para no cargarte con pecado por su causa».

9 Con referencia al juramento del cual él dijo: «Tu propia mano no te salvará», si un hombre obligara a otro a prestar juramento en el campo, 10 y no delante de los jueces o habiendo recibido permiso de ellos, en ese caso será su mano la que lo salve.

11 Si se llegara a perder alguna cosa y no se supiera quién la sustrajo del lugar donde estaba, el propietario pronunciará 12 juramento de execración contra todos. Quien lo oyere y estuviere al corriente del robo y no lo denuncie, será culpado.

13 Todo objeto mal habido y que deba ser restituido, si no apareciese el dueño, aquel a quien incumbe la restitución lo declarará 14 al sacerdote, y el sacerdote quedará como dueño del objeto, descontando el cordero para la expiación. De igual manera, todo objeto perdido que sea hallado 15 y no se encuentre su propietario, aquel a quien le toque restituir que lo declare delante del sacerdote; 16 y puesto que nadie sabe a quién pertenece, que los mismos sacerdotes lo guarden.

Acerca de los Testigos

16b Respecto a cualquier violación de la ley, cometida por quienquiera que sea, si alguien lo ve y es el único testigo, debe denunciarlo al vigilante.

17 Si se trata de un crimen que merece la pena de muerte, el vigilante lo escribirá por su propia mano.

18 Si después el acusado vuelve a cometer la misma falta en presencia del mismo o de otro testigo, y éste a su vez lo hace saber al vigilante, 19 y si una tercera vez vuelve a ser sorprendido en presencia de un tercer testigo, está ya condenado sin necesidad de juicio.

20 Pero si hubiere solamente dos testigos y éstos testimonian hechos diversos, el culpable será solamente separado de la purificación 21 con tal que los testigos sean dignos de fe y hayan presentado su denuncia al vigilante el mismo día en que presenciaron el delito.

22 Tratándose de un caso de dinero, bastará con dos testigos. Para ser separado de la purificación bastará un solo testigo.

Columna X

1 Los jueces no aceptarán como testigo, sobre todo tratándose de una denuncia en cargos de pena de muerte, a aquel que no tuviera 2 la edad suficiente para presentarse delante de los jueces, y tampoco aquel que no sea temeroso de Dios.

3 No se dará crédito al testimonio de aquel que haya transgredido abiertamente algún precepto de la ley y no haya hecho suficiente penitencia para poder reintegrarse.

4 He aquí la regla para los jueces de la comunidad:

Deberán ser diez hombres 5 escogidos en la comunidad conforme a las exigencias de ésta. 6 Cuatro serán de la tribu de Leví y Aarón y seis de Israel. Serán versados en el libro de Hegou (Libro de Estudio) y en los estatutos de la Alianza. Deberán ser tomados ocho de entre aquellos que tengan de veinticinco 7 a sesenta años de edad. 8 A partir de sesenta años nadie será escogido para 9 juzgar a la comunidad. Porque por causa del pecado del hombre sus días fueron abreviados y, en su disgusto contra los habitantes 10 de la tierra, Dios decidió quitarles el uso de la razón antes incluso de que terminen sus días.

Normas de Purificación

10b En lo que concierne a la purificación del agua, 11 que nadie tome baño con agua poluta ni con cantidad inferior a la que es necesaria para sumergirse; que 12 nadie se purifique con el agua de un vaso, ni con el agua que haya quedado en la cavidad de una piedra 13 si en ella no hay agua suficiente para la inmersión.

Si el hombre impuro toca esta agua se convertirá en impuro, como ocurriría con las aguas del vaso.

El Shabbat

14 En lo concerniente al sábado, para observarlo como es debido, que nadie haga en el sexto día 15 ningún trabajo cuando el sol ya está llegando al ocaso y se puede contemplar su disco.

16 Es lo que Dios dijo: «Guardarás el día del sábado para santificarlo». (Deuteronomio 5, 12). Que nadie diga en el día del sábado palabras inútiles.

17 Que nada sea dado en préstamo al prójimo.

18 Que en ese día no se haga nada que pueda proporcionar algún lucro o alguna ganancia.

19 Que no se hable del trabajo o de la labor que debe ser hecha al día siguiente.

20 Que nadie pasee por los campos planeando el trabajo que deba hacer.

21 En el sábado, que nadie se aleje de la ciudad más de mil pasos (1000 codos).

22 Que nadie coma en el día del sábado sino lo que haya preparado 23 en el día anterior. Lo que se encuentra perdido en el campo, que no lo coma; que no lo beba sino en el campo.

Columna XI

1 Si alguien va de camino y baja para bañarse, que beba en cuanto esté abajo, pero que no recoja agua con algún recipiente.

2 Que no envíe a un hijo de extranjero para que haga lo que él mismo desearía hacer en el día del sábado.

3 Que en ese día nadie vista vestidos sucios o que hubieren sido usados por un goím,

4 a no ser que hubiesen sido perfectamente lavados y frotados con incienso.

5 Que nadie ayune por su propia iniciativa en el día del sábado ni nadie conduzca a pastar el ganado fuera de la ciudad 6 a distancia mayor de dos mil codos. Ni levante su mano para arrearlo. 7 Si se trata de un animal indócil, que no lo saque fuera de la casa.

8 Que nadie traslade nada de fuera de la casa para adentro ni de dentro para afuera.

9 Que en el día del sábado no abra ningún recipiente que esté todavía lacrado.

10 Que nadie vaya perfumado cuando sale en el día del sábado.

11 Que en el día del sábado nadie mueva en su casa ni siquiera una piedra ni sacuda el polvo.

12 Que el padre del lactante no pasee a su niño en el día de sábado ni dé órdenes a su siervo, a su sierva o a sus empleados.

13 Que nadie ayude a una bestia a dar a luz en día de sábado.

14 Si un animal cae en una fosa o en un pozo, que no lo retire en el día del sábado.

15 Que nadie festeje el sábado cerca de los paganos ni nadie lo profane por el lucro o la ganancia.

16 Si acaso una persona llegase a caer en un lugar lleno de agua o en una cisterna, 17 que nadie se sirva de una escalera, de una cuerda o de cualquier otro instrumento.

18 Que nada sea ofrecido sobre altar a no ser los holocaustos, porque está escrito: «Excepto vuestros holocaustos».

El Sacrificio

19 Que nadie envíe al altar un holocausto o una ofrenda por medio de un hombre contaminado 20 con alguna impureza, para que no contamine el altar. Pues está escrito: 21 «El sacrificio de los impíos es abominable, pero la oración de los justos es como una grata ofrenda».

22 Que todo el que deba entrar en la casa de adoración, no entre si estuviese impuro y se deba todavía purificar.

23 Cuando suenen las trompetas de la reunión, que no lo hagan más temprano o más tarde y que no interrumpan el servicio.

Columna XII

1 El sábado es santo; por eso, que ningún hombre tenga relaciones con su mujer 2 para no manchar la ciudad del santuario con su impureza.

3 El que esté bajo el dominio del espíritu de Belial y profiera palabras rebeldes será juzgado de la misma manera que los magos y los adivinos.

4 Todos aquellos que por inadvertencia violen el sábado o algunas de las fiestas no serán condenados 5 a muerte, pero que sean puestos en observación para ver si se corrigen. 6 Este tratamiento se continuará durante siete años y después volverán a entrar en la asamblea.

Vínculo con los Paganos

Que nadie tienda la mano para derramar la sangre de un pagano 7 por afán de lucro o de ganancia.

Que nadie tome tampoco nada de los bienes de ellos, 8 para que no blasfeme, a no ser que la decisión venga del alto Consejo de Israel.

9 Que nadie venda un cordero o un pájaro de los considerados puros a un pagano, porque está destinado al sacrificio.

10 Que no les sea vendido nada ni del granero ni del lagar, a ningún precio.

11 Y tampoco le venda nada a su siervo ni a su sierva si éstos hubieren entrado en la Alianza de Abrahán.

12 Que nadie contraiga impureza comiendo animal salvaje, o reptil, o larvas de abejas, 13 o cualquiera de los animales que nadan en el agua.

Que nadie coma peces, a no ser que hayan sido partidos 14 estando aún vivos y que su sangre haya sido derramada.

Que se arroje toda especie de langostas en el agua, 15 mientras están todavía vivas, porque de esta materia fueron ellas creadas.

16 Cualquier pedazo de madera o de piedra o de barro que haya sido tocado por la impureza del hombre, 17 contrae la misma impureza, y todo hombre que lo toque quedará igualmente impuro.

18 Cualquier clavo o estaca clavados en un muro del lugar donde haya un muerto contraerá la misma impureza que los utensilios de trabajo del difunto.

Organización de la Comunidad

19 Disposiciones por las cuales se regirán las sociedades de Israel en lo que respecta a lo puro y a lo impuro, 20 de modo que sea patente la distinción entre lo profano y lo sagrado. Estos son los preceptos que servirán 21 de norma al instructor para dirigir a todos los vivientes de acuerdo con la regla marcada para cada tiempo.

22 Por estas normas se deberá conducir todo Israel y así no incurrirá en maldición.

23 Esta es la regla que debe observarse en la instalación del campo. A ella se atendrá durante el tiempo de impiedad hasta que surja el Mesías de Aarón y de Israel.

Columna XIII

1 Cada campo contará por lo menos diez hombres, pero también podrá tener hasta mil, pasando por centenas y cincuentenas.

2 Regla para las decenas:

Donde hubiera un grupo por lo menos de diez, que no falte un sacerdote versado en el libro de Hegou (para estudiar).

3 Y todos se deben atener a sus decisiones. Si él no fuere versado en todas estas reglas y hubiere allí 4 un levita que sí lo sea, entonces las decisiones serán tomadas según el consejo del levita.

5 Pero si sucediere que se debiese aplicar a alguien la ley de la lepra, que en ese caso el sacerdote ocupe su lugar en el campo.

6 El levita lo podrá instruir (al leproso) en las leyes, pero será el sacerdote quien le imponga la reclusión, 7 aun cuando el sacerdote sea ignorante, porque ése es su derecho.

Inspectores

Esta es la regla para el inspector del campo:

8 Que enseñe a los demás todo lo que pueda de las obras de Dios; que les haga comprender la grandeza de sus maravillas; que les narre con todos sus pormenores los acontecimientos que sucedieron en el pasado; 9 que los ame como un padre a sus hijos y que cargue todas sus aflicciones como un pastor a su rebaño. 10 Él desatará todos los nudos de sus ataduras, de modo que en la asamblea nadie se sienta oprimido o sobrecargado.

11 Que examine también a todo aquel que desee unirse a la asamblea: sus obras, su instrucción, su capacidad, sus fuerzas, sus

bienes. 12 Si el candidato merece ser admitido, que lo inscriba en el lugar que le compete, según su condición hacia su destino de luz.

13 Que ninguno de los miembros del campo se permita introducir a nadie en la asamblea sin la autorización del inspector del campo.

14 Que ninguno de los que entren en la Alianza de Dios reciba nada de un hijo de perdición. Tampoco le regale nada, a no ser que se trate de un intercambio.

15 Que nadie inicie un negocio de compraventa sin haber avisado antes al inspector del campo. 16 Después de haberlo hecho podrá comenzar el trato.

17 [. . .] tendrá cuidado de expulsar [al que se lo merezca (?)].

18 Mostrará preferencia por aquellos que [. . .]

19 [. . .]

20 Esta es la organización del campo [. . .] 21 que se tratará de instalar en todos los puntos de la tierra, [como está dicho:]

Columna XIV

1 «Vendrán para ti y para tu pueblo y para la casa de tu padre días como no los ha habido desde el tiempo en que Efraín se separó de Judá».

2 Para todos los que así se conduzcan, la Alianza de Dios será prenda de salvación. Los librará de los peligros de la fosa y serán oídos con prontitud.

3 Normas válidas para todos los campos:

Que en cada uno de ellos se haga un censo nominal. En primer lugar se nombrarán los sacerdotes, 4 en segundo los levitas, en tercer lugar los hijos de Israel, en cuarto lugar los prosélitos.

5 Que sean inscritos nominalmente uno después de otro. Primero los sacerdotes, después los levitas, en tercer lugar los hijos de Israel y por último 6 los prosélitos. En este orden tomarán asiento y también en este orden podrán hacer preguntas sobre cualquier asunto.

7 El sacerdote que está encargado de gobernar a los del primer orden deberá tener de treinta a sesenta años. 8 Deberá ser versado en el libro de Hegou en todos los decretos de la ley para que sepa dirigir la asamblea según lo que está prescrito.

9 El inspector de todos los campos deberá tener de treinta a cincuenta años y ser conocedor de todos 10 los conocimientos humanos y de todas las lenguas.

Según sus decisiones, se aproximarán 11 todos los miembros de la congregación, respetando su escalafón. Cuando alguien desee hablar de algún asunto, que antes hable con el inspector, 12 especialmente tratándose de queja de juicio.

Superiores

12b Estas son las disposiciones que los «grandes» deben observar para atender a las necesidades de todos:

13 Que se dé el salario de dos días por mes al inspector y a los jueces.

14 Que del depósito común se retire lo necesario para cubrir las necesidades de los súbditos.

15 Que ayuden al pobre, al indigente, al viejo, al hombre castigado, al cautivo de una nación 16 extranjera, a la virgen que no tiene dote y a aquel que no tiene quien cuide de él.

17 Estos son los estatutos de la congregación, 18 [que se deben observar hasta que llegue]

19 el Mesías de Aarón y de Israel. Él expiará nuestras faltas.

20 El que engañe a otro conscientemente en algo de dinero [. . .]

21 será castigado durante seis días [. . .] el que hable [. . .].

Columna XV

1 Que no se jure por el «nombre» ni por Alef ni por Daleth, sino por el juramento de la Alianza 2 y por las maldiciones de la Alianza.

Que nadie mencione en el juramento la ley de Moisés, 3 porque si jura y vale el juramento habrá profanado también el nombre.

4 Si juró por las maldiciones de la Alianza, el culpado será conducido delante de los jueces. Si de hecho las transgredió, será condenado. 5 Pero si confiesa su falta y ofrece una compensación, no será reo de la pena de muerte.

Aquel que entre en la Alianza con sus hijos 6 lo hace para un estatuto eterno. Si sus hijos no tuvieren edad suficiente, que haga el juramento de la Alianza en nombre de ellos.

7 Esta regla estará en vigor durante el tiempo de impiedad para todo aquel que quiere dejar los caminos de perdición.

8 En el día que él ya no se entienda con el inspector de los «grandes», le será aplicado el rigor del juramento de la Alianza que Moisés concluyó con Israel.

9 Esta es la Alianza de aquellos que se proponen regresar a la ley con todo el corazón 10 y con toda el alma. Todo aquello que se debe practicar durante el tiempo de impiedad se encuentra en ella.

11 Que nadie enseñe a otro los estatutos sin haber hablado antes con el inspector, no sea que se encuentre como perdido en medio de ellos.

12 Pero si se deja llevar por la traición después de haberse comprometido a volver a la ley de Moisés 13 con todo el corazón y con toda el alma, que los demás se alejen de el.

Columna XVI

1 El pactó con vosotros una alianza —con todo Israel—. Esta es la razón por la cual todos se deben comprometer en su camino 2 y regresar a la ley de Moisés. En ella todo está exactamente explicado, y 3 la distribución de los tiempos para que Israel se acuerde exactamente de ellos, 4 división de los tiempos conforme a sus jubileos y sus semanas.

5 El día en que alguien se comprometa a regresar a la ley de Moisés, el ángel Masterna se alejará de él si observa su compromi-

so. 6 Esta es la razón por la cual Abrahán se circuncidó en el día en que fue informado de eso.

En cuanto a aquello que él dijo: 7 «Cumplirás lo que tus labios prometen» (Deuteronomio 23, 24), 8 que no se viole el juramento hecho de seguir la ley aun cuando sea con peligro de muerte. 9 Todo juramento que alguien haga de alejarse de la ley no debe ser observado aunque sea al precio de su vida.

10 ¿Qué debe hacer la mujer con su juramento si el marido le ordena anularlo? 11 Pues que el marido no anule ese juramento para no tornarla impía. 12 Pero si el juramento lleva a la violación de la ley, que el marido lo anule sin vacilar. Lo mismo puede hacer el padre [con los hijos].

13 Respecto a las ofrendas, que nadie ofrezca sobre el altar un donativo robado. 14 Que los sacerdotes no lo admitan en Israel. 15 Que nadie ofrezca alimento de su casa a Dios, porque él fue quien dijo: 16 «El hombre busca a su siervo para la muerte» (Miqueas 7, 2).

Columna XVII

1 [. . .]
2 Tal será la ley para todos los que entran en la Alianza de los hombres que buscan la perfecta santidad.

3 El hombre que experimenta disgusto en la práctica de las disposiciones justas será probado en el horno.

4 Desde el momento en que sus obras sean conocidas, que se le expulse de la congregación como si nunca hubiese ocupado un lugar en medio de los discípulos de Dios.

5 Que las personas más autorizadas lo reprendan conforme a sus culpas hasta que pueda volver a ocupar su lugar en la asamblea de los hombres íntegros.

6 Hasta que sus obras hayan sido aprobadas conforme a la ley en la justicia, nadie se asocie con él 7 en el trabajo, en el lucro, puesto que está maldito por todos los santos del 8 Altísimo.

Esta razón valdrá para todos aquellos que desprecien las órdenes antiguas 9 y las que seguirán; 10 para aquellos que pusieron ídolos en su corazón y caminan en la impenitencia del mismo.

Ya no tienen parte con la casa de la ley. 11 Como sus semejantes que se alejaron siguiendo al hombre de mentira, así serán ellos juzgados, porque prefirieron los errores 12 a los estatutos justos, despreciaron la Alianza fiel establecida en el país de Damasco 13 hasta hacer nueva Alianza, y no habrá para ellos ni para sus familias lugar en la casa 14 de la ley.

Desde el día de la desaparición del Maestro de Justicia hasta el día en que 15 murieron todos los hombres de guerra que marcharon con el hombre de mentira, pasaron cerca de cuarenta años.

16 En ese tiempo se inflamó la cólera de Dios contra Israel, como dijo: 17 «No hay ni rey ni príncipe, ni juicio, nadie que reprenda con justicia». Pero los penitentes de Israel que se arrepintieron de su iniquidad 18 guardan la Alianza de Dios. «Entonces dirá uno al otro que cada cual fortifique a su hermano».

19 Dios prestó atención a sus palabras, él las oyó. «Un memorial fue escrito directamente de él para los 20 que temen a Dios y estiman su nombre», hasta que se manifiesten la justicia y la salvación para aquellos que temen a Dios.

21 Veréis de nuevo la diferencia entre un justo y un impío, entre el que sirve a Dios y el que no lo sirve.

22 Él colmará de gracias a los que lo aman y a aquellos que le permanecen fieles, por mil generaciones.

26. Bendiciones (1QSb-1Q28b)

Estos fragmentos pertenecen a una colección de bendiciones originalmente integradas a los rollos de la Regla de la Comunidad y la Regla Mesiánica. Su datación es de aproximadamente el año 100 a. C. Las bendiciones las pronunciaría el Maestro o el Guardián, específicamente elaboradas para la era mesiánica y para la ceremonia de la institución de la nueva Comunidad, aunque pudieron haber sido leídas en algún acto simbolizando la llegada del mundo futuro. Se bendice a todos los miembros de la Alianza, luego al líder de la Comunidad, luego al hijo de Sadoc, los sacerdotes y finalmente al Príncipe de la Congregación, al Mesías. El resto del texto está perdido.

Bendiciones (extractos)

«Palabras de la bendición. Para bendecir a los hijos de Sadoc, los sacerdotes que Dios ha elegido para fortalecer su pacto por... todos sus derechos en medio de su pueblo para instruirlos según él ha ordenado y para que restablezca con verdad... y para que con justicia vigilen todos sus estatutos y marchen según eligió».

«El Maestro bendecirá al Príncipe de la Congregación... y renovará para él la Alianza de la Comunidad, para que pueda establecer el reino de su pueblo para siempre [que él pueda juzgar el pobre con rectitud y] distribuya la justicia con [equidad al oprimido] de la tierra, para marchar delante de él con pureza en todas las sendas de... y para restaurar la Alianza de... angustia de los que lo buscan. El Señor... hacia una altura eterna y como torre fortificada sobre una muralla eminente y (puede golpear a los pueblos) con la fuerza de tu mano y con cetro tú destruyas... la tierra y con el soplo de tus labios tú mates a los malvados... y de poder eterno del espíritu de conocimiento y temor de Dios.. Y será la justicia, cinturón de tus lomos. Que él haga cuernos de hierro y botas de bronce para que te mantengas derecho como un joven... como el barro de los caminos. Pues Dios te ha establecido por cetro de los que gobiernan delante de... te servirán y su nombre santo te fortalecerá y serás como un león.»

27. Los Dos Caminos (4Q473)

Está inspirada en Deuteronomio 11:26-28, se trata del siguiente fragmento:

«...y Él ha colocado ante ti dos caminos, uno es el del bien y el otro el del mail. Si eliges el bien, Él te bendecirá. Pero si caminas por la senda de la maldad, (Él te maldecirá)... y en tus tiendas y destruirá tus... y moho, nieve, hielo y granizo... con todo.»

28. Cuatro Clases en la Comunidad (4QTohorot Da)

Indica la división de la Comunidad en cuatro grupos: sacerdotes, Levitas, Israelitas y prosélitos:

«... (el primer) grupo pertenece a los Sacerdotes, los hijos de Aarón y el segundo a los Levitas ordenado cada uno según su espíritu. Y el tercer grupo pertenece a los hijos de Israel, de acuerdo a su espíritu. Y el cuarto grupo pertenecerá a los Prosélitos...»

29. Lista de Netinim (4Q340)

Primera mitad del siglo I a. C., se refiere de los siervos del Templo que ya aparecen en el libro de Crónicas I, Esdras y Nehemías. Aparentemente circulaba comúnmente en la época del segundo Templo de Jerusalén.

«Estos son los netinim que han sido identificados por (sus) nombres: Ithra... Tobías.

30. El Rollo de Cobre 3 Q15

Descubierto en la cueva 3 de Qumrán en el año 1952, se trata de un rollo de finas capas de cobre (99 % de cobre y 1 % de estaño) cinceladas y luego colocadas juntas. El documento se encontraba enrollado en partes separadas altamente oxidadas. La situación de los rollos llevó a que fuera cortado en 23 tiras para poder abrirlo y separarlo. El contenido del rollo es sorprendente: describe cantidades asombrosas de oro y plata que habrían sido escondidas en distintos lugares de Israel, a lo cual debe agregarse monedas y elementos litúrgicos del Templo de Jerusalén (vasos, cálices, ropas sacerdotales, etc.). El vocabulario del texto no es propiamente religioso, sino técnico, lo que refuerza la idea de que sea el inventario de un tesoro. Los términos que contiene se refieren a localidades hoy existentes en Israel, otras ya no existentes y otras desconocidas. Las letras están borroneadas y el propio escriba efectuó errores que hacen más dificultosa la traducción. Cabe indicar, para reforzar su valor, algunas certezas: en la columna siete se indica que la familia sacerdotal de Hakkoz vivía próxima a Jericó; según Esdras 8:33 y Nehemías 10:6, esta familia habría estado a cargo del tesoro del Templo.

Kozibah aparentemente designa la porción de territorio entre Wadi Qelt entre Ein Qelt y Jericó. Nataf era una pajarera en la que entraban varios pájaros para vivir a un mismo tiempo. Beth Hakerem se encuentra al sur de Jerusalén, en el Kibbutz Ramat Rachel. El antiguo valle real es actualmente conocido como Emeq Rephaim, trece kilometros al sur de Jerusalén. La fortaleza del valle de Akón se refiere a una defensa que existe próxima a Qumrán, se trata de una fortaleza conocida como Hircania, hoy en día es llamada Khirber Mird (se encontró un cuarto subterráneo de cuarenta pies de largo por dieciséis de ancho y veinticinco pies de altura).

En definitiva, a diferencia de los otros rollos, este manuscrito ha sido hecho en cobre y no en cuero o papiro, el hebreo utilizado es diferente del resto, y se encontró, aisladamente, en la parte de atrás de una de las cuevas. Algunas evidencias ubicarían al rollo entre los años 70 y 130 d.C., un período intermedio entre las revueltas del año 69 y 135 contra los romanos: el tesoro podría corresponder al

Templo y a la recolección de dinero para el mismo efectuada fuera de Jerusalén. No podríamos hablar de un tesoro ficticio pues, aunque estos textos existieron siempre, se asociaban a una figura legendaria o mítica, a objetos también legendarios (el Arca, el Menorá, etc.), y con una historia e incluso una moraleja por detrás. Se trata de un escrito técnico donde fríamente se indican los objetos, donde se encuentran y en qué cantidad. En una de las cuevas próximas a Qumrán se encontró un recipiente con un sustancia liquida negra, los análisis indicaron de que se traba de aceite usado probablemente en el Templo para cubrir los sacrificios ¿podría ser éste uno de los objetos de la lista?

La dureza de los trazos y el estilo cuadrado de las letras era comprensible para quien, acostumbrado a escribir con pluma, se veía obligado a esculpir sobre cobre. Se trata de un hebreo coloquial —similar al arameo de la época— ciertamente anterior a la Mishná; en general, por el tipo de caligrafía, otros consideran al rollo anterior al año 68 d.C.

El Rollo de Cobre

Columna I

En la ruina de Horebbah que está en el valle de Akón, en la escalera que se dirige al Este, cerca de cuarenta pies: hay un cofre de dinero que pesa diecisiete talentos de plata. En la tumba de la tercera sección de piedras hay unas cien barras de oro. Novecientos talentos son ocultados por el sedimento hacia la apertura superior, en el fondo de la cisterna grande en el patio del peristilo. Las prendas de vestir de los sacerdotes y frascos que fueron dados como votos están enterrados en la colina de Kojlit. Aquí está el total de los diezmos y del tesoro: un séptimo del diezmo, el segundo hecho impuro. La entrada está en la orilla del canal, en su lado septentrional, seis codos hacia el chortal de las abluciones. En la cisterna revocada de Manos, descendiendo a la izquierda, a una altura de tres codos del fondo: hay cuarenta talentos de plata...

Columna II

En el aljibe relleno debajo de las escaleras hay cuarenta y dos talentos. En la cueva de la casa alfombrada de Yeshu, en la plataforma tercera, sesenta y cinco lingotes de oro. Setenta talentos de plata están encerrados en la nave de madera que está en la cisterna de una cámara sepulcral en el patio de Matía. Quince codos al frente de las puertas orientales, yace una cisterna. Los diez talentos yacen en el canal de la cisterna. Seis barras de plata están localizadas en la saliente de piedra que está bajo la pared oriental de la cisterna. La entrada de la cisterna está bajo el umbral grande de baldosa. En la piscina al Este de Kojlit, en el ángulo norte; excava cuatro codos: habrán veinte y dos talentos en monedas de plata.

Columna III

Cava abajo nueve codos en el rincón meridional del patio. Habrá plata y vasos de oro dados como ofrendas, los cálices, copas, palanganas, tubos de libación, y os cántaros. Todos juntos ellos en un total de seiscientos nueve. Debajo del otro ángulo excava dieciséis codos bajo el rincón oriental para encontrar cuarenta talentos de plata. En el túnel que hay en Miljam, al Norte: vasos de diezmos y mis vestiduras sacerdotales. La entrada está debajo del rincón occidental. Trece talentos en monedas de plata son localizados tres codos bajo una trampa en la tumba al noreste de Miljam.

Columna IV

Catorce talentos de plata pueden ser encontrados en el pilar en el lado septentrional de la cisterna grande en Kojlit. Cuando avances cuarenta y un codos en el canal que viene de... encontrarás cincuenta y cinco talentos de plata. Excava tres codos en medio de los dos edificios del Valle de Akón, y encontrarás dos orzas repletas de monedas de plata. En la boca de la cavidad subterránea en Asla se ubican doscientos talentos de plata. Setenta talentos de plata son localizados en el túnel oriental que está al norte de Kojlit. Excava sólo un codo en el montón conmemorativo de piedras en el valle de Sekaka para encontrar doce talentos de plata.

Columna V

Un conducto de agua se localiza en el lado septentrional de Sekaka. Excava tres codos bajo la piedra grande al inicio de este conducto de agua para descubrir siete talentos de plata. Las naves de ofrenda pueden ser encontradas en la fisura de Sekaka, en el lado oriental del depósito de Salomón. Veintitrés talentos de plata están enterrados encima de Canal de Salomón. Para localizar el lugar exacto, avanza sesenta codos hacia la gran piedra, y excava tres codos. Treinta dos talentos de plata pueden ser localizados cavando siete codos bajo la tumba en el cauce seco del río de ha-Kipa, entre Jericó y Sekaka.

Columna VI

Cuarenta y dos talentos de plata yacen debajo de un rollo en una urna. Para localizar la urna, excava tres codos en la apertura septentrional de la cueva del pilar que tiene dos entradas y las caras al este. Veintiún talentos de plata pueden ser encontrados excavando nueve codos bajo la entrada de la cueva que mira hacia el este en la base de la piedra grande. Veintisiete talentos de plata pueden ser encontrados excavando doce codos en el lado occidental de la residencia de la Reina. Excava nueve codos en el túmulo de piedras localizadas del vado del Sumo Sacerdote para encontrar veintidós talentos de plata.

Columna VII

Para encontrar cuatrocientos talentos de plata, veinticuatro codos del conducto de agua del canal de Qi..., en el depósito septentrional de cuatro lados. Excava seis codos en la cueva que está cerca de Beth-Hakkoz para localizar seis barras de plata. Excava siete codos bajo el rincón oriental de la ciudadela de Doq y encontrarás veintidós talentos de plata. Excava tres codos sobre la boca de salida de agua de Koziba para obtener sesenta talentos de plata y dos talentos de oro.

Columna VIII

Una barra de plata, diez vasos de ofrendas, y diez libros están en el acueducto, en el camino que está al este de Beth-Ajsar, al este de Ajzor. Excava diecisiete codos bajo la piedra que yace en medio de la paridera localizada en el valle exterior para encontrar diecisiete talentos de plata y oro. Excava tres codos bajo el túmulo de piedras localizadas en la boca del barranco de Alfarero para encontrar cuatro talentos de plata. Excava veinticuatro codos debajo de la cámara hacia el norte del sepulcro localizado al sudoeste del campo improductivo del valle de ah-Shavé para revelar sesenta y seis talentos. Excava once codos en el mojón de la tierra irrigada de ah-Shavé y encontrarás setenta talentos de plata.

Columna IX

En el columbario que hay al borde de Nataf, mide desde el borde trece codos, excava dos y bajo siete losas: siete talentos de plata y cuatro barras de dos minas. Excava ocho codos en el sótano oriental que mira a la segunda propiedad de Jasa para obtener veintitrés y medios talentos de plata. Excava dieciséis codos en el estrecho, del lado del mar frente a de las cámaras subterráneas de Jorón para descubrir veintidós talentos de plata. Una ofrenda sagrada de la mina de plata es localizada en el paso. Excava siete codos en la orilla del conducto en el lado oriental dentro de la catarata para localizar nueve talentos de plata.

Columna X

Al bajar al primer piso, mira a la pequeña apertura para encontrar nueve talentos de monedas de plata. Doce talentos yacen al pie de la rueda hidráulica de las acequias secada que eran alimentadas por el gran canal. Sesenta y dos talentos de plata pueden ser encontrados yendo a la izquierda del depósito que está en Beth Ha-kerem. Trescientos talentos de oro y veinte vasos expiatorios que pueden ser encontrados a la entrada de la charca del valle Zok. La entrada está en el lado occidental por la piedra negra que contiene el lugar en dos apoyos. Ocho talentos de plata pueden ser encontrados cavando bajo el lado occidental del monumento de Absalom. Diecisiete talentos se ubican bajo la salida de agua en la base de las letrinas. El oro y los vasos de ofrenda están en la cisterna en sus cuatro ángulos.

Columna XI

Muy cerca de allí, bajo el rincón meridional del pórtico de la tumba de Sadoc, bajo los pilares que cubren el vestíbulo hay diez vasos de diezmo de resina de pino, y de la casia. El oro acuñado y ofrendas consagradas son localizadas bajo la gran piedra final que está por la orilla, junto a los pilares que están cerca del trono, hacia la saliente de la piedra al oeste del jardín de Sadoc. Cuarenta talentos de plata están enterrados en la tumba que está bajo las columnatas. Catorce vasos votivos de pino y resina están en las tumbas de los hijos de Ha`mata de Jericó. Los vasos de ofrenda de áloes y de diezmo de pino blanco están ubicados en Beth Esdatain, en la cisterna. Más de novecientos talentos de plata están junto al depósito del arroyo que corre cerca en la entrada occidental de la sala del sepulcro.

Columna XII

Cinco talentos de oro y sesenta talentos están bajo la piedra negra en la entrada Occidental. Cuarenta y dos talentos de moneda de plata están en la proximidad de la piedra negra en el umbral en la cámara sepulcral. Sesenta talentos de plata y vasos están en un umbral bajo la escalera del túnel superior en el Monte Garizim. Seiscientos talentos de plata y de oro en la Beth-Sham. Se pesaron setenta y uno talentos y veinte minas que están en el túnel subterráneo de la cámara de entierro, en el punto donde se une a la cámara de entierro. Una copia de esta lista del inventario, de su explicación y las medidas y de los detalles de cada artículo escondido está en la cavidad subterránea seca que está en la piedra lisa al norte de Kojlit, que se abre hacia el norte y que tiene tumbas en su entrada.

Mina: 100 dracmas o 60 shekels, 404 gramos Shekel: 7,3 gramos Talento: 60 minas, 24,2 kg.

Apéndice

1. Qumrán según las fuentes históricas

Según Flavio Josefo, los esenios poseían la facultad de pronosticar situaciones futuras como la de la muerte de Antígono a manos de su hermano Aristobulo, gobernador de Judea, hecho que auguró un esenio de nombre Judas. De acuerdo con Josefo, Judas tenía una relativa libertad para, junto a sus pupilos, explicar en las cercanías del templo de Jerusalén la vida y conocimientos esenios. Tanto Filo de Alejandría como Flavio Josefo demuestran una gran admiración por los esenios, así Filo les llamaba «Atletas de la virtud» a la vez que Josefo los veía como verdaderos santos.

El origen de los esenios ha suscitado grandes controversias: para Flavio Josefo habrían sido producto de una escisión de los saduceos dado que su forma de vida no difería mucho de ellos. Filo, por su parte, sugiere que el nombre de esenios deviene de santidad (del griego «Essaioi» y «Osioi», santos o puros).

Los esenios y las otras sectas judías (Flavio Josefo, *Antigüedades Judías,* 13, 5, 9): «En esta época había tres partidos entre los judíos, que sostenían distintas opiniones sobre los negocios humanos. Uno se llamaba el partido de los fariseos, el otro el de los saduceos y el tercero el de los esenios. Los fariseos afirmaban que algunos sucesos, aunque no todos, son obra del Hado, y por tanto el hombre no puede decidir que ocurran o no. El partido de los esenios, en cambio, sostiene que el Hado domina todas las cosas y que todo cuanto sucede a los hombres es por decisión suya. Y los saduceos prescinden del Hado, sosteniendo que no existe. Niegan que los acontecimientos humanos se produzcan según su disposición y afirman que todo depende de nuestro propio poder, de forma que somos nosotros mismos los que provocamos nuestra buena suerte y que sufrimos lo malo a causa de nuestra imprevisión. Pero ya he dado más detalles sobre estos partidos en el libro segundo sobre los asuntos de los judíos.»

La ideología esenia (Flavio Josefo, *Antigüedades Judías*, 18, 1, 5): «En general, la doctrina de los esenios lo refiere todo a Dios. Dicen que las almas son inmortales y dan gran valor a la recompensa del justo. Envían ofrendas al Templo, pero llevan a cabo sacrificios con peculiares ritos purificadores, y por ello se mantienen apartados de los recintos del santuario, que están abiertos a todos, y ofrendan por sí mismos los sacrificios. En otros aspectos, son hombres excelentísimos por su modo de vida y se dedican por completo a la agricultura. Una de sus prácticas despierta especialmente la admiración de los demás aspirantes a la virtud, puesto que ni entre los griegos o los extranjeros ha existido algo semejante. Es la suya una práctica muy antigua, que nunca se ha entorpecido, y es la de tener sus bienes en común. El rico no obtiene de su propiedad mayor beneficio que el que carece de todo. Y ésta es una práctica que respetan más de cuatro mil hombres. Tampoco toman esposa ni admiten esclavos, pues consideran que la esclavitud provoca la injusticia, y el matrimonio es motivo de riñas. Por lo tanto, viven solos y se sirven los unos a los otros. Eligen hombres buenos como administradores de sus ingresos y de los productos de la tierra, y sacerdotes para la elaboración del pan y de (otros) alimentos. Su forma de vida no se diferencia o, mejor dicho, está muy próxima a la de los dacios llamados «polistae».»

Características de la secta, ritos y religiosidad (Flavio Josefo, *La Guerra de los Judíos*, 2, 8, 2-13): «Rechazan los placeres, estiman la continencia y consideran como una virtud el dominio de las pasiones. Permanecen célibes, y eligen los hijos de los demás, mientras son maleables y están a punto para la enseñanza, los aprecian como si fuesen propios y los instruyen en sus costumbres. No niegan la conveniencia del matrimonio ni pretenden acabar la generación humana, pero se guardan de la lujuria femenina, convencidos de que ninguna mujer es fiel a un solo hombre. Desprecian las riquezas y su forma de vida en comunidad es extraordinaria. Entre ellos, ninguno es más rico que otro, puesto que, de acuerdo con su ley, los que ingresan en la secta deben entregar su propiedad a fin de que sea común a toda la orden, tanto que en ella no existe pobreza ni riqueza, sino que todo está mezclado como patrimonio de hermanos. Consideran que el aceite es contaminador. Si alguno de ellos lo toca, aunque sea accidentalmente, le frotan el cuerpo. Consideran conveniente el conservar la piel seca y vestir siempre de blanco. Eligen administradores encargados de sus propiedades comunes, y son tratados con absoluta igualdad en cualquiera de sus necesidades. No viven en una sola ciudad, pero en cada una moran muchos de ellos. Cuando llega algún miembro de otro lugar, le ofrecen cuanto tienen como si fuera de él, y le tratan como si fuese íntimo aunque no le hayan visto jamás. Por esta razón cuando salen de viaje no llevan nada encima, excepto sus armas como defensa contra los ladrones. En cada ciudad hay un encargado de la orden para cuidar de los forasteros y proporcionarles vestidos y todo lo necesario. Su circunspección y su porte corresponden al de jóvenes educados bajo rigurosa disciplina. No renuevan la ropa ni el calzado hasta que están rotos o desgastados por el uso; no compran ni venden nada entre ellos, pero cada uno da lo que otro pueda necesitar, recibiendo a cambio algo útil. Independientemente de los trueques, nada les impide aceptar de cualquiera aquello que puedan necesitar. Su piedad es extraordinaria. No hablan de materias profanas antes de que el sol nazca, sino que rezan ciertas oraciones recibidas de sus padres, para rogarle que aparezca. Después sus directores los despiden para que cada uno se dedique a su labor, trabajando con ahínco hasta la hora quinta, después de la cual se reúnen en un lugar y se bañan en agua fría cubiertos de velos blancos. Acabada la purificación, se recogen en unos aposentos donde no pueden entrar individuos de otra secta; acto seguido, libres de toda contaminación, penetran en el comedor como si fuera un santo templo y se sientan en silencio. Entonces el panadero dispone los panes y el cocinero les coloca delante un plato con una sola comida. Un sacerdote bendice la comida, porque sería una falta probar el alimento antes de haber dado gracias a Dios. El mismo sacerdote, una vez han comido, repite la oración de gracias. Tanto al principio como al final honran a Dios como sostén de la vida. Luego se quitan los vestidos blancos y trabajan hasta la noche; cenan de la misma forma, acompañados de los huéspedes, si los tienen. Ningún grito ni disputa perturba la casa; todos hablan por turno. A los extraños este silencio puede parecerles un tremendo misterio, pero tiene su justificación en su templanza en el comer y el beber, en lo que nadie se excede. No hacen nada sin consentimiento de sus directores, excepto cuando se trata de ayudar al necesitado y compadecer a los afligidos. En estos casos, tienen permiso para proceder según su propia voluntad en socorro de los que lo merecen y para dar de comer a los pobres. Pero, en cambio, no pueden dar nada a sus parientes o deudos sin licencia de sus jefes. Saben moderar su ira y dominar sus pasiones; son fieles y respetan la paz. Cumplen cuanto han dicho como si lo hubieran jurado, porque aseguran que está condenado quien no puede ser creído sin juramento. Estudian con entusiasmo los escritos de los antiguos, sobre todo aquellos que convienen a sus almas y cuerpos, y aprenden las virtudes medicinales de raíces y piedras. A los que aspiran a entrar en la secta, no los admiten inmediatamente, sino que les prescriben su modo de vida durante un año, fuera de su comunidad, entregándoles una hachuela, una túnica y una vestidura blanca. Cuando el candidato ha dado pruebas de su continencia durante este tiempo, lo dejan asociar más a su modo de vida y participar de las aguas de la purificación, pero todavía no es admitido en sus prácticas de vida en común. Para ello necesita afirmar su carácter durante dos años más; y si previo examen se muestran dignos de ello, los acogen en el seno de la comunidad. Y antes de que puedan tocar la comida común, deben pronunciar severos juramentos de que, ante todo, honrarán a Dios, y después que serán justos, que no dañarán a nadie deliberadamente o por orden ajena, y que odiarán al malvado y ayudarán al justo; que serán fieles a todos, y en especial a los que mandan, porque nadie alcanza el gobierno sin la voluntad de Dios, y que, si llegasen a ostentar

autoridad, no abusarían de ella, ni tratarían de rivalizar con sus su-
bordinados en vestidos ni en riquezas; que amarán la verdad y re-
probarán a los mendaces; que no mancillarán sus manos con el robo,
ni su alma con ilícitos provechos; y también que no ocultarán nada
a los miembros de su secta, ni revelarán nada de sus asuntos a los
demás; aunque los amenacen con la muerte. Además, juran que nadie establecerá sus doctrinas de otra manera de cómo las han recibido, huirán del latrocinio, conservarán los libros de sus leyes y honrarán los nombres de los ángeles Éstos son los juramentos con los
cuales ponen a prueba la fidelidad de los candidatos. Expulsan de su
orden a aquellos que incurren en delito grave, y a menudo ocurre
que el repudiado muere de modo miserable, porque tanto por sus
juramentos como por su condición, no tiene libertad para recibir
comida y bebida de otros; se ve obligado a alimentarse de hierba,
con lo cual su cuerpo se va adelgazando hasta que, finalmente, muere. Por esta causa, muchas veces se compadecen de ellos y los read-
miten cuando están al límite del agotamiento, considerando que sus
faltas han sido suficientemente castigadas con estos sufrimientos
casi fatales. Son muy justos y equitativos en sus juicios, en los que
intervienen no menos de cien miembros, pero lo que éstos deciden
es inapelable. Después de Dios, honran el nombre de su legislador
(Moisés), y si alguno habla mal o blasfema contra él, es condenado
a muerte. Obedecen de inmediato a los ancianos y a la mayoría, de
forma que, si diez están reunidos, ninguno hablará en contra de los
deseos de los otros nueve. Evitan escupir enfrente o a la derecha de
los demás. Su abstención de trabajar en el séptimo día (de la semana) difiere notablemente de los demás judíos; no sólo preparan la
comida la víspera, por no encender fuego en día de fiesta, sino que
ni siquiera se atreven a levantar una vasija o ir a la letrina. Los otros
días cavan una pequeña fosa de un pie de hondo, con la hachuela (o
azadilla) que se da a los neófitos, y se cubren con sus túnicas para no
ofender al resplandor divino al aligerar sus vientres; después la cubren con la tierra que sacaron antes, pero todo ello después de haber

254 Fernando Klein

elegido para tal fin un lugar lo suficiente apartado. Y aunque la eva-
cuación sea una función natural, acostumbran a lavarse después,
como si considerasen que se habían mancillado. Según sea su tiempo de vida ascética, se dividen en cuatro grupos, y los más nuevos
son hasta tal punto considerados como inferiores que si por casuali-
dad tocan a algunos de los antiguos, éstos deben lavarse igual que si
hubiesen sido tocados por algún extranjero. Viven largo tiempo, y
muchos de ellos llegan a centenarios, gracias a la sencillez de su
alimentación y también por su forma regular y moderada de vivir.
Desprecian las adversidades y dominan el dolor con la ayuda de sus
principios, y consideran que una muerte gloriosa es preferible a la
inmortalidad. Su guerra contra Roma demostró fuerza de alma en
todos los aspectos, porque, aunque sus cuerpos eran atormentados,
dislocados, quemados o desgarrados, no se consiguió que maldije-
sen a su legislador o que comiesen algo prohibido por su ley; tampoco suplicaron a sus atormentadores ni derramaron una lágrima,
antes sonreían en medio del dolor, se burlaban de sus verdugos y
perdían la vida valerosamente, como si estuvieran convencidos de
que tornarían a nacer. Esta opinión la sostenían todos ellos, es decir,
los cuerpos son corruptibles y su materia no es permanente; sus almas son inmortales, imperecederas, proceden de un aire sutilísimo y
entran en los cuerpos, donde se quedan como encarceladas, atraídas
con halagos naturales. Cuando se libran de las trabas de la carne se
regocijan y ascienden alborozadas como si escapasen de un cautiverio interminable. Las buenas almas, y en esto coinciden con la opinión de los griegos, tienen sus moradas allende el Océano, en una
región exenta de lluvia, nieve y calor excesivo, porque es refrescada
de continuo por la suave caricia del viento occidental que llega a
través del Océano. Las almas malas van a un paraje oscuro y tem-
pestuoso, henchido de castigos eternos. Y en verdad se me antoja
que los griegos tuvieron la misma idea cuando señalaron las islas de
los bienaventurados para los personajes que denominan héroes y
semidioses; y a los malos les han señalado el Hades, donde, de

acuerdo con sus fábulas, ciertas personas, tales como Sísifo, Tántalo, Ixión y Titio, reciben su castigo, teniendo por cierto en principio que las almas son inmortales. Esto es un incentivo para la virtud y una admonición pata la maldad, porque los buenos mejoran su conducta con la esperanza de la recompensa tras su muerte, y las inclinaciones viciosas de los malos se refrenan con el miedo y la esperanza, pues, aunque se oculten en esta vida, sufrirán castigo eterno en la otra. Éstas son, pues, las divinas doctrinas de los esenios acerca del alma, que encierran un señuelo irresistible para quienes han sido atraídos por su filosofía. Hay entre ellos algunos que aseguran saber las cosas futuras con la lectura de sus libros y varias clases de purificaciones, amén de estar muy versados en los dichos de los profetas. Muy pocas veces sus predicaciones resultan fallidas. Existe además otra orden de esenios, que están de acuerdo con los anteriores sobre conducta, costumbres y leyes, pero difieren en la opinión del matrimonio. Dicen que el hombre ha nacido para la sucesión y que, si todos los hombres la evitasen, se extinguiría la raza humana. Sin embargo, ponen a sus mujeres a prueba durante tres años, y si hallan que sus purgaciones naturales son idóneas y aptas para la procreación, se casan con ellas. Pero ninguno se acerca a su esposa mientras está embarazada, como en demostración de que no se casan por placer, sino con vistas a la multiplicación. Las mujeres se bañan con las túnicas puestas, lo mismo que los hombres. Éstas son las costumbres de esta orden de esenios.»

2. Qumrán y la Rebelión Final Contra los Romanos

Introducción

Luego de la caída de Masada en la primera guerra judía contra Roma se producirá el levantamiento del año 132 al año 135 liderado por Simón Bar Kosiba. Esta última guerra contra los romanos, donde los judíos fueron definitivamente derrotados perdiendo su hogar nacional, se refleja en el complejo arqueológico de Qumrán.

A unos seis kilómetros al sur de Qumrán se encuentra Wadi Murabba'at, en donde se descubrieron quince cartas del líder mesiánico Simón Bar Kosiba, nueve escritas en arameo, cuatro en hebreo y dos en griego, en la llamada «Cueva de la Cartas». Las cartas están fechadas y dirigidas a Jesús Ben Galgula, lugarteniente de Kosiba en la zona de Herodión; el hallazgo fue de gran importancia para los estudios paleográficos de Qumrán, y para el conocimiento histórico de Palestina. Las cartas estaban cuidadosamente empaquetadas y escondidas en una grieta por refugiados judíos de la ciudad próxima de En-Guedi, que estaban escapando de los romanos en el año 135 d. C. Nuevas campañas arqueológicas darían fruto con hallazgos de papiros de carácter legal, en griego, arameo, arameo-nabateo y en arameo judeo palestinense.

Bar Kosiba fue el caudillo de la segunda insurrección judía contra Roma (años 132 a 135 d. C.), y fue nombrado por el prestigioso Rabí Akiva con el título «Bar Coqueba» (hijo de la Estrella), en alusión a la profecía mesiánica de Números 24:17. Los documentos muestran que aun sofocados por el imperio romano los judíos pelearon por su tierra manteniendo el orden legal, social, económico y religioso: las cartas muestran temas de índole militar, de disciplina y de interés por el comercio y los asuntos religiosos.

a. La Guerra Final

La rebelión de Bar Kosiba, es también llamada la segunda guerra Judeo-Romana; a veces se la nombra como la tercera rebelión, contando los disturbios de los años 115 a 117 d. C. (Guerra de Kitos o «rebelión del exilio»), reprimidos por el general Lusius Quietus, gobernador de la provincia.

Luego de la guerra del año 66 al 73 d.C., Roma reemplazó al Procurador por un Pretor como Gobernador, estableciendo en las ruinas de Jerusalén la sede de la legión romana, «Legio X Fretensis». La conducción política y religiosa del pueblo judío quedó en manos del Sanedrín, con sede inicial en Yavné, que fue cambiando de ciudad por razones de seguridad. Algunos consideran que la causa de la revuelta (historiador romano Dión Casio, año 155 a 229 d.C.), fue la decisión de Adriano de fundar en Jerusalén una ciudad romana llamada Aelia Capitolina, en honor al dios romano Júpiter; otras fuentes incluyen los decretos de Adriano que prohibían la circuncisión, el respeto del sábado, y las leyes de pureza en la familia. A las fuerzas militares fijas en la región se le sumaron la «Legio VI Ferrata». Los trabajos comenzarían en el año 131 cuando el Gobernador de Judea Turnus Rufus realizó la ceremonia de fundación de Aelia Capitolina. En conmemoración, los romanos acuñaron una moneda con la inscripción Aelia Capitolina en el año 132 d.C.

El Rabí Akiva, quien a la sazón dirigía el Sanedrín, convenció a los demás miembros de apoyar la rebelión, y declarar al comandante Simón bar Kosiba como el Mesías, de acuerdo a, como se ha dicho, el versículo de Números 24:17: «Descenderá una estrella de Jacob».

Los judíos se organizaron formando guerrillas y ya desde el año 123 d. C. comenzaron los ataques sorpresivos contra los romanos. La rebelión fue cuidadosamente planificada y se inició en el año 132 d. C. expandiéndose desde Modiim a través de todo el país, destruyendo a las legiones romanas asentadas en Israel, más otra legión que acudió a manera de respaldo desde Egipto.

El resultado fue un estado soberano Judío restaurado que sobrevivió dos años y medio. A su cabeza estaba Simón bar Kosiba, que tomó el título de «Nasí», (Príncipe o Presidente de Israel). Se anunció la «Era de la redención de Israel»; mientras tanto, el Rabí Akiva presidía el Sanedrín. Los servicios religiosos eran realizados y se reiniciaron los korbanot (Sacrificios rituales de animales u otras ofrendas). Aparentemente hubo intentos de restaurar el Templo de Jerusalén. También se acuñaron monedas con el eslogan «Libertad para Israel», escrito en hebreo.

Las luchas culminaron brutalmente en el verano del año 135 d.C.: al perder Jerusalén, Bar Kosiba y los restos de su ejército se retiraron a la fortaleza de Betar, que luego fue sitiada y tomada. El Talmud relata que el número de muertos fue enorme y que por diecisiete años no se permitió enterrar a los cadáveres de Betar.

Según Dión Casio, 580.000 judíos fueron muertos, 50 ciudades fortificadas y 985 aldeas fueron arrasadas. Adriano prohibió la ley mosaica (Torá), el calendario judío y asesinó a numerosos estudiosos y eruditos. Jerusalén fue arada por bueyes y varios hombres fueron martirizados como el Rabí Akiva y el resto de los Asara Harugei Malchut (diez mártires).

Los rollos sagrados fueron quemados en una ceremonia en el monte del Templo. Donde se ubicaba el Templo se instalaron dos estatuas, una del Dios Júpiter, otra de Adriano. Se eliminó la provincia romana de Judea fusionándola con otras en la «Syria Palaestina»; finalmente se prohibió el ingreso de los judíos a Jerusalén.

El judaísmo fue prohibido en Israel y el pueblo judío dispersado en una diáspora que despobló Palestina. Se concluye la etapa de la religión judía en torno al Templo: a partir de ese momento la vida de los judíos transcurriría en la Diáspora a merced de los pueblos que los recibían y que cada tanto los perseguían por motivos religiosos. La mayoría de la población judía fue asesinada, esclavizada o exiliada. Fue en el siglo IV que Constantino I permitió a los Judíos ingresar a Jerusalén a lamentar su derrota una vez al año, el 9 de Av, en el Muro occidental.

b. El Rabí Akiva

Rabí Akiva (50-135 d.C.) nació en Yehudá, perteneciendo a una familia humilde sin la posibilidad de una educación regular. Durante su juventud trabajó como pastor para un hombre rico, y al poco tiempo se enamoró de su hija Rajel. Ésta aceptó ser su esposa a condición de que comenzara sus estudios en la Academia de Lod. Akiva partió a la Academia Rabínica donde permaneció 24 años. Regresó con muchos alumnos y con grandes discípulos como el Rabí Meir, Rabí Yoséi ben Jalaftá y Rabí Shimón Bar Yojái.

Rabí Akiva aceptó a Bar Kosiba como Mesías respaldándole en la rebelión contra los romanos. Cuando se impusieron las sanciones sobre los judíos se dedicó a sus estudios y a la enseñanza. Fue apresado mientras dictaba clases y condenado, como otros sabios de su generación, a una muerte cruel.

Cierta vez, el Imperio Romano prohibió el estudio de la Torá. Llegó de visita Papus ben Yehudá y encontró a Rabí Akiva que reunía a distintos grupos y les enseñaba Torá. Le dijo:

—Akiva, ¿es que tú no le temes a la Orden del Imperio? Éste le contestó:

—Te lo explicaré por medio de una fábula: Un zorro estaba caminando por la vera de un río y vio peces que corrían de un lado a otro.

Les preguntó el zorro:

—¿De qué estáis huyendo?

Ellos le contestaron:

—Huimos de las redes que los hombres echan al agua. El les dijo: -Por que no saltáis a la tierra de tal forma que ustedes y yo podamos vivir juntos así como han vivido nuestros antecesores.

Ellos le contestaron:

—¿Eres acaso tú el que llaman el más inteligente de los animales? ¡no eres más que un estúpido! Si nosotros tememos que nos pase algo en el elemento en que estamos acostumbrados, más peligroso aún será vivir en el elemento en el que hemos de morir.

«Esta es nuestra situación cuando estamos sentados y estudiamos la Torá, que sobre ella está escrito: "Porque ella es tu vida y la longitud de tus días". (Devarim 30: 20), si nosotros la hemos de negar será aun peor. Se cuenta que después de un breve tiempo Rabí Akiva fue arrestado y echado a una prisión, y Papus ben Yehudá fue también arrestado y encarcelado junto a él. Rabí Akiva le preguntó: ¿Papus, quién te trajo aquí? Este le contestó: "Bienaventurado Rabí Akiva, que te preocupaste en el estudio de la Torá ¡Ay de Papus que se ocupó sólo de cosas mundanas!" Cuando Rabí Akiva fue llevado a la ejecución, era la hora del *Shemá* y los romanos desgarraban su carne con pinzas de hierro éste recitaba el *Shemá* recibiendo sobre si el reino de los cielos. Le preguntaron sus alumnos: "¿Maestro hasta tal punto?" Este les contestó: "Durante toda mi vida siempre estuve preocupado por el versículo, *con toda tu alma*. Yo me preguntaba: ¿Cuándo tendré la oportunidad de cumplir con ese precepto? Ahora que tengo la oportunidad acaso no he de cumplirlo. Y él prolongó la palabra *Ejad* (Único) hasta que expiró. Salió una bat kol y dijo: "Bienaventurado Akiva, que tu alma ha partido con la palabra *Ejad*"».Talmud Babilónico Berajot 61b.

Akiva fue el autor de varias máximas que siguen citándose con frecuencia, entre las cuales se destaca que «la ley máxima de la Torá es amar al prójimo». Cuando cayó preso de las autoridades romanas, Akiva ya había conseguido formar un grupo de discípulos jóvenes que se convirtieron en los líderes de la generación siguiente: los rabíes Meir, Yehuda, Iosi, Eleazar, y Shimon Bar Iojai. Padeció el martirio después de haber sido torturado, y expiró pronunciando la oración Shemá Israel («Escucha Israel, Dios es Uno y Único»).

c. Las Cartas de Simón Bar Kosiba

A continuación presentó algunas de las cartas que se han preservado de Simón bar Kôsiba, de la guerra final del pueblo judío contra el imperio romano, del David contra el Goliat, que cierran las páginas de este libro, y que surgen y retumban con fuerza desde su época (las cartas provienen de *Las cartas arameas de Bar Kosiba: texto, traducción y comentario*, de   Carlos Alonso Fontela y Juan José Alarcón Sainz).

1. Bar Kosiba =Yadin 53 =Fitzmyer 55.

Carta de Šimôn, hijo de Kôsibah. ¡Paz!
1 A Yehônatan, hi [jo de] Bea′yah. Todo lo que ′Elîša .
2 te diga, hazlo; y esfuérzate con él [en to]da acción.
4 ¡Sigue bien!

2. Bar Kosiba =Yadin 50 =Fitzmyer 56.

Šimôn, hijo de Kôsibah.
1 A Yehônatan, hijo de Be′yan
2 y a Mαœabalah, hijo de Šim′ôn
Me enviaréis a ′El′azar
4 hijo de Hth inmediatamente, antes del
5 sábado, y seréis cuidadosos con su(s) producto(s)
6 y con el resto de todo(s)su(s)fruto(s). Y (a) quienquiera que
7 os proteste sobre lo que así (se hace),
8 tú despáchamelo a mí, y yo (lo)castigaré.
9 El ganado, que no destruya
10 el arbolado. Y (a)quienquiera que proteste, el castigo
11 será por tu parte abundante, pero (al) plantel de ládano,
12 que no se le acerque nadie.
13 Šimôn, hijo de Yehûdah
14 lo escribió.

3. Bar Kosiba =Yadin 54 =Fitzmyer 53.

Columna I

Šimôn, hijo de Kôsibah, el jefe de Israel.
1 A Yehônatan y a Masabalah. ¡Paz! Inspeccionaréis
2 y cogeréis el trigo que trajo (?).annûn,(?)
3 hijo de Yišma ...el.Me enviaréis de ello setenta (?)
4 (medidas de) una se ah ,y las pondréis con (una guardia de)segu-
ridad,
5 pues se han producido robos. Si no (lo
6 hacéis así,(sabed) que de vosotros un escarmiento
7 se hará. Al hombre, me lo enviaréis
8 con (una guardia de) seguridad.

Columna II

(Respecto a) cualquier hombre de Tecoa que sea encontrado
10 entre vosotros, las casas en cuyo interior habiten ellos,
11 arderán, o yo haré de vosotros un escarmiento. Y a Yešûa,
13 el hijo del palmireno, (lo) cogeréis y me lo despacharéis
14 a mí con (una guardia de) seguridad, y no dejéis de
15 coger la espada que lleva encima. Lo despacharéis.
16 Šemû`el`, hijo de Ammî.

4. Bar Kosiba =Yadin 55 =Fitzmyer 59.

Šim`ôn bar Kôœibah:A Y e hônatan
1 y a Masabala ..El mensaje (es)que (a) cualquier
2 hombre de Tecoa o de otro lugar (no autorizado)
3 que (esté)entre vosotros, me los –sic– enviaréis a mí
4 con rapidez (?), porque si
5 no los enviáis, sabido
6 os sea que yo haré de vosotros
7 un escarmiento [...¿destruidas?] sean las casas (que los acogen?)
8 En Blanco

5. Bar Kosiba = Yad 56 = Fitzmyer 58.

Šimôn, hijo de Kôsibah a Y e hônatan, hijo de Be/a .yan,
1 a Masabalah, y (a)Bar .y .h: Hermanos míos ¡Paz! Reunid
2 lo que habéis de transportar y los jóvenes con los que vosotros (lo) haréis venir,
3 pero el castigo no será (asunto) vuestro, pues yo
4 voy a ser el que castigue adecuadamente a los romanos. Daréis transporte
5 a Teodosio, hijo de Teodoro, y él vendrá
6 con vosotros, ya que lo necesitamos. Vosotros reunid(lo)(todo).
7 Acerca de la sal, que no se os vaya de las manos
8 y (que) hagáis el transporte con mulas, como [no]rmalmente.
9 ¡Seguid bien!

6. Bar Kosiba =Yad 58 =Fitzmyer 57.

[De] Šim [.]ôn a Yonatan (sic)y Maœabalah
1 ¡Salud! Reuniréis y enviaréis a los
2 cargas de sal (en numero de)cuatro. ¡Sigue bien!
3 ¡[Y] ((¿lo mismo?)a los hombres de Qiryat
4 En Blanco.

7. Bar Kosiba =Yad 63 =Fitzmyer 54.

De Šim`ôn,hijo de Kôsiba . a [Y e hônatan y Maœaba]lah. Que
1 ...20 ....[ ]......[ ]
2 y pagados que... 21 ...[ ]........[ ]...........
3 y todo...22 […] yo os he escrito ......[ ] ....[ ]
4 a vosotros y os he enviado la carta por [me]dio de Šim .ôn,
5 hijo de Yišma ..el.No hag [áis] a ... .[ ] [ ]
6 … 23 ...[ ].....[ ]..... [ ]....[ ]
7 ...que (¿?)¡Se [guid b]ien!

8. Bar Kosiba =Yad 57 =Fitzmyer 60.

Šim`ôn a Yehûdah, hijo de Menašše h, a Qiryat `Arbayyah. Te he mandado dos asnos con los que tú enviarás a

1 un par de hombres a Yehônatan, hijo de Be/a `yan y a Masabalah, los cuales recolectarán

2 y mandarán a los campamentos, a ti, palmas y cidras. Tú envía a otros de junto a ti,

3 y que te consigan mirtos y ramos de sauce. Disponlos y envíalos a los campamentos, ya

4 que la armada es numerosa. ¡Sigue bien!

Bibliografía

Abegg, Martin Jr.; Cook, Edward; Wise, Michael: *The Dead Sea Scrolls. A New Translation*, Harper San Francisco, New York, 1996.

Alonso Fontela, Carlos y Alaracón Sainz, Juan José: *Las cartas arameas de Bar Kosiba: texto, traducción y comentario*, en SEFARAD. Revista de Estudios Hebraicos, Sefardíes y de Oriente Próximo Vol. 66:1, enero-junio 2006 pp. 23-54.

Allegro, John: *The Dead Sea Scrolls: A Reappraisal.* Penguin Books, New York, 1990

Baigent, M. y R. Leigh: *El escándalo de los manuscritos del mar Muerto*, Martínez Roca, Barcelona, 1992.

Bauckham, R.: *The Qumran Community and the Gospel of John,* en L. H. Schiffman (ed.), The Dead Sea Scrolls. Fifty Years after their Discovery, Jerusalem 2000.

Betz, O. y R. Riesner: *Jesús, Qumrán y el Vaticano,* Herder, Barcelona, 1994.

Black, M.: *The Scrolls and Christian Origins*, Chico CA 1961.

Brown, R.E.: *The Dead Sea Scrolls and the New Testament*, en J.H. Charlesworth (ed.), John and the Dead Sea Scrolls, Crossroad, Nueva York, 1990, 7-8.

Cansdale, L.: *Qumran and the Essenes: A Re-evaluation of the Evidence*, Mohr, Tübingen 1997.

Casciaro Ramírez, J. M.: *Qumrán y el Nuevo Testamento*, Pamplona, 1982.

Cullmann, Oscar: *Jesús y los Revolucionarios de su Tiempo*, Herder, Barcelona, 1980.

Charlesworth, J. H.: *John and Qumran,* Chapman, Londres 1972.

Davies, P. R.: *Behind the Essenes. History and Ideology in the Dead Sea Scrolls*, (Brown Judaic Studies 94), Scholars, Atlanta 1987.

Estrada, D., y White, W.: *The First New Testament* (Thomas Nelson, New York, 1978.

Fitzmyer, J.A.: *Responses to 101 Questions on the Dead Sea Scrolls*, Paulist, Nueva York, 1992.

García Martínez, Florentino: *Textos de Qumrán*, Ed. Trotta, Madrid, 1992.

García Martínez, F. y J. Trebolle Barrera: *Los hombres de Qumrán*, Madrid, 1993.

Golb, N.: *Who wrote the Dead Sea Scrolls? The Search for the Secret of Qumran*, Scribner, New York 1995.

González Lamadrid, A.: *Los descubrimientos del mar Muerto*, BAC, Madrid, 1973.

José O'Callaghan: *Los papiros griegos de la cueva 7 de Qumrán*, Madrid: B.A. C., 1974.

Josefo, Flavio: *Antigüedades Judías,* Ediciones Akal, 1997.

Josefo, Flavio: *Autobiografía. Contra Apión*, Ed. Gredos, Madrid, 1997.

Josefo, Flavio: *Guerra de los Judíos*, Editorial CLIE; 2003.

Klein, Fernando: *De Jesús a Cristo. El Hombre que fue Convertido en Dios*, Ediciones de la Plaza, Montevideo, 2005.

Klein, Fernando: *La Biblia Desnuda*; Arcopress; Córdoba; 2006.

M. Jiménez F. Bonhomme: *Los documentos de Qumrán*, Madrid: Ed. Cristiandad, 1976.

Milgrom, J.: *The Temple Scroll*, en Biblical Archaeologist, sept. 1978, pp. 105-120.

O'Cakkaghan, S. I., J.: *Los primeros testimonios del Nuevo Testamento - Papirología neotestamentaria*, Ediciones El Almendro, Córdoba, 1995.

Piñero, A.: *Los manuscritos del Mar muerto y el Nuevo Testamento*, en J. T. Barrera (ed.), Paganos, judíos y cristianos en los textos de Qumrán, Trotta, Madrid, 1999.

Piñero, Antonio y Dimas Fernández-Galiano (eds.):
Los manuscritos del Mar Muerto. Balance de hallazgos y de cuarenta años de estudios, Ediciones El Almendro de Córdoba, 1994.

Roitman, A.: *Sectarios de Qumrán: vida cotidiana de los esenios. Así vivían*, Martínez, Barcelona, 2000.

Stegemann, H.: *Los esenios, Qumrán, Juan Bautista y Jesús*, Trotta, Madrid, 1996.

Stegemann, H.: *The Library of Qumran*, Grand Rapids 1998.

Thiede, C. P.: *The Earliest gospel Manuscript?*, Paternoster, Londres 1992.

Thiering, B. E.: *The Gospels and Qumran*: *A New Hypothesis*, Sydney 1981.

Trebolle, Julio: *Paganos, Judíos y Cristianos en los Textos de Qumran*, Ed. Trotta, Madrid, 1999.

Vázquez Allegue, J. (ed.): *Para comprender los manuscritos del Mar Muerto*, Verbo Divino, Estella 2004.

Vermes, Geza: *The Complete Dead Sea Scrolls in English*, Allen Lane: The Penguin Press; New York, 1997.

Vidal Manzanares, César: *Los Documentos del Mar Muerto*, Alianza Editorial, Madrid, 1993.

OTROS TÍTULOS PUBLICADOS POR ESTA EDITORIAL

GUÍA PARA INTERPRETAR LOS SUEÑOS
Diccionario de la "A" a la "Z"

Esta guía, escrita con un estilo claro y sencillo, ha sido pensada para que cualquiera, con una simple ojeada, pueda descifrar el mensaje que ha recibido en sueños.

¿ADELGAZAR Y REALZAR LA BELLEZA?
¡ES FÁCIL!

Amigo/a lector/a, si se ha cansado de andar jugando con su salud probando dietas y sistemas que, además de sacarle dinero, no le han favorecido como deseaba, ya va siendo hora de que se olvide de tantos fracasos, frustraciones y desesperación y se ponga a trabajar en serio, de una vez para siempre, creando un nuevo hábito de alimentación y de vida que le hará alcanzar su peso ideal. Usted lo puede conseguir con esta obra.

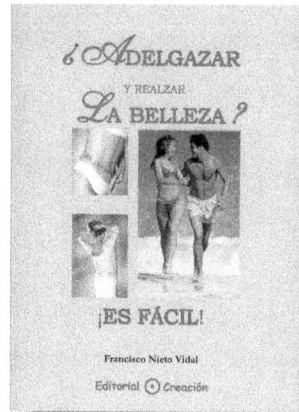

JESÚS Y CRIISTO, HISTORIA OCULTA DE UNA MISIÓN DIVINA

¿Quién es Jesús?, ¿quién es Cristo?, ¿cuál fue su Misión?, ¿está cerca Su segunda venida? ¿En qué punto evolutivo se encuentra la Humanidad actualmente? ¿Por qué se produjo la caída terrenal y qué consecuencias tuvo para el ser humano? Todas estas preguntas, y muchas más, son contestadas con claridad en este libro revelador.

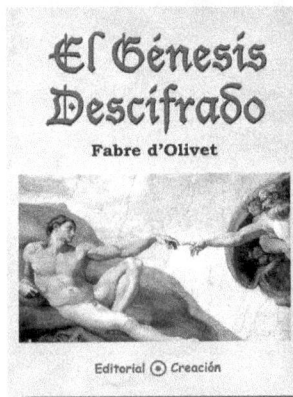

EL GÉNESIS DESCIFRADO

El primer libro bíblico es el Génesis, un libro fundamental, primero de los cinco que, según la tradición, fue revelado a Moisés mientras estaba en el desierto con el pueblo de Israel camino de la tierra prometida. Fabre d'Olivet realizó una traducción correcta, después de restablecer la lengua hebrea, que se había perdido en sus principios originales, esta obra es el resultado de la traducción de los diez primeros capítulos del Génesis a partir del original hebreo.

ÁNGELES PROTECTORES

Descubre a tu ángel guardián y benefíciate de sus virtudes.
Un libro para alcanzar el amor, la salud y la prosperidad a través de los ángeles.

UN PAIS INGOBERNABLE
Amadeo I el rey burlado

El libro relata, no solamente el periodo del
reinado del Monarca de Saboya, sino también el resto de su vida, algo que apenas ha
sido divulgado hasta la fecha, enmarcando
los relatos de las peripecias hispánicas de
su reinado en un contexto costumbrista y
cultural. Incluye testimonios manuscritos de
la época.

LAS CLAVES OCULTAS DE LA BIBLIOTE-
CA DE EL ESCORIAL

Tres años de intensa investigación, dentro
de un estricto academicismo histórico, han
conducido a desvelar uno de los misterios
más apasionantes que se mantenía oculto, ante los ojos de todos, en los frescos
que adornan la bóveda de la Biblioteca del
Monasterio de El Escorial. A partir de una
enigmática frase escrita en hebreo y de una
tabla con números representadas en uno de
estos frescos, el autor realiza un apasionan-
te recorrido sumergiéndonos en un mundo
insospechado.

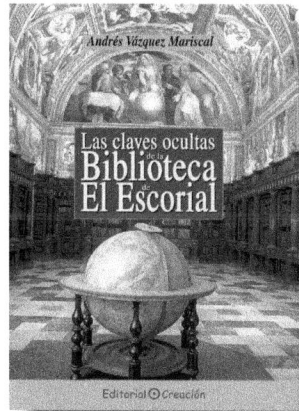

EL SIGNIFICADO DE LOS NOMBRES
Su origen y análisis numerológico

Obra que recoge el origen y significado de los
nombres, analizándolos mediante la Nume-
rología y la Simbología e invitándonos a que
cada uno hagamos nuestro propio análisis.
Un libro sumamente importante, no solo para
consultar nuestro nombre y el de nuestros
seres queridos y aprender a analizarlos, sino
también para elegir el nombre de nuestro
futuro bebé.

www.ingramcontent.com/pod-product-compliance
Lightning Source LLC
Chambersburg PA
CBHW051817090426
42736CB00011B/1519